戰後台灣

對外關係史論

陳儀深 —— 著

國史館
Academia Historica

政大出版社
Chengchi University Press

國家圖書館出版品預行編目(CIP)資料

戰後台灣對外關係史論 / 陳儀深著. -- 初版. -- 臺北市：
政大出版社出版：政大發行, 2022.04
　　面；　公分

ISBN　978-626-95670-3-4（平裝）

1.CST: 臺灣史　2.CST: 外交史　3.CST: 文集

733.29　　　　　　　　　　　　　111004881

戰後台灣對外關係史論

作　　者｜陳儀深

發 行 人　郭明政
發 行 所　國立政治大學政大出版社
出 版 者　國立政治大學政大出版社
合作出版　國史館
執行編輯　林淑禎
地　　址　11605臺北市文山區指南路二段64號
電　　話　886-2-82375669
傳　　真　886-2-82375663
網　　址　http://nccupress.nccu.edu.tw

經　　銷　元照出版公司
地　　址　10047臺北市中正區館前路28號7樓
網　　址　http://www.angle.com.tw
電　　話　886-2-23756688
傳　　真　886-2-23318496
郵撥帳號　19246890
戶　　名　元照出版有限公司

法律顧問　黃旭田律師
電　　話　886-2-23913808

排　　版　弘道實業有限公司
初版一刷　2022年4月
定　　價　360元
I S B N　9786269567034
G P N　1011100449

政府出版品展售處
• 國家書店松江門市：104臺北市松江路209號1樓
　電話：886-2-25180207
• 五南文化廣場臺中總店：400臺中市中山路6號
　電話：886-4-22260330

目　次

我所知道的儀深兄學思歷程

薛化元

政治大學台灣史研究所暨歷史學系合聘教授
二二八事件紀念基金會董事長

　　國史館館長陳儀深是我從政大學生時代開始、結識 40 多年的社團學長，我們因參加社團結緣，又由於彼此有共同的學術關懷與相近的理念，使我們在學院生活中有長期的互動與合作。儀深兄和我都是從中國近代思想史入手，開始學術研究的生涯，後來基於對台灣研究課題的關心，很自然地往戰後台灣史研究領域發展。此次他將有關戰後台灣對外關係史的論文集結，這些論文一部分原發表於學術期刊，還有相當比例是收入專書當中，因此一般研究者較不容易取得，儀深兄將相關論文編輯成《戰後台灣對外關係史論》一書，一方面展現他在此一領域 20 年來研究的成果，另一方面也將有利於相關研究者參考。很高興有機會先睹為快，在此也藉機回顧我對儀深兄在戰後台灣史領域研究發展的認識。

　　儀深兄早在碩士班時期就到歷史研究所上李定一老師的課，進入政治所博士班之後，他選擇《獨立評論》的民主思想作為博士論文題目，進行政治思想史的研究，1987 年取得博士學位、1988 年即進入中研院近史所服務。觀察儀深兄的學術發展軌跡，他從近代中國史往戰後台灣史研究的領域發展，應有兩個重要的機緣：一個是對博士論文研究相關的中國近代自由主義思想繼續深耕，從跨越中國與台灣時期的胡適切入，進而關心台灣自由主義或政治改革主張的相關課題；另一個則是與他 1991 年受邀參加民間二二八研究小組、投入二二八事件的研究有相當的關係，從此在戰後台灣政治史領域深耕。

　　換句話說，儀深兄學術研究取向的轉折，大約發生在 1990 年代初

期。1991 年他在近史所發表了〈中國文藝復興的先驅：胡適〉、〈胡適與蔣介石〉，也應邀參加民間二二八研究小組，發表〈論台灣二二八事件的原因〉的論文。而在此之前，儀深兄有機會到美國史丹佛大學胡佛研究所訪問進修，大量地閱讀美國圖書館的收藏和檔案，這些不僅對他研究戰後台灣政治史有相當大的幫助，後續也衍生了戰後台灣對外關係史的相關學術成果。另一方面，他長期在國內外從事口述歷史的工作，包括許多海外台獨運動者、白色恐怖受難者的訪談，也拓展視野、成為他撰寫本書部分論文的機緣。

　　由於儀深兄長期研究中國自由主義思想，因此 2002 年自由思想學術基金會想要再出版《自由中國》雜誌未能成功，轉而開始進行《自由中國》選集 7 冊編選工作時，便邀請儀深兄參與，並請他負責從《自由中國》中挑選「國際情勢與中國問題」的相關政論文章。這或許是他以《自由中國》為素材探討中華民國的國際處境的開端，儀深兄果真完成了〈從《自由中國》看五〇年代中華民國的國際處境〉這篇論文。此後儀深兄陸續撰述了中華民國／台灣對外關係研究的論文多篇，其中可以看出他由原本二二八事件研究、台獨案件研究，透過廣泛的檔案爬梳及口述資料，進而發展出來的觸角，如〈保釣運動對中華民國政府釣魚台政策的影響〉、〈台灣主體、中國屬島、或其他？—論葛超智《被出賣的台灣》所揭露的美國對台政策〉、〈從彭案的救援看美國對台獨選項的態度〉，大部分都是與美國對台（中華民國）政策、或是美國留學生、台美人（影響美國政策）對台灣的影響有關。

　　整體而言，這本對外關係史的內容，一方面從中華民國官方的角度出發，探討相關的主題，一方面則著重在美國相關政策的分析，包括美國如何處理琉球或者奄美大島的問題，乃至美國對台政策的曲折歷程；或者是美國在彭明敏案發生之後的態度，乃至美國對中國代表權或是台澎地位問題的相關討論，觸角敏銳、立論中肯，值得相關研究者注意、參考，相信也有助於未來此一研究領域的進一步展開。

清理黨國教育的遺毒

王景弘

資深新聞工作者暨《強權政治與台灣：從開羅會議到舊金山和約》、
《杜勒斯與台灣命運：一代巨人留下台灣民主獨立的生機》作者

　　中國近代史名學者沈雲龍教授，在 1960 年代有一句話令人震撼：
中國近代史我只講到「五四運動」；以後的事，我不能講；市面上的書
也不可信。

　　他的話外之話，直指戒嚴黨國之治，沒有言論學術自由，不可能有
忠於事實的信史。黨國統治者控制史料，控制資訊，捏造、歪曲和隱瞞
事實，獨斷作出不可逾越的定論。

　　「五四運動」之後，中共成立，「對日抗戰」四分五裂，國民黨內戰
失敗，政權流亡台灣，家醜不可外揚，而國民黨要穩瞞真相，以謊言建
構神話「法統」，捏造光復台灣的功績，以支持它統治台灣的正當性。

　　黨國統治最重要手段是控制資訊與言論，對人民洗腦，形成一言
堂，這種政治氛圍造成台灣一般學生對歷史的認識，只限於國民黨宣傳
洗腦的版本，一生跳不出惡質教育的圈套。

　　國民黨政權不但要隱瞞國共內戰和對日戰爭真相，已經流亡台灣還
不容台灣史編入教材，反而把它列為最敏感的禁忌，因為戰後台灣政治
史的核心，就是台灣的領土、國家定位問題，直接牽涉到國民黨統治台
灣的合法性與正當性。

　　國民黨的洗腦教育下，學生只背「開羅宣言」，「三巨頭會議」，
「波茨坦公告」，「台灣光復」，「反攻復國」，而不知道終結太平洋戰爭
的「舊金山和約」，並未規定台灣主權讓渡，蓄意讓它懸而未決。

　　經過「二二八」鎮壓，知情的台灣精英被殺，被關，或流亡海外，
在國內敢碰這些動搖國民黨「國本」之議題者，只有像雷震和彭明敏一

樣坐牢；而知情的黨國精英，位居要津，或要維護既得利益，不會自告奮勇揭露虛構的「法統」。

外交界最詳實可信的史料，當屬《顧維鈞回憶錄》，但有關台灣部份一九八九年才由中國出版；《錢復回憶錄》也詳盡，但那是民主化之後問世；《沈劍虹使美回憶錄》內容多屬公開資料；涉及戰後台灣對外關係最深的葉公超、沈昌煥、王世杰、張群、魏道明、黃少谷都未出版回憶錄，而外交部檔案長期保密。沒有學術自由，又缺乏史料，使台灣戰後對外關係史無法深入忠實論述。

國史館館長陳儀深兄，在解嚴後的學術自由環境，運用大量解密的國內外史料，陸續發表戰後台灣對外關係論文，並精選十篇編輯成冊，對彌補解嚴前台灣對外關係史的空白，和清理黨國洗腦教育遺毒，有重大貢獻。

這些論文的題目，在 1988 年以前都還是敏感的禁忌，因為所討論的問題，不論是對日和約、聯合國中國代表權、「中美」共同防衛條約、八二三砲戰、彭明敏案國際救援、釣魚台問題以及海外台灣人的民主與人權運動，都牽涉到國家定位，外來黨國統治的合法性與正當性。

儀深兄在享有學術自由的年代，執著讓證據說話的認真治學態度，不但運用國民黨政府的文件檔案，而且費心到美國國家檔案館搜集美方文件，交叉對比，務必求真求實。民主自由的環境讓他可以據實陳述研究結果，這是活在戒嚴統治下的知識分子所追求的權利。

儀深兄的論文集，除政府政策和與國際社會的互動，還有三篇是民間參與民主化及對國家定位的貢獻，包括「自由中國」雜誌和彭明敏教授與謝聰敏、魏朝廷「台灣人民自救宣言」案，及台美人對民主化和「台灣獨立」國家定位的論述。「自由中國」雜誌案是「外省人」自由派知識分子對蔣介石「法統」的挑戰，彭明敏教授是台灣人知識分子對虛構法統開槍，他們都受牢獄之災。

海外台灣人對國民黨法統的挑戰，受黑名單不能返鄉的迫害，這一代老留學生的奔走奮鬥，沒有什麼「花」作為運動的代號，只有黑名單

成為他們為民主奮鬥的勛章,「黃昏的故鄉」是共同的精神支柱。以早期留學生為主體的海外台灣人,向外來威權統治爭民主與人權,核心正是國家定位,海外留學生為台灣民主的奉獻,儀深兄除了替他們做了很多口述史,也撰寫了〈台美人與台灣民主化〉的論文,替他們留下重要紀錄。

　　在民主化之後,台灣已經擺脫黨國洗腦教育,歷史論述不再是言論禁區,涉及台灣國家定位的書籍陸續出版,可信度依引述檔案証據由讀者判斷。儀深兄的《戰後台灣對外關係史論》參閱新解密史料,及親訪當事人回憶,記述台灣國家定位演變的軌跡,值得關心台灣對外關係問題者參考。

自序：綜觀全局之必要

陳儀深
國史館館長

　　1980 年代我在政大政治研究所博士班的時候，不記得是旁聽或是選修一門近代外交史的課，那位老師每講到二戰後美國調和國共內戰、以及 1949 年美國對台政策的轉折，常常欲言又止，當時我內心很不滿意，以為是老師的學問有問題。1990 年代我在中研院近代史研究所服務，除了院內相關研究所資源豐富，民主開放的社會氛圍讓我對台灣內外的問題開了眼界。方知，很多檔案、很多事實都會挑戰國民黨統治台灣的合法性、正當性，那位老師的欲言又止，應是膽量的問題而不是學問的問題。

　　如同薛化元教授在本書序言所說，我從近代中國思想史的領域轉入戰後台灣史研究，是在九〇年代初期、也就是開始研究二二八事件的時候。這裡可以稍做補充，1988 年我進入中研院近史所以後，自然也有延續博士論文方向的一些寫作，如〈國共鬥爭下的自由主義 (1941-1949)〉（1994 年 6 月，《中央研究院近代史研究所集刊》第 23 期（下），頁 237-266）、〈自由民族主義之一例──論《獨立評論》對中日關係問題的處理〉（1999 年 12 月，《中央研究院近代史研究所集刊》第 32 期，頁 261-289）、〈一九五〇年代的胡適與蔣介石〉（2009 年，《思與言》第 47 卷第 2 期，頁 187-216），持續關注胡適不只是個人學術的興趣，且與生命情調相關，他對現代知識分子之「獨立精神」的詮釋，在孟子的貧賤、富貴，威武之外，提出「成見不能束縛、時髦不能引誘」，至今猶是個人的座右銘。

　　關於二二八，台灣人被來自「祖國」的軍隊殺戮，是當代台灣民族主義運動的起源，但除了被壓迫，運動者有甚麼理據可以說服自己的同胞、說服相關的強權？廖文奎、廖文毅兄弟除了「台灣人非中國人」的血緣論，其實已經在談論國際法、批判開羅宣言，而葛超智的台灣被出賣論述，除了立基於三月屠殺的事實，更是從戰後殖民地歸屬的處置不當說起。隨後「韓戰救台灣」，作為冷戰前沿的中華民國得到美國的支持、平安度過兩次台海危機，且在聯合國擁有中國代表權；七〇年代失去聯合國席位的階段，恰也是蔣經國浮上檯面、開始催台青，開始有增額中央民代定期改選、從而出現黨外政團；而八〇年代接二連三的政治案件（人權事件），激起海外（尤其是美國）台灣人的團結救援、遊說，以及美國國會議員的關切，形成台灣威權鬆動的轉捩點。

　　以上的發展軌跡描述若近乎事實，已清楚說明時局轉變的因素是內外牽動的，理解戰後台灣的政治發展，除了要知道蔣介石如何「成功撤退」來台、在台灣的統治運作（包括白色恐怖）、經濟策略等內部因素，還必須充分理解舊金山和平條約、八二三砲戰、康隆報告、保釣運動、2758 號決議、三個公報與台灣關係法等等外部因素。換個方式說，就是要綜觀全局。

　　回顧個人過去三十年的學院生活，除了前述延續博士論文的研究範圍以外，環繞台灣研究所撰寫的論文可以分成三個區塊：（一）歷年研究二二八的相關論文，已於 2019 年輯成《拼圖二二八》一書出版，（二）台獨政治案件方面的研究，亦於 2019 年補綴延展成《認同的代價與力量：戒嚴時期台獨四大案件探微》一書出版，（三）現在要出版的這本《戰後台灣對外關係史論》，也是個人學思歷程重要的部分，茲將本書各篇文章的出處列表如下：

章節	標題	時間	出處
一	從《自由中國》看五〇年代中華民國的國際處境	2005 年 6 月	發表於「中國近代史的再思考：中央研究院近代史研究所創所五十週年」國際學術研討會，共 19 頁，台北：中央研究院近代史研究所。
二	1953 年「奄美返還」與中華民國政府的回應	2021 年 10 月	發表於 2017 年 11 月中研院近史所主辦的「戰爭與東亞國際秩序的變動」國際學術研討會，收入李宇平主編，《戰爭與東亞國際秩序的變動》，頁 233-251，新北：稻鄉出版社。
三	八二三砲戰與台灣政治發展：以《蔣介石日記》為線索的討論	2018 年 11 月	發表於「東亞冷戰史的重構」國際學術研討會，共 18 頁，台北：中央研究院近代史研究所。
四	從「康隆報告」到「台灣關係法」：美國對台政策的曲折歷程	2010 年 4 月	台灣教授協會編，《中華民國流亡台灣 60 年暨戰後台灣國際處境》，頁 15-49，台北：前衛出版社。
五	台灣主體、中國屬島、或其他？——論葛超智《被出賣的台灣》所揭露的美國對台政策	2014 年 3 月	《中央研究院近代史研究所集刊》，第 83 期，頁 133-156。
六	從彭案的救援看美國對台獨選項的態度	2016 年 6 月	陳儀深、許文堂主編，《傳承與超越：台灣人民自救運動宣言五十週年紀念論文集》，頁 337-367，台北：財團法人彭明敏文教基金會。
七	保釣運動對中華民國政府釣魚台政策的影響	2014 年 4 月	發表於「多元視角下的釣魚台問題新論」國際學術研討會，共 23 頁，台北：中央研究院近代史研究所。
八	「中國代表權問題」與「台澎地位問題」的關聯：從 1971 年 4 月美國國務院發言人風波談起	2012 年 12 月	張炎憲、許文堂主編，《台灣地位與中華民國體制》，頁 157-180，台北：台灣教授協會出版。
九	第三次台海危機與首次台灣總統民選	2016 年 12 月	戴寶村主編，《總統直選 20 週年學術研討會論文集》，頁 27-42，台北：財團法人吳三連台灣史料基金會。
十	台美人與台灣民主化：兼論台灣民主化過程中的「美國因素」	2021 年 12 月	歐素瑛、黃翔瑜、吳俊瑩執行編輯，《威權鬆動：解嚴前台灣重大政治案件與政治變遷（1977-1987）國際學術討論會論文集》，頁 511-540，台北：國史館。

可以看出，本書十篇論文之中有九篇在 2010 年以後發表，也就是檔案更開放、氣氛更自由、個人思想更成熟的階段；而其中有五篇在近史所發表，另五篇是在外面發表，則反映個人參加社會活動與社會共感

共振的一面。要之，個人對台灣地位問題的思考，比較接近陳隆志教授的演進獨立說；對戰後台灣政治發展的看法，比較接近若林正丈教授所言「中華民國台灣化的歷程」。學習過程中受益於其他參加各類研討會的學者，也包括王景弘先生對美國檔案的勤奮介紹。但這個演進獨立以及中華民國台灣化的結論，並不是拾人牙慧、也不是因心智怯懦而採取的安全發言位置，而是個人經過外交部北投檔案庫、國防部史政編譯局（室）、美國華府國家檔案局、史丹佛胡佛研究所檔案館、日本東京國會圖書館四樓憲政資料室的僕僕風塵，有所驗證，以及與統獨各方論辯之後，（可以說是以綜觀全局自勉）所得到的結論。

　　本書得以在 2022 年 4 月也就是舊金山和約生效七十年的此刻出版，別具意義，要感謝國史館同仁廖文碩、張世瑛、陳世宏、彭孟濤的協助，薛化元教授、王景弘先生賜序，以及政大出版社的合作。惟若有疏漏錯誤，則是個人能力、時間有限的緣故。（2022/03/31）

Chapter 1

第一章
從《自由中國》看五〇年代中華民國的國際處境

一、前言

　　《自由中國》半月刊自 1949 年 11 月於台北創刊，迄 1960 年 9 月停刊為止，有學者依其與國民黨政府的互動關係，細分為交融期、磨擦期、緊張期、破裂期、對抗期等五個階段，[1] 然而「言論思想自由」與「威權統治」在本質上始終是對立的，早在 1951 年《自由中國》即因一篇社論〈政府不可誘民入罪〉而遭受軍方壓迫、被逼道歉，胡適因而正式辭去發行人的銜名以示抗議；[2] 1953 年又因該刊〈再期望於國民黨者〉、〈監察院之將來〉等文章，引起中國國民黨中央委員會第四組於 3 月 13 日致函雷震表達不滿，不久雷震就收到總統府人事室函「解除先生所任之本府國策顧問職務」。[3] 可見，不必等到 1955 年以後，雙方就已經有緊張、有破裂或有對抗了。

　　曾在《自由中國》撰寫許多社論的夏道平，對於該刊十年來的言論分作三類：（一）從理論方面闡揚自由民主的真實價值，（二）對於實際政治的批評並督責其切實改革，（三）關於共產黨暴政的研究與報導，[4]

1　薛化元，《「自由中國」與民主憲政：1950 年代台灣思想史的一個考察》（台北：稻鄉出版社，1996 年），第三章。

2　萬麗鵑編註、潘光哲校閱，《萬山不許一溪奔：胡適雷震來往書信選集》（台北：中研院近史所，2001 年），頁 4。

3　萬麗鵑編註、潘光哲校閱，《萬山不許一溪奔：胡適雷震來往書信選集》，頁 51。

4　夏道平，〈本刊的十年回顧〉，收入《我在《自由中國》》（台北：遠流出版公司，1989 年），頁 263-269。

所以後人若要編輯《自由中國》的政論選集，以上三個方面皆應不可或缺。不過分類有其困難，例如夏道平就把 1958 年台海危機之後，中華民國宣布「不使用武力」恢復大陸的相關評論，放在第二方面。[5]

圖 1-1　《自由中國》封面（筆者提供）　圖 1-2　雷震（維基百科・公有領域）

　　由於《自由中國》創刊緣起最早是在「大陸危急的時候」、「還有半個中國沒有被赤禍蹂躪」的時候，作為一種「自由中國」運動，這一群知識分子要做的工作是宣傳自由與民主價值、督促政府用種種力量抵抗共產黨、援助淪陷區的同胞，最後的目標是「要使整個中華民國成為自由的中國。」[6] 這樣高遠的目標自不可能單由督促國民黨政府來完成，而須注意當時的國際情勢，包括韓戰、聯合國的中國代表權問題、對日和約以及美國對台政策等等，撫今追昔，這群知識分子對情勢的認知是否切合實際？當 1950 年代後期美國參議院外交委員會出現《康隆報告》（大膽提出一中一台方案，引起國務院出小冊子申明不同意該項主張）[7]

5　夏道平，〈本刊的十年回顧〉，《我在《自由中國》》，頁 268。

6　胡頌平編著，《胡適之先生年譜長編初稿》（台北：聯經出版社，1984 年），第六冊（1947-1953 年），頁 2082、2083。

7　相關原委參見中國社會科學院科研局組織編選，《資中筠集》（北京：中國社會科學出版社，2002 年），頁 47-49。

的時候,《自由中國》不但有多篇評論,而且對於 1960 年 4 月《外交》季刊上 Chester Bowles 提出類似主張的〈重新考慮中國問題〉一文翻譯刊登,可見《自由中國》對時代空氣的敏銳感覺。個人認為,《自由中國》半月刊的作者們對國際情勢乃至中國問題的認知,不但有「記錄時代」的意義,而且以此作為他們的思維背景,會影響到他們對台灣(中華民國)內部問題的看法。

　　以下,筆者即嘗試透過《自由中國》的眼睛,鋪陳 1950 年代的國際情勢與中國問題。

二、韓戰帶來的轉變

　　1949 年 12 月國民黨政府遷台前後,美國政府對台政策已存在著「完全放棄」或「繼續援助」的爭議,有學者根據諸多檔案作了概括:到 1949 年底,美國基本上承認「用政治的和經濟的手段分離台灣」的努力已經失敗,也不打算大規模動用軍隊保衛台灣,可以說美國已決定面對台灣可能統一於新中國的現實,準備進一步從中國內戰中「脫身」;這種態勢可以從 1950 年 1 月杜魯門總統(Harry S. Truman)正式就台灣問題發表的聲明看得更為清楚。[8]

8　中國社會科學院科研局組織編選,《資中筠集》,頁 22-27。這份聲明重申「開羅宣言」、「波茨坦公告」關於台灣歸還中國的規定,明確表示過去四年來美國及其他盟國承認中國對該島行使權力。詳見梅孜主編,《美台關係重要資料選編》(1948.11-1996.4)(北京:時事出版社,1997 年),頁 69。

圖 1-3　杜魯門總統簽署指令美軍加入韓戰的文件（維基百科・公有領域）

　　不過，《自由中國》並沒有表達這種悲觀的態勢，1949 年 12 月的一篇社論樂觀地說：「今日中國大多數的人民，都是酷愛自由和平方式的生活，且很多是相信民主的。」「國民政府過去的失敗，乃是一時的策略錯誤及官吏的貪汙無能；只要領導得宜，矯正其錯誤，改變其作風，則反敗為勝，左券可操。」所以「絕不可放棄大陸，不但現在的大陸部隊不應撤退，而且應該隨時派兵登陸，伺其弱點進攻。」[9] 曾任外交部長的王世杰，則從現實上分析：整編訓練之後的軍隊已經更為忠實可靠、台灣的社會經濟已趨於安定、台灣境內「現時決無任何為台灣同胞所信任敬重的團體或個人主張台灣獨立」，總之反共的鬥爭已在台灣奠定了新的基礎，「我們自己如果能加倍苦幹，……我們的友邦不會——並且也不能——逃避他們對於我們反共鬥爭應盡的責任。惟有我們自己的這種努力，可以迅速改變友邦對我們的觀望政策。」[10] 於此，王世杰只輕輕點出友邦的「觀望政策」。

9　社論，〈我們不能放棄大陸上據點！〉，《自由中國》，第 1 卷第 3 期（1949 年 12 月 20 日）。

10　王世杰，〈反共鬥爭中之台灣〉，《自由中國》，第 1 卷第 2 期（1949 年 12 月 5 日）。

　　不論主觀上美國政府是否被國民黨政府的努力所感，客觀上畢竟在1950 年 6 月 25 日爆發了韓戰，美國總統旋在 6 月 27 日下令第七艦隊駛入台灣海峽，同時發表聲明：「共產部隊佔領台灣，將會直接威脅到太平洋地區的安全以及在該地區執行合法而必要職務的美國部隊。……台灣未來地位的決定，必須等待太平洋安全的恢復，對日和約的締結，或聯合國的考慮。」[11] 顯然，韓戰的爆發使美國對台政策由放棄轉而介入，並形成「台灣地位未定論」為基礎的中立化方案，從此開始了二十多年的——美國監護下的——分裂分治狀態。

　　《自由中國》的作者對於韓戰造成的轉變，認知程度不一，例如蔣勻田認為除了「第七艦隊不能阻擋共產黨席捲大陸，而確很容易遏制著共產黨的侵襲台灣」以外，「說不上美國對華政策有什麼變更。」[12] 陳啟天則認為「這種新局勢的主要趨向，是以美國為領導的民主國家對於蘇俄的冷戰策略，由著重大西洋方面而轉向太平洋方面，由冷戰而接近熱戰，漸有繼續發展成為第三次世界大戰的可能。」「總而言之，太平洋新局勢，是第三次世界大戰的前奏。」[13] 陶希聖肯定杜魯門總統「明敏的決策」，以及聯合國安理會之立即「採取急劇的行動」，而且「韓國戰事是和 1939 年波蘭戰事一樣，是民主與極權兩方的世界戰略的交綏。從這一點上燃起的火花，必將演成燎原之勢。」[14] 以上的說法都是從「民主 vs. 極權」的國際局勢中，想當然爾認為美國與台灣站在同一陣營，但是對於一個腳跟下的問題：台灣是不是中華民國領土的一部分？則是令人尷尬卻緊追在後的問題。

---

11 梅孜主編，《美台關係重要資料選編》，頁 71-72。

12 蔣勻田，〈美國對遠東的基本態度改變了麼？〉，《自由中國》，第 3 卷第 2 期（1950 年 7 月 16 日）。

13 陳啟天，〈太平洋新局勢與中國前途〉，《自由中國》，第 3 卷第 2 期（1950 年 7 月 16 日）。

14 陶希聖，〈兩個戰略的交綏〉，《自由中國》，第 3 卷第 2 期（1950 年 7 月 16 日）。

三、聯合國代表權與「台灣問題」

　　1950 年秋天，聯合國安理會的議事日程排入「台灣問題」，這是因中共指控「美國侵略台灣」，而由蘇俄正式向聯合國安理會提出，它的用意是牽制美國以減輕韓國問題在聯合國議程中的重量，美國的反應是提交聯合國討論並願聽其進行調查，杜魯門且在答覆記者時說到：「韓戰結束後，第七艦隊即無須留在台灣海峽。」這時《自由中國》社論認為，美國第七艦隊之協同防禦台灣，係基於中國政府的同意，同時曾經向聯合國備案而經其認可，決不容曲解為美國侵台，對於上述杜魯門總統的談話，這篇社論認為不啻向蘇俄提議「請其結束韓戰，而以台灣送給共黨作為交換條件」，所以作為一個友邦的自由中國的人民，不得不提出「嚴肅的抗議」。[15] 其實，杜魯門總統如果繼續堅持韓戰未發生前所謂「美國認定台灣為中國領土」，則出動第七艦隊協防台灣海峽更會被解釋為侵略行為，所以才改口說：「中國政府之在台灣，是由第二次大戰後應盟國之請接受日軍投降」，「美國歡迎聯合國考慮台灣的政治地位。」這正是台灣地位未定論的立場，《自由中國》社論對此「雖不能無保留地贊同」，「但我們了解當前國際問題的複雜微妙，初不因其聲明中的若干詞句感覺到國家主權遭受任何侵害。」[16]

　　在現實方面，聯合國安理會在 1950 年 9 月 29 日對於邀請中共代表列席參加「美國侵台」問題討論案的處理，不顧中華民國代表蔣廷黻之運用否決權，會議主席英國代表傑布（Gladwyn Jebb）裁示本案為程序問題不得使用否決權，這是中華民國代表第一次使用否決權即被取消，而當時蘇俄已行使過 45 次否決權，所以《自由中國》有一篇「時事述評」說，「這說明安理會在強權與正義之間的向背或依違」，「是聯合國

15　社論，〈異哉！所謂「台灣問題」〉，《自由中國》，第 3 卷第 6 期（1950 年 9 月 16 日）。

16　社論，〈異哉！所謂「台灣問題」〉，《自由中國》，第 3 卷第 6 期（1950 年 9 月 16 日）。

歷史中最汙濁的一頁。」[17]

　　只不過，中華民國政府遷台以後，要不是美國「強權」的支持，豈能代表中國且在聯合國安理會出入一段時日。

四、對日和約與東亞政局

　　1945 年 8 月日本無條件投降，美國獨自佔領日本多年以後，大約在 1949 年決定結束佔領狀態，於是對日和約成了必須及早完成的要務，藉以解決一切由於彼此間存在之戰爭狀態所引起之一切未決問題；[18] 1951 年美國所邀請參加舊金山和會的 50 個國家，差不多有半數僅在戰時與日本斷交，另一半才是對日宣戰的國家，其中實際對日作戰的亦不過十國，而自始至終都是最主要交戰國的中國卻被擯絕於和會大門之外，頗引起《自由中國》同仁的憤慨。原先，左舜生在 1950 年夏天即主張「拋棄蘇聯、不理中共，以美國為首的各民主國家，立即集體的或個別的，以平等方式與日本訂立和約，不能繼續有所等待，也不能受任何拘束」；「對日和約中，凡足以阻礙日本恢復常態的任何條款，包括賠償，應一律予以刪除」；左舜生認為惟有中（台）日美三國切實合作，才可以安定整個亞洲，而且「有認識、有氣魄、有力量，可以合情合理的態度來參加解決日本問題的，截至今天為止，中國還只有一個蔣介石，日本尤其要了解，離開了中國人民所擁護的國民政府，而別尋建立中日新關係的途徑，則一定要陷日本於歧途。」[19]

17 時事述評，〈聯合國歷史中最污濁的一頁〉，《自由中國》，第 3 卷第 8 期（1950 年 10 月 16 日）。
18 1949 年 9 月 14 日起在華盛頓舉行的遠東會議中，開始起草對日和約的內容；1950 年 4 月，杜勒斯被任命為國務院最高顧問，負責對日講和工作。參見戴天昭著，李明峻譯，《台灣國際政治史》（完整版）（台北：前衛出版社，2002 年），頁 372。
19 左舜生，〈趕快解決對日和約問題〉，《自由中國》，第 3 卷第 1 期（1950 年 7 月 1 日）。

　　可是，美國畢竟沒有邀請中國參加簽訂舊金山對日和約，[20]《自由中國》一位作者黃正銘推敲，可能由於若干盟國已和中（華民）國政府斷絕邦交，不願與中（華民）國共同簽訂對日和約，以免重新引起承認問題，但黃正銘對此情形不以為然，因為「共同簽字一個國際文件，固可認作包含彼此承認的行為，但中（華民）國自可聲明，無意利用此項國際法則，改變各國的政治決策」；何況「今日世界，僅有民主與共產的分野，沒有承認與不承認的分野。」[21] 另一篇社論乾脆批評，美國在舊金山和會的表現，實在是「充分地繼承了歐洲式的強權外交，而復益以北美新生的霸氣、獨斷和優越感」使然！[22] 其實美國雖強，也不能任意指揮其他國家，何況像英國那樣主張由北京政府代表中國參加簽約，才是台北所最不樂見，所以結果能夠「兩邊都不邀請」已經不錯了，這篇社論未免太苛責美國。

　　先前，英美兩國曾經在倫敦會議中達成協議，即日本在成為獨立國家之後，可自行在北京與台北之間選擇一方的政府締結和約，但是當1951 年 9 月 8 日同盟國於舊金山簽署和約之後，杜勒斯（John Foster Dulles）於 11 月前往日本，勸說日本政府與台北的國民政府締結和平條約；日本方面則擔心，若不與國府締約，美國參議院可能不會順利批准（舊金山）和約。所以，可以說日本是「在美國的壓力下」，選擇與國府締結了日華和平條約。[23] 中華民國政府對於這項發展，當然「殊感欣慰」，《自由中國》社論進一步建議：「中日和約簽訂以後，只要英

20 由於美國政府堅持和約草案只能給國民黨政府，英國政府則認為北京政府應當參加簽訂條約而且「台灣應當歸屬中華人民共和國」，最後妥協方案就是兩邊都不邀請。參見蘇格，《美國對華政策與台灣問題》（北京：世界知識出版社，1998 年），頁 175。
21 黃正銘，〈對日和約中國參加問題〉，《自由中國》，第 5 卷第 4 期（1951 年 8 月 16 日）。
22 社論，〈寫在舊金山和會的前面〉，《自由中國》，第 5 卷第 5 期（1951 年 9 月 1 日）。
23 戴天昭著，李明峻譯，《台灣國際政治史》（完整版），頁 381-383。

國放棄其遷就中共的政策，則以英美二國為骨幹，聯合中、日、菲及其他東南亞國家締結一個太平洋公約，當非難事。……要挫中共侵略的兇鋒，要避免第三次世界大戰，均以成立此公約為當務之急。」[24] 這樣的期待似顯得一廂情願，至少對英國的不友善不甚瞭解。

　　此外，朱伴耘認為 1949 年至 1950 年底的變局中，美國只有對華政策而沒有對「台」政策，只是想以台灣為「餌」，達到與中共為「友」的目的，對台措施是隨著「如何實現其對華政策」而轉變，但是當中共加入韓戰且重創美軍，以及韓國停戰談判過程中，美國發現北京與莫斯科關係密切，都會促使美國對台政策日趨積極，這從中華民國在聯合國提出的「控蘇案」，終於在 1951 年得到美國的支持而通過，以及 1951-1952 年杜勒斯東奔西走加速日華和約的簽訂，可以看出台灣再也不會成為「飼魚之餌」了。[25]

五、台美共同防禦條約與台海危機

　　1951 年美國憲法修正案第 22 條批准生效，未來總統任期限於兩任，此一規定原可不適用於當任總統杜魯門，但杜魯門為了「恢復兩任制的慣例」，[26] 於 1952 年宣布任滿離職，是年年底改選則由軍人出身的、共和黨的艾森豪（Dwight D. Eisenhower）當選。大選期間共和黨批評杜魯門政府的「圍堵政策」失敗，應為韓戰的結果負責，共和黨提出的是「反擊政策」，而且「反擊政策的對象包括中國」。因此，1953年 2 月 2 日艾森豪向國會提出的國情咨文中說到：「我下令第七艦隊不再繼續作共產中國的盾牌。此一命令絕非包藏侵略的意圖，重點是我們

---

24 社論，〈急轉直下的中日媾和〉，《自由中國》，第 6 卷第 3 期（1952 年 2 月 1 日）。
25 朱伴耘，〈蛻變中的美國對台政策——美國對華外交政策的靜態分析〉，《自由中國》，第 6 卷第 9 期（1952 年 5 月 1 日）。
26 朱建民，《美國總統繽紛錄》（台北：臺灣商務印書館，1996 年），頁 495-496。

毫無任何義務去保護韓戰中與吾等對戰之人民。」[27] 這就是宣布解除台灣中立化的聲明。

此項消息自然使得台灣輿論界「充滿熱烈興奮的情緒」，但美國並沒有進一步要給台灣更多軍經援助的表示，因而引起《自由中國》社論的些微不安，它提醒「問題是全球性的」、「自由中國也只能擔當一部分的任務」、「我們的行動應該是全球性政策的一部分，參與這政策的國家，特別是領導這政策的國家，不能中立，不能旁觀，更不用說拿一些步調不一致的行動來抵銷我們的行動了。」[28]

解除台灣中立化政策，意謂「放任」（unleashing）蔣介石自由為之，可是從後來的發展來看，此事就像上述的「反擊政策」一樣，並未對現實造成絲毫的影響。反而，由於中立化政策的解除，以及韓戰的結束（1953 年），使北京政府將原本集結於朝鮮半島和中國東北的軍隊，得以轉移到台灣對岸一帶。[29] 1953 年 6 月蔣介石直接致電艾森豪總統，希望締結華（台）美共同防禦條約，可是同年 7 月底北京政府也開始推動激烈的「解放台灣」運動；1954 年 8 月 11 日更由周恩來發表「解放台灣宣言」，9 月 3 日東南亞集體防禦組織（SEATO）在馬尼拉會議前夕，中共軍隊對金門展開大規模的砲擊，這就是五〇年代第一次的台海危機。

可以說，台海危機加速了共同防禦條約的實現。1954 年 10 月中旬亦即美台雙方交涉過程中，杜勒斯國務卿和艾森豪總統即確認條約適用範圍限定於台灣、澎湖群島，以及不同意國民黨政府反攻大陸，表明「絕對不容許台灣、澎湖群島被非友好勢力所統治。該島的法律地位絕非中國的一部分。」[30] 同年 11 月 2 日至 12 月 1 日為止，約一個月的時間

---

27 梅孜主編，《美台關係重要資料選編》，頁 90-91。

28 社論，〈解除台灣中立化應該是全球性戰略的第一步〉，《自由中國》，第 8 卷第 4 期（1952 年 2 月 16 日）。

29 戴天昭著，李明峻譯，《台灣國際政治史》（完整版），頁 401。

30 轉引自戴天昭著，李明峻譯，《台灣國際政治史》（完整版），頁 410。

美台雙方進行九次會談，然後由外交部長葉公超和國務卿杜勒斯，正式在華盛頓簽署華（台）美共同防禦條約。

圖 1-4　中美共同防禦條約批准簽字

來源：〈領袖照片資料輯集（二十一）〉，《蔣中正總統文物》，國史館藏，數位典藏號：002-050101-00023-218

　　美國方面有一位國務院顧問柯亨（Benjamin U. Cohen）起草一份備忘錄提交參議院外交委員會，提醒此一條約挑起的若干問題：「如果依此條文批准該條約，即等於首次正式承認台灣與澎湖群島為中華民國領土」；「台灣與澎湖群島現在事實上已脫離中國本土而獨立。不使其淪為中國本土的管轄，不僅是為了美國，而且是世界和平的決定性利益」；「中共看來毫無崩潰的跡象。因此，至少在目前的狀況下，將台澎切離中國本土，方符合美國的利益。」[31]於是參議院外委會在通過共同防禦條約時，特別聲明此條約並不影響或改變其適用地域的法律地位，補充說

31　關於柯亨備忘錄全文，見顧維鈞著，中國社會科學院近代史研究所譯，《顧維鈞回憶錄》，第 12 分冊（北京：中華書局，1993 年），附錄三，頁 753-757。

明其並未對台灣、澎湖群島做最後的處分。

　　《自由中國》社論對於共同防禦條約只是「防守」性質，並且排除台澎以外的島嶼，表達一種體諒的態度；「反攻復國，是我們的內政問題；只要我們自己有力量（軍事的和政治的），我們隨時可以反攻。……至於台灣澎湖以外的島嶼之防守，我們認為：現在正是我們自己表現力量的機會。……我們自己應拿出決心和力量來防守！」同時，這篇社論也發現條約本身（為了和平共存的幻想）並不排除「台灣獨立國」運動的可能性，因而鄭重呼籲美國政府應該絕對遵守杜勒斯答覆記者的另外兩句話：「這並非意指美國承認兩個中國的存在。」「美國並無意向改變承認中華民國政府為唯一合法的中國政府的現行政策。」[32]

　　而中國北京政府方面，為了測試此一防禦條約的虛實效力，遂在1955年1月10日對大陳島展開激烈的砲擊和飛機轟炸，一週之後又派遣近4000名共軍登陸一江山島，與1000名國府守備部隊交戰兩小時，予以攻佔；美國政府在1月19日、21日正式告知葉公超、顧維鈞，要求國府軍隊撤出大陳島，但將把金門、馬祖列入防禦區域作為代價，1月24日艾森豪總統向國會提出特別咨文，要求在防衛台澎免受攻擊一事，能給他在必要時使用美軍的權限。參眾兩院在四天之內快速通過，即所謂「台灣決議案」。[33]

　　關於大陳島的撤退（2月11日為止），美國出動第七艦隊和遠東空軍前往協助，但指示海軍不得與敵方交戰，空軍必須在對方射擊後才可反擊，以免被中共視為挑釁；這種姿態傳達的訊息是：華（台）美共同防禦條約與「台灣決議案」果然只是為了防禦台灣，美國並不支持國府

---

32 社論，〈論中美共同防禦條約——防守外島與反攻大陸是我們自身的責任〉，《自由中國》，第11卷第12期（1954年12月16日）。

33 這是因為共同防禦條約尚未獲國會通過，美國總統出兵需要得到國會授權。但美國始終沒有公開聲明將協防金、馬，只願協助大陳撤退，蔣介石對此感到失望。參見王景弘，《採訪歷史：從華府檔案看台灣》（台北：遠流出版公司，2000年），頁76-79。

的「反攻大陸」。北京政府對此感到滿意。此時，紐西蘭駐聯合國大使在安理會提出台灣海峽停戰決議案，得到英美兩國贊成，並邀請中共參加討論，卻遭周恩來峻拒，認為安理會不應干涉中國內政。這些發展都讓《自由中國》的同仁感到不安，認為所謂停戰協議之說已提高了中共的國際地位，有朝向「兩個中國」的危險：「要以韓戰越戰做鏡子，認清與共黨談判停火，是不智的。如果由於停火安排，導致中共國際政治地位的再度提高，或進而走到『兩個中國』的結局，那末⋯⋯犯了『道義上的罪過』。」[34]「我們以自由中國人民的立場，堅決反對在聯合國內外，與中共討論所謂停火問題。⋯⋯蓋停火談判必須在兩個平等的敵對體交戰的情形下才能構成。如眾週知，今天的中共只是國際共黨卵翼下的一個暴力集團，是蘇俄侵略中國的一隻鷹犬。」[35] 從這個立場出發，看到美國政府一方面與台灣簽訂共同防禦條約並通過授權咨文，卻又一方面同意停火談判，當然會認為是前後矛盾。

六、第二次台海危機的影響

1954 年的日內瓦國際會議，中華人民共和國的代表參加會議並與美國代表進行多次接觸；1955 年 4 月在印尼召開「萬隆會議」，周恩來在一次午餐會上發表聲明：「中國政府願意同美國政府坐下來談判，討論和緩和遠東緊張局勢的問題，特別是和緩台灣地區的緊張局勢問題。」[36] 美國國務院立刻公開做了回應；同年 8 月 1 日，中美兩國終於在日內瓦舉行了大使級的會談，經過 40 天的 14 次談判，只在兩國人

---

34 社論，〈對艾森豪總統關於遠東政策咨文的觀感〉，《自由中國》，第 12 卷第 3 期（1955 年 2 月 1 日）。

35 社論，〈斥所謂「停火」與「兩個中國」之謬說〉，《自由中國》，第 12 卷第 4 期（1955 年 2 月 16 日）。

36 中華人民共和國外交部、中共中央文獻研究室編，《周恩來外交文選》（北京：中央文獻出版社，1990 年），頁 134。

民「返鄉權」方面達成一個唯一的協議。不過或許由於會談的氣氛，或許由於中共方面感覺到「露骨的進攻政策」不再有利，[37] 迄 1958 年夏天以前，台灣海峽有一段相對平靜的時期。1958 年 8 月 3 日，蘇聯與中國發表共同公報，嚴厲譴責英美在中東的侵略行為，隨後中國方面更單獨發起「解放台灣」運動，8 月 23 日共軍終於再對金門島展開猛烈砲擊。美國國務卿杜勒斯遂在 9 月 4 日發表聲明，說「我們認為金門和馬祖的確保與否，和保衛台灣的關係越來越密切。」「文明的世界社會將永遠不會寬恕把進行公開的武力征服作為行使國家政策的合法工具。」[38] 艾森豪總統隨後在 9 月 11 日發表廣播電視談話，他根據過去的經驗認為，民主國家如果一開始就採取堅決的態度，本來是不會發生世界大戰的，可是「軟弱和膽怯」終於鼓勵了侵略成性的統治者；現在的情況是，中共一再宣稱他們對金門的軍事行動是進攻台灣的預備步驟，所以 1955 年國會通過的關於台灣海峽的決議適用於目前的形勢；由於共黨中國在台海的行動「正是危害了世界和平」，所以「不會有任何姑息」，但艾森豪還是表明希望恢復大使級會談，談判的道路總比武力解決更好。[39]

　　由於共軍對金門只是砲擊而尚未「進犯」，美國的護航仍保留只到金門三海里外的距離，這種砲火封鎖將使國府軍隊為了維持補給而無限消耗下去，《自由中國》社論對於美國總統的聲明與措施「並不完全滿意」，因為「不給予共匪以某種打擊，它不會停止挑釁」，但社論也不同意某些轟炸大陸、趁機反攻的高調，畢竟「輕率的行動更足以償事。我們要以極度沈重的心情，於此期勉政府能忍辱負重。」[40]

　　在北京政府方面，提出砲擊金門戰略構想的毛澤東，曾交待部下要

---

37 顧維鈞著，中國社會科學院近代史研究所譯，《顧維鈞回憶錄》，第 12 分冊，頁 303。

38 梅孜主編，《美台關係重要資料選編》，頁 106。

39 梅孜主編，《美台關係重要資料選編》，頁 107-115。

40 社論，〈論台海危機〉，《自由中國》，第 19 卷第 7 期（1958 年 10 月 1 日）。

「政治掛帥」、「能不能避免不打到美國人？」周恩來在9月5日晚上，也向來自蘇聯的葛羅米柯說明：砲擊金門和馬祖並不是要「解放」台灣，而是對國民黨軍隊施以懲罰，挫敗美國所推行的兩個中國政策。中共摸清楚美國艦隊只護航、不參戰的立場以後，更操作談談打打、打打停停的策略；尤其9月30日杜勒斯發表的公開談話（指稱在金馬部署大軍是愚蠢的事），顯露美國打算以讓出金門馬祖為條件來換取中國政府的「停火」和不使用武力，從而達成「劃峽而治」的目的，中共中央遂決定「把蔣介石繼續留在金門、馬祖沿海島嶼上」，所以當10月21日杜勒斯利用砲擊暫停而欲赴台與蔣介石會談的途中，中共又恢復了砲擊；換句話說，如果當時繼續停火，杜勒斯勢必壓蔣撤出沿海島嶼，但是毛澤東故意恢復砲擊，遂給了蔣介石堅守金馬的有力藉口。[41]

　　10月21日至23日，美國國務卿杜勒斯與主管遠東事務的助理國務卿勞勃森（Walter S. Robertson），到台北與國府當局舉行了「防禦條約」第四條所規定的「高級理事會議」，並發表聯合公報。《自由中國》的一位作者施治華認為，這次會議一方面可以證明「中美兩國的友誼是顛撲不破的，不會被別人挑撥離間所中傷的」，另方面從聯合公報的一般內容可以看到這次會議的的失敗與不能令人滿意的一面：「中華民國政府認為恢復大陸人民之自由，乃其神聖使命，並相信此一使命之基礎，建立在中國人民之人心，而達成此一使命之主要途徑，為實行孫中山先生之三民主義，而非憑藉武力（not the use of force）。」這段話的意義是：「我們比過去任何一次的官方表示更露骨的宣布我們不對已失去的大陸使用武力。」像這樣由官方宣布放棄武力反攻的「權利」，施治華認為政府是犯了原則上的錯誤、外交技術上的錯誤以及認識上的錯誤。[42] 同一期的社論更進一步指出，外交部長黃少谷的事後發言反而

---

41 關於中共中央的這些決策思維，詳見蘇格，《美國對華政策與台灣問題》，頁298-310。

42 施治華，〈分析中美會談結果及「不使用武力」聲明〉，《自由中國》，第19卷第9期（1958年11月5日）。

把主要、次要的活結扯死，反而證實了中華民國確已放棄軍事反攻之主動，僅保留「響應」大陸革命而使用武力之權；這篇社論重提前一年8、9月間該刊社論所言條件尚未成熟、空喊反攻無益、轉不如先行勤修內政，卻被執政黨與政府所控制的報紙圍剿痛擊的往事，如今「連美國也不敢違背世界民意，我們何能時時與世界輿情挑戰？」總之反共鬥爭是三分軍事、七分政治，軍事既已不能主動，我們只有設法在政治方面多加努力才是。[43]

　　無論從地理或歷史的角度來看，台澎與金馬的領土歸屬實不可相提並論，五〇年代的國民黨政府為了抗拒「兩個中國」或「一中一台」而勉強留住金馬，其功過可以有不同立場的政治解讀，但中共主控了第二次台海危機，對於日後美國對華政策的轉變已呈現「山雨欲來」的徵兆。

七、苦難逼出方向：「康隆報告」的意義

　　1959 年 9 月，美國參議院外交委員會發表所謂「康隆報告」，這是參院外委會委託民間團體康隆協會（Conlon Association）所完成的研究報告，其中談到美國未來的對華政策，主張逐漸承認北京政權，讓它加入聯合國並成為安理會的常任理事，中華民國則以「台灣共和國」的名義做一個普通會員國，同時印度與日本也應該成為安理會的常任理事國等等。對於這樣大膽的主張，《自由中國》的社論先是以「1960 年是美國總統的選舉年」，「其著眼點顯然主要是放在整個的遠東地區，而非僅為中國問題而言」，其次指出美國只是想在完全保持現狀的基礎上，作適當的國際安排，以解決現時最棘手的中國問題，這個安排即是由國際協議承認北京政權統治中國的事實，以及現時台灣與中國大陸脫離的事

---

43 社論，〈論放棄主動使用武力之承諾〉，《自由中國》，第 19 卷第 9 期（1958 年 11 月 5 日）。

實；社論認為這種安排是巧妙偽裝的「擺脫主義」，而且把北京政權統治中國視為一項無法改變的事實，乃是一種「失敗主義」，所以康隆報告不但顯示它「對中共偽政權的姑息態度」，而且顯示「它對美國在遠東的長遠領導地位缺乏信心」。[44]

《自由中國》除了提出上述的批評，另外也對台灣——中華民國如何自保的理論方向提出看法。另一篇社論指出，十年來的穩定主要是靠著中國問題之國際化在那裡維持的，美國對華政策乃是此種有利國際因素的主要骨幹，美國對華政策一旦改變，穩定就立即受到震動；如今康隆報告顯示美國政策可能改變，吾人應該注意：（一）不要再說中國問題的解決是中國的內政問題，事實上共產主義運動始終是有組織的國際運動，反共不可避免是國際性的。（二）過去說不能提倡兩個中國、不能使台灣脫離中國，理由是開羅會議承認台灣是中國的一部分，但是，「這理由只有在美國不承認共匪的前提下才是有效的」，當承認問題的前提改變以後，台灣所屬問題也隨之變質了。（三）不要再說大陸人民隨時可以把匪偽政權推翻，它有一個重大的缺點：它在無意中承認了舊式國際法中以「有效控制」作為承認新政府之標準的原則，而這個原則正是我們所應該全力反對的。總之，有效控制原則只是權力政治的產物，應該被美國獨立宣言所揭示的「人民同意」原則所取代，因此，處理中國問題的任何方案都必需以民意為依歸，在整個中國還沒有真正自由的選舉之前，美國不能毫無根據地斷定誰可以代表中國。[45]

以上，不僅是美國「康隆報告」提出大膽的主張，其實《自由中國》社論所呼應的——一旦美國承認「共匪」，則中華民國應該考慮兩

---

44 社論，〈康隆報告的實質及其根本錯誤〉，《自由中國》，第 22 卷第 1 期（1960 年 1 月 1 日）。

45 社論，〈解決中國問題必需以民意為依歸〉，《自由中國》，第 21 卷第 10 期（1959 年 11 月 16 日）。與康隆報告的主張相類的，還有一篇 Chester Bowles 著，蔣勻田譯的〈重行考慮「中國問題」〉，主張建立一個獨立的中台國（An independent Sino-Formosan Nation），以顯示一個非共的近代化中國社會之特異。發表在《自由中國》，第 23 卷第 3 期（1960 年 8 月 1 日）。

個中國或一中一台的選項，在當時的環境下才真是大膽的主張。1960
年9月發生雷震案，《自由中國》停刊；十年後雷震出獄，很快就面臨
「蔣介石的代表被逐出聯合國」的問題，1972年初雷震草擬的〈救亡圖
存獻議〉十條，第一條即主張建立中華台灣民主國，以求自保自全並開
創新局。[46] 如果對1950年代《自由中國》雜誌社同仁們所關切思慮的
國際情勢與中國問題有所理解，當不會對1972年雷震提出的此一主張
感到突兀。

八、討論與結語

　　二次戰後的國際情勢，因1949年中國大陸赤化、1950年韓戰爆
發，使得美蘇對立的冷戰結構更明白地確立。國民黨遷台以後矢志「反
攻大陸、解放同胞」，以反抗共產暴政號召，此時以胡適為代表的自由
主義知識分子，包括雷震、殷海光、夏道平、蔣勻田、成舍我等等，在
反共抗俄、追求民主的立場上支持國民黨，《自由中國》半月刊成了他
們發表意見、發揮影響力的主要基地。相對而言，《自由中國》的文章
比較著重國內問題的探討、批判，以致曾被批評「國際（問題的）文章
太少」，[47] 但是他們既然關心反共大業、關心整個中國的自由民主，那麼
對於國際情勢的觀察、對於台灣與中國的互相定位，必有持續的注意，
甚至影響到他們對國內問題的取角。

　　由於韓戰的發生強化了美國與台灣的利害關係，中共的抗美援朝行
動等於幫助台灣的國民黨政府穩住局面，也才有1954年的台美共同防
禦條約。同樣在美國的支持之下，在台灣的中華民國政府才得以在聯合
國代表中國。不過在《自由中國》的相關作者看來，台灣的中華民國政

---

46 關於這10點建議的討論，參見任育德，《雷震與台灣民主憲政的發展》（台北：國
立政治大學歷史系，1999年），頁302-314。

47 這是朱新民提出的批評。傅正主編，《雷震全集第39冊：第一個10年，雷震日記
（1957-1958年）》（台北：桂冠圖書公司，1990年），頁72。

府的存在不只是只依靠力量，更憑藉道德，因為整個中國還沒有真正自由的選舉，中共北京政府並沒有得到「人民同意」，是非法的偽政權，就像蔣廷黻代表在聯合國演說所表示：「我憲法、總統、立法院及國民大會等均係在大陸上經全國人民普選產生……」「中華民國政府仍是唯一有資格代表中國和中國人民發言的政府。我的政府繼承中國文化的傳統，不僅是現在台灣的中國人民而且是僑居世界各地及大陸上六億愛好自由，珍視精神遺產之人民的精神與政治的感召中心。援助大陸上的同胞進行日益加緊的鬥爭以擺脫共產暴政的枷鎖重獲自由，乃是我政府責無旁貸的神聖使命。」[48]

　　然而五〇年代的台灣處在國民黨政府的戒嚴統治之下，缺少言論、思想自由，遑論集會、結社，所以《自由中國》的一位作者朱伴耘，在1958 年 5 月曾致函雷震謂：「大陸與台灣同為極權暴政，何必恨甲方而擁護乙地。」[49] 這是《自由中國》所代表之言論立場所面臨的一大尷尬，除非他們自身以行動干犯禁忌，改變環境，以證明這是一個有自由的地方。事實上他們也這樣做了，不過換得的是雷震等四人的牢獄之災。

　　其次，依照國際法理論，台灣並不當然屬於中國的領土，「舊金山和約」簽訂的過程顯示台灣地位未定論的存在空間，日本在美國的壓力下雖與台北簽訂日華和約，但從過程中日本眾議院議員與外務省官員的辯論內容，可以知悉台灣的法律地位並未因而獲得確認。[50] 甚至在台美共同防禦條約簽訂之際，美國為了避免「正式承認」台澎為中華民國領土，還特別聲明此一條約並不影響或改變其適用地域的法律地位。像這樣，國際社會小心翼翼不對台灣與澎湖群島的歸屬問題做「最後處分」，牽涉的因素主要包括美國的國家利益、國際法原理、國民黨政府

---

48 這是 1956 年 11 月 13 日及 1960 年 10 月 1 日蔣廷黻關於中國代表權問題在聯合國的發言，見王正華編，《中華民國與聯合國史料彙編——中國代表權》（台北：國史館，2001 年），頁 76、121-122。
49 傅正主編，《雷震日記（1957-1958 年）》，頁 292。
50 戴天昭著，李明峻譯，《台灣國際政治史》（完整版），頁 384-388。

的立場（台灣人民的意願在當時尚難有表達的機會）以及中華人民共和國的態度，前面三者在五〇年代有相當程度的競合，可是北京政府的態度與作為，顯然逐漸發揮了作用，從兩次台海危機的操作，成功地「把蔣介石繼續留在金門、馬祖沿海島嶼上」，可見一斑。

對台灣而言，金門及馬祖自古以來即是中國的領土，從來不是台灣的一部分，如果台灣繼續聲明其領土範圍包括金馬兩島，則中國完全可以主張台灣「非法侵佔」。[51] 由此可見今日民進黨的主流論述：「台灣是一主權獨立國家，其主權領域僅及台澎金馬與其附屬島嶼，以及符合國際法規定之領海與鄰接水域。」[52] 仍有百密一疏的地方。

研究五〇年代的國際情勢與中國問題，不但有助於理解《自由中國》半月刊的思想言論，而且對今日台灣——中華民國國際地位「之所以然」可以有深一層的認識。吾人看到 1959 年《自由中國》社論關於美國「康隆報告」的討論，可以感受那一代知識分子對台、中關係的思考，不是只有中國民族主義的歷史使命一個角度而已，為了民主、為了生存，可以有更跳脫、更超越的想像。

---

51 李明峻，〈台灣的領土紛爭問題——在假設性前提下的探討〉，《台灣國際法季刊》，第一卷第二期（2004 年 4 月），頁 80。

52 〈台灣前途決議文（1999 年 5 月 9 日）〉，收入民主進步黨中國事務部編，《民主進步黨兩岸政策重要文件彙編》（台北：民主進步黨，出版時間不詳），頁 88-90。

Chapter 2

第二章
1953 年「奄美返還」與中華民國政府的回應

一、前言

　　筆者曾經在 2015 年發表〈1971 年中華民國政府對「釣魚台列嶼」政策之形成〉一文，[1]指出中華民國政府對於釣魚台列嶼主權的立場，直到 1970 年 12 月仍然未決，也就是在獲悉美國政府與日本政府即將簽署「歸還沖繩協定」，甚至將釣魚台列嶼亦包括在內時，才發表正式聲明，一方面對於美國未與有關盟國協商遽爾將琉球交給日本，表示「**至為不滿**」，一方面對於美國擬將釣魚台列嶼之行政權隨同琉球群島一併移交日本，重申中華民國政府「**絕對不能接受，並且堅決加以反對**」的嚴正立場，顯示其對於琉球和釣魚台的主權立場強弱有別。之所以決策猶豫，乃因中華民國當時在聯合國的代表席位岌岌可危，外交處境「艱難微妙」，以致在面對美國交還琉球夾帶釣魚台給日本的問題上，決策猶豫，連外交部內部北美司和條約司的見解亦明顯有異。

　　可見外交政策常會隨著國家處境而有所調整。不過外交政策也常是「一環扣著一環」，以戰後琉球的歸屬問題而言，蔣介石在參加開羅會議的時候就有備而來，在 1943 年 9 月 2 日（即赴開羅會議的兩個半月以前）的「國際問題討論會」就商議了琉球地位問題，後來的國防最

1　陳儀深，〈1971 年中華民國政府對「釣魚台列嶼」政策之形成〉，收入許文堂主編，《七〇年代東亞風雲：台灣與琉球、釣魚台、南海諸島的歸屬問題》（台北：台灣教授協會，2015 年），頁 21-41。

高委員會出現了截然不同的兩個版本，一是歸還中國、一是劃歸國際管理或劃為非武裝區域，但是在蔣介石出發前夕的日記，琉球地位卻從中國領土變成了與朝鮮一樣的前朝貢國，他決定不主動提出琉球處置案的立場；[2] 換言之，中華民國政府或蔣介石對琉球的歸屬問題，並不是到了1970 年美日進行「沖繩返還」的時候才突然態度消極。

至於 1953 年的奄美返還，難道是單純因為它早已併入鹿兒島縣、並非沖繩的一部分、從而是根據「舊金山和約」的當然結果，或是冷戰結構下美日互相依賴，日本承諾美日安保而美國承諾歸還領土的利益交換（早有端倪）？若是前者，那麼與沖繩返還是兩回事，若是後者，則奄美返還不過是預示了沖繩返還的必然性，根本是一件事。而中華民國在 1971 年被逐出聯合國以前，一直在聯合國是代表中國的唯一合法政府，對於琉球這個「前朝貢國」將被併入日本，憤慨（也只是憤慨）的態度應該是一致的，從 1953 年的奄美返還，抗議的情形是雷聲大雨點小，就可以知道 1971 年的沖繩返還也將會是這個結果。

近年來已有若干論文研究「奄美返還」這個歷史事件，[3] 但總覺得各有所見、亦各有所偏，不夠全面，本文企圖兼顧奄美、沖繩的在地因素與戰後美日的依賴關係，討論中華民國政府回應方式的妥適性，以補過去研究之不足。

二、歷史上奄美、琉球與日本的分合

奄美群島位於日本九州島的南方、沖繩群島的北方，包括八個有人

2　詳見林泉忠，〈開羅會議中的琉球問題：從「琉球條款」到「中美共管」之政策過程〉，《亞太研究論壇》，第 64 期（2017 年 6 月），頁 57-92。

3　如楊子震，〈中華民國對琉球群島政策與「奄美返還」問題〉，收入周惠民編，《全球視野下的中國外交史論》（台北：政大出版社，2016 年），頁 231-259；馮琳，〈1953 年奄美群島「歸還」日本事件再探〉，《廣東社會科學》，2017 年第 2 期（2017 年 4 月），頁 91-98；殷昭魯，〈美日奄美群島歸還及台灣當局的因應對策研究〉，《中國邊疆史地研究》，第 25 卷第 4 期（2015 年 12 月），頁 135-145。

島嶼，地名「奄美」是來自過去琉球國神話中的女神阿摩美久（アマミ
キョ）。它出現在日本的史書大約從 7 世紀後半至 8 世紀，然後再度出
現於 1226 年對琉球王的朝貢。在 1609 年，日本江戶幕府的薩摩藩藩主
島津家久派兵討伐琉球，奄美從此變成薩摩藩的領土。4

　　而琉球方面，早期有山南、中山、山北三個王國，中山王先後於
1416 年及 1429 年征服北山及南山，使琉球王國統一，並以首里城為王
城，史稱「第一尚氏王朝」。1472 年明朝使臣冊封金丸（改名為尚圓）
為王，史稱「第二尚氏王朝」，其第二代國王尚真王統治時期（1478-
1525 年）是琉球王國的黃金時期，對內建立典章制度、對外征服八重
山與那國等島，至 1537 **年尚清王攻占奄美群島以後**，勢力終於擴張到
整個琉球列島，確立了北起喜界島、奄美大島，南至宮古、八重山群
島，也就是琉球史書所謂的「三省並三十六島」。

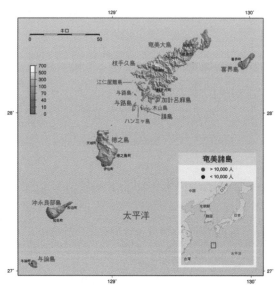

圖 2-1　奄美群島地圖（維基百科 · 公有領域）

4　參閱〈奄美的歷史概要（說明）〉，「鹿兒島縣奄美市公式主頁」：http://www.city.
amami.lg.jp.t.it.hp.transer.com/bunka/kyoiku/bunka/kyodoshi/setsume.html（2017/11/6
點閱）。

　　前述 1609 年薩摩藩入侵琉球後，俘虜尚寧王與其子、官員百餘人，直至 1611 年尚寧王在鹿兒島被迫與薩摩簽訂「掟十五條」後才被釋放歸國；入侵的後果包括**強迫琉球割讓奄美群島**，且要求琉球向薩摩進貢。1654 年琉球王雖遣使到清國請求冊封，清順治皇帝封尚質王為琉球王，但琉球國實際上仍對薩摩藩稱臣，這是歷史上所謂的兩屬狀態。[5] 但 1874 年明治政府以保護琉球人民為由出兵台灣（牡丹社事件），後雖在英美調停下退兵，滿清政府除了賠款還被迫承認日本的出兵是「保民義舉」，等於間接承認日本擁有琉球王國的宗主權。此際，日本對琉球的處分包括：1872 年的琉球建藩、1875 年禁止向中國進貢或接受冊封、1879 年的廢琉置縣。1880 年日清兩國關於琉球問題展開正式談判，清總理衙門對於日方提出的分島改約案幾乎照單全收，但李鴻章等大臣最後因故沒有簽署這個分割琉球的條約。[6] 尤其清國在十幾年後的甲午戰爭失敗並且割讓台澎，面對新的國際情勢，再也無力過問琉球的歸屬問題。

　　日本帝國統治下的琉球，被積極地日本化，1895 年起的《琉球教育》連載許多「沖繩為沖繩，非琉球」的文章，指琉球是幾百年來外加的唐名，應該廢止，改為沖繩乃是恢復過去的本名；彼強調沖繩人自古以來即為日本人的一部分，中古以後受到「支那文化汙染」必須革除，以回復到上古的日本人之姿。[7] 不過，宣傳教育是一回事，實際生活面仍不乏種族偏見，就是不少日本人把北方的愛努人和南方的沖繩人並列

5　參見陳儀深，〈從兩屬到歸日：強權政治下的琉球歸屬問題〉，收入李宇平主編，《中國與周邊國家關係》（新北：稻鄉出版社，2014 年），頁 433-451。
6　詳細經過見（日）西里喜行著，胡連成等譯，《清末中琉日關係史研究》，上冊（北京：社會科學文獻出版社，2010 年），第二編第二章〈日清兩國的琉球分割交涉及其相關問題〉。當時清國委請正在東亞訪問的美國前總統格蘭特居間調解，他提出的是「琉球三分案」，而 1880 年 10 月明治政府向清國提出的是二分案，即宮古、八重山割讓給清朝、其餘歸屬日本。參見岡田充著，黃稔惠譯，《釣魚台列嶼問題：領土民族主義的魔力》（台北：聯經出版社，2014 年），頁 105-106。
7　小熊英二著，《〈日本人〉の境界：沖繩・アイヌ・台湾・朝鮮植民地支配から復帰運動まで》（東京都：新曜社，1998 年），第二章。

為「兩種土人」，居住在日本帝國的邊陲。[8] 奄美則在明治維新之後，脫離薩摩統治，成為鹿兒島縣的一部分。

三、二戰後期奄美與沖繩一同遭遇戰火、一同被美軍占領

根據鹿兒島縣政府有關奄美的大事記提到：1944年10月10日美國海軍機動部隊在南西諸島進行大規模空襲，攻擊行動不只對沖繩，還波及鹿兒島縣所屬的奄美群島，當日清晨開始共3次，總計有45架軍機來襲，日本方面一式戰鬥機3架、四式戰鬥機1架、九九式襲擊機5架、陸軍機14架等被擊毀。[9]

1945年1月美國太平洋艦隊司令奉命占領日本的周邊島嶼（含西南諸島），成立軍政府，因為占領與統治這些島嶼在軍事作戰上不可或缺。不久從3月底開始就發生激烈的登陸攻防戰，大約持續3個月，「美軍共有超過84,000人傷亡，其中14,000人死亡或失蹤，……這令該戰役成為美軍在太平洋戰爭中經歷的最血腥戰鬥。」「日軍大約有107,000名戰鬥人員死亡及7,400人被俘。有些士兵實行切腹自殺或簡單的引爆身上的手榴彈，另外大約有20,000人被活埋在他們的洞穴內。」「島上百分之九十的建築被完全摧毀」，沖繩的平民死亡「估計在42,000至150,000人之間」，而且一般相信日軍曾經迫令沖繩平民集體自殺。[10] 由於傷亡如此慘重，美國戰略家乃尋求替代直接入侵日本本土

8　又吉盛清著，魏廷朝譯，《日本殖民下的台灣與沖繩》（台北：前衛出版社，1997年），頁287-301。

9　〈平成27年度奄美群島の概況 第1章：総説〉，「鹿児島県公式ホームページ」：http://www.pref.kagoshima.jp/aq01/chiiki/oshima/chiiki/zeniki/gaikyou/documents/51337_20160407155823-1.pdf（2017/11/7 點閱）。關於10日這一天的美軍空襲，正式的戰史也有記載，見日本防衛廳防衛研究所戰史部，《沖繩方面陸軍作戰》（東京都：朝雲新聞社，1968年），頁120。

10　參見〈沖繩島戰役〉，「維基百科」：http://zh.wikipedia.org/wiki/%E6%B2%96%E7%B9%A9%E5%B3%B6%E6%88%B0%E5%BD%B9（2017/11/13 點閱）。

的手段，那就是數個星期以後（長崎和廣島）的原子彈攻擊，導致日本投降。

　　根據《喜界町誌》紀載，二戰時在奄美島上，設有神風特攻隊的機場。1945 年 3 月沖繩戰爭開始，總計遭遇 100 次以上的空襲，島上居民 119 人死亡。2017 年 8 月 15 日《每日新聞》有一段報導：[11]

> 牧野先生自家後方是飛機場，每次空襲時，全家就躲進珊瑚礁的天然防空洞避難。1945 年 5 月某個晚上，牧野先生全家吃了平時捨不得享用的白米飯，然後全家整理所有家當，牧野先生則將祖先牌位背在被包裡，全家躲到山區避難。因為美國艦隊已趨近島岸了。之後整整 3 個月，在山上放眼望去，盡是家家戶戶被爆毀的畫面，而大家在山上除了只能直視一幕又一幕的慘狀之外，別無他法。戰爭結束後，回到山下，看到整個村莊已被戰火破壞殆盡。

被攻擊的一方固然悲慘，但對美國而言這些是美國士兵用鮮血換來的島嶼，內部存在著應該予以占有的主張。1946 年 1 月 29 日，盟軍最高司令部向日本下達《關於把若干外圍地區在政治上行政上從日本分離出去的備忘錄（SCAPIN-677）》，正式宣布將北緯 30 度以南的**奄美、沖繩、宮古、八重山**四個群島從日本分離出去，並停止日本在上述地區行使統治權；由於北緯 30 度線在管理上存在諸多不便之處，同年 3 月 22 日盟軍最高司令部又下達《關於把若干外圍地區在政治上行政上從日本分離出去的備忘錄（SCAPIN-841）》，把北緯 30 度以南變更為北緯 29 度以南。[12]

---

11 〈奄美群島：8 月 15 日、終戦しなかった 戦後に米軍統治〉（2017 年 8 月 15 日），「每日新聞」：https://mainichi.jp/articles/20170816/k00/00m/040/075000c（2017/11/13 點閱）。

12 外務省特別資料部編，《日本占領及び管理重要文書集・第二卷・政治、軍事、文化編》（東京都：外務省特別資料部，1949 年），頁 24-25。

　　1946 年 3 月 14 日，大島支廳內設立「北部南西諸島美國海軍軍政本部」，原文雖為 "United States Navy Government of the Northern Ryukyu Islands"，但因為奄美方面排斥 "Northern Ryukyu"（北部琉球）這樣的措辭，漢字看板只寫上「北部南西諸島」。[13]

四、1951 年「舊金山對日和約」簽訂的背後玄機

　　二戰後期即 1943 年 12 月 1 日，中美英三國領袖召開開羅會議之後發布的聲明，說道：「我三大盟國此次進行戰爭之目的，在於制止及懲罰日本之侵略，三國決不為自己圖利，亦無拓展領土之意思。三國之宗旨，在剝奪日本自從 1914 年第一次世界大戰開始後在太平洋上所奪得或占領之一切島嶼，在使日本所竊取於中國之領土，例如東北四省、台灣、澎湖群島等，歸還中華民國，其他日本以武力或貪慾所攫取之土地，亦務將日本驅逐出境。」似乎有意將日本於 1879 年奪得的琉球排除在外？不過，1945 年 7 月公布的「波茨坦宣言」又說：「開羅宣言之條款，必將實施；而日本之主權，必將限於本州、北海道、九州、四國及吾人所決定其他小島之內。」[14] 就「波茨坦宣言」所謂的吾人當是指中美英三國，但同年 9 月簽署的日本（向同盟國）投降文件，把蘇聯加入，所以中美英蘇四國就是此文件中所稱的盟邦。

　　既然同盟國「決不為自己圖利，亦無拓展領土之意思」，那麼「吾人所決定其他小島」該怎麼決定、是甚麼意思？1945 年 11 月，**日本外務省成立「和約問題研究幹事會」**，於 1946 年 5 月底提交研究報告，主張對於「其他小島」應基於各種理由極力謀求保住，他們不反對琉球群島交給盟國或美國託管，若有人主張成為中華民國領土則應強烈反

13　三上絢子，《美國軍政下的奄美・沖繩經濟》（鹿兒島市：南方新社，2013 年），頁 47。

14　以上聲明與宣言，見陳隆志、許慶雄編，《當代國際法文獻選集》（台北：前衛出版社，1998 年），頁 633-634。

對，至少應力爭以當地居民投票的方式決定歸屬。[15] 隨著冷戰情勢的發展，美國逐漸改變對日本的「懲罰」態度、逐漸放鬆對日本的約束，日本方面也藉機迎合美國的反共需求，可以概括地說，日本成功地將自己從「戰敗國」變成美國的「盟國」。[16] 1950 年 10 月 14 日，杜勒斯提出的對日和約七原則，並無表明其託管區域之主權歸屬日本，日本外務省遂表達強烈不滿，謂若將小笠原、琉球群島從日本分離出去，日本國民在感情上難以接受。1950 年 12 月 27 日外務省制定了「D 作業」計畫，準備向即將來訪的杜勒斯提出建議，這個「D 作業」又進行了兩次修訂，作為 1951 年 1 月 25 日杜勒斯來訪之前的準備功課；其中，日本向美國表達了「對抗共產主義勢力」的立場，強調在沖繩、小笠原群島不得已而託管的情況下，未來解除託管時應再次歸屬日本。[17]

在此之前，「和約問題研究幹事會」針對上述 1946 年 1 月 29 日盟軍最高司令部向日本下達的《備忘錄》，提出日本應根據權威的、科學的資料說明奄美大島與伊豆大島等地區，在歷史上、地理上、民族上屬於日本的合理原因，**主張對**（原屬琉球群島後被劃歸鹿兒島管轄的）**奄美大島與琉球群島採取區別對待，亦即應將奄美大島視為日本的領土。**會有這樣的主張，乃因盟軍最高司令部已經開始實施對日本本土與琉球分治的占領政策，從日本遣返琉球（沖繩）人，把琉球從日本剝離出去的政策已見端倪。[18]

而奄美住民方面，1950 年 2 月 19 日名瀨市開始「奄美復歸請願連署運動」，1951 年 3 月 30 日約有 20 萬住民召開「奄美群島會議」，同年 4 月 10 日復歸請願連署運動完畢，合計有 13 萬 934 人，比率高達

15　外務省編纂，《日本外交文書・サンフランシスコ平和条約準備対策》（東京都：外務省，2006 年），頁 95-96。

16　馮琳，〈1953 年奄美群島「歸還」日本事件再探〉，頁 93。

17　外務省編纂，《日本外交文書・サンフランシスコ平和条約準備対策》，頁 140。

18　隋淑英、陳芳，〈戰後初期日本對琉球的領土政策〉，《近代史研究》，2013 年第 5 期（2013 年 10 月），頁 6。

99%，被視為「奄美人迫切回歸日本的有力證明」，而 7 月公布的對日和約草案，第三條有北緯 29 度以南託管統治的規定，許多奄美島民深受刺激、失望至極，因而助長了復歸運動的柴火。包括發起召開「奄美大島日本復歸協議會」並擔任議長的泉芳朗，於 1951 年 8 月 1 日凌晨一點進入高千穗神社，開始持續祈願斷食，而引起全郡民集團也實施斷食的訴求運動。正面的回應終於在 1951 年 12 月 5 日來臨，十島村[19]終於回歸日本，這是在和平條約尚未生效以前，日本政府就取得七座島嶼的行政權。十島村回歸之後，奄美復歸運動一度因過度樂觀而趨於沉寂，到了 1952 年「舊金山和約」生效，並且美國為了長期統治琉球而設立「琉球列島政府」，才又刺激了奄美住民抗爭的決心，於 5 月底展開第二次復歸連署運動；同年 9 月 7 日泉芳朗當選為名瀨市長，可以顯示復歸運動的能量。

　　1951 年「舊金山和約」草案談判的過程中，日本政府至少在 4 月、7 月提出要求把第三條「北緯 29 度以南的琉球群島」改為「北緯 29 度以南的南西諸島（包括琉球群島和大東諸島）」，美國國務院的地理特別顧問博格斯（Samuel S. Boggs）和盟軍最高司令部美國政治顧問西博爾德（William J. Sebald）都同意這樣的更改比較精確，南西諸島包含北緯 29 度以南的所有島嶼，而琉球群島則不涵蓋所有島嶼，因而，7 月 18 日國務卿艾奇遜（Dean Acheson）電告美國駐澳大利亞、巴拿馬、加拿大等地的大使館，要求修改和約草案第三條，所以 1951 年 9 月 8 日在舊金山簽署的和約第二章領土第三條，就是使用「南西諸島」的措辭。

---

19 十島村的名字是因為由十個有人居住的島嶼所組成，包括被稱為下七島的口之島、中之島、平島、諏訪之瀨島、惡石島、寶島、臥蛇島（現已成為無人島），以及現在隸屬三島村的竹島、硫磺島、黑島這三個被稱為上三島的島嶼。二戰後，1946 年 2 月 2 日起，北緯 30 度以南的島嶼被納入美軍統治，造成上三島和下七島的分割，1952 年 2 月 10 日美軍將下七島歸還日本，由於上三島已經有自己的村公所，因此正式分割成立為大島郡三島村，美軍交還的七島則繼續屬於十島村管轄，也就是大島郡十島村只包括七個島。

　　儘管日本事實上接受了和約，美國政府內部仍擔心日本（連結著琉球和小笠原群島的）民族統一情緒將會持續發展，1953 年 3 月 18 日負責遠東事務的助理國務卿艾里森（John M. Allison）給國務卿杜勒斯的備忘錄明白指出：「**戰略因素最不重要的是奄美群島，那裡唯一的軍事考慮是作為雷達預警網路站一部分及最好的颱風避風港，這些問題可以隨著簽署把這些島嶼歸還日本的協議而得到解決。**」[20] 雖然參謀首長聯席會議和國防部都反對改變美國統治琉球群島的現狀，但是 1953 年 6 月 25 日由總統艾森豪主持的國家安全委員會第 151 次大會，國務卿杜勒斯的意見占了上風，總統艾森豪也在乎美日之間「長期的友誼和忠誠」，所以歸還奄美的意見趨於一致，只是國防部與國務院之間在一些具體細節還需磋商，不得不再推遲公布；7、8 月間，有情報顯示蘇聯正在尋求與日本改善關係，既然（歸還奄美的）大方向已經確定就不宜太慢公布，以免消息洩漏會失去先機，適逢杜勒斯正在韓國訪問（下一站日本），於是 8 月 5 日他就被告知此一決定。[21]

　　1953 年 8 月 8 日，美國國務卿杜勒斯於訪問南韓 4 天之後訪問日本，拜會首相吉田茂時公開聲明：「本人很高興來到東京，代表美國政府，向總理大臣轉達事項並發表一件重大的事。美利堅合眾國政府基於舊金山和平條約第三條，放棄對於奄美大島及附屬島嶼等管轄權。今後與日本政府之間完成必要手續之後，日本即可恢復對於奄美諸島的管轄權。」[22]

20　"Memorandum by the Assistant Secretary of State for Far Eastern Affair (Allison) to the Secretary of State" (March18, 1953), in John P. Glennon ed., *Foreign Relations of the United States, 1952-1954, China and Japan, Volume XIV*, Part 2. Washington, DC: United States Government Printing Office, 1985, pp. 1398-1399.

21　此一決策過程根據美國檔案，轉引自殷昭魯，〈美日奄美群島歸還及台灣當局的因應對策研究〉，頁 140-142。

22　《南海日日新聞》，1953 年 8 月 9 日報導 8 月 8 日杜勒斯聲明，引自西村富明，《奄美群島の近現代史：明治以降の奄美政策》（大阪市：南風社，1993 年），頁 322-323。

圖 2-2　總統蔣中正接見日本前首相吉田茂（1959年12月28日）

來源：〈總統蔣公影輯─接見外賓（十二）〉，《蔣中正總統文物》，國史館藏，數位典藏號：002-050106-00012-234

五、中華民國政府對「奄美返還」的回應

　　針對杜勒斯1953年8月8日在日本發表的聲明，隔日台北的《中央日報》亦有即時的報導，其中報導杜勒斯的聲明內容：「美國政府切望在和日本政府完成必要手續後，儘速放棄和約第三條所規定其對於奄美大島群島的權利，俾使日本恢復對該島嶼的統治權。」至於和約第三條中所包括的其他島嶼，「則以值此遠東國際局勢緊張之際，美國需保持現程度所執行的控制和權力，因而美國才可能更有效地實行美日安全

條約之下它所負的責任，而有助於維持這個地區內的和平和安寧。」[23] 從中華民國外交部的檔案，看不到中華民國政府對此一重要訊息有甚麼正式反應，相關的檔案只有更早以前一位外交部亞東司第一科的科長張廷錚（1913-？），於戰後初期所擬的「日本領土處理辦法研究」，在第一節琉球群島的敘述中，認為「琉球群島如受他國控制，我國將永無出太平洋之機會」，所以主張應像台灣一樣「歸還我國」，或由我「托治」、暫由美國駐軍，總之「反對歸還日本」；在範圍方面，琉球群島本部分成北、中、南，北部諸島（包括奄美）過去均歸鹿兒島縣管轄，但盟軍總部指令脫離日本之琉球群島範圍，係在北緯30度（後如前述改為29度）以南，「但亦可能將來奄美諸島仍歸日本，當予特別注意。」[24] 張廷錚在1946年就預見了1953年的奄美歸日，可謂先見之明了。

　　外交部的〈反對將奄美島交與日本〉檔案卷宗，標明是從1953年10月1日起至1954年4月30日止，但是仍有一些往前追溯的相關文件，如同年9月8日條約司呈給部次長並送請美洲司、亞東司、情報司參閱——由紐乃聖幫辦主筆的「於本年九月廿八日在我出席聯合國大會代表團分發關於琉球問題之說帖」，其中題為「關於琉球人民請求將琉球群島歸還日本問題之參考意見」，筆者認為有兩點至關重要，（一）注意到「舊金山和約」第三條與第二條的差別：「關於日本各項舊領土之處置辦法之規定，其用意顯有不同，其最令人注意者，即該條並未規定日本對各該島嶼應予放棄，故日本始終解釋為日本對琉球等島仍有主權，其居民亦仍應保有日本國籍」；（二）注意到本年8月間美國杜勒斯國務卿在日曾口頭聲明，美國有意將奄美大島交由日本管轄，日本人認為此乃琉球群島歸還日本之開端，故得寸進尺進而展開要求琉球群島全部歸還日本之運動，「**實則奄美大島不過為琉球群島最北端接近日本本**

23 〈杜勒斯抵日聲明　美放棄奄美群島〉，《中央日報》，台北，1953年8月9日，第1版。

24 張廷錚，〈日本領土處理辦法研究〉（1946年1月29日起），《外交部檔案》，中央研究院近代史研究所檔案館藏，檔號：072.4/0002。

土最南端之數小島所構成,居民均係漁民,知識落後,此等島嶼無關重要。美國因管理不便或者有意交還日方,若謂美國即將開始將琉球群島逐次交還日本,似尚言之過早也。」[25] 如果中華民國外交部認為美國將奄美交還日本是「無關重要」,怪不得對於杜勒斯在日本的 8 月 8 日聲明沒有立即反應了。

圖 2-3 李文齋(維基百科‧公有領域)

但根據立法院的會議紀錄,1953 年 10 月 28 日下午立委李文齋曾為了奄美問題往外交部訪葉公超部長,交談不甚愉快,李委員並不同意外交部「奄美大島不屬琉球群島、屬鹿兒島」的說法,加上 10 月 30 日香港《工商日報》所載台北合眾社電訊:「葉公超外長稱:我國不反對琉球暫歸日,惟須日本阻止共黨為條件」,引起立委不滿。所以 11 月24 日行政院祕書長黃少谷致函葉公超說:

關於奄美島事頃經中央黨部努力,已將立法院提案暫行擱置,

---

25 紐乃聖,「關於琉球人民請求將琉球群島歸還日本問題之參考意見」(1953 年 9 月 28 日),〈反對將奄美島交與日本〉,《外交部檔案》,中央研究院近史所檔案館藏,檔號:019.1/0001。

並定於明（廿五）日下午三時在中央黨部舉行黨政關係談話
會，就本問題詳盡交換意見。中央黨部方面希望吾兄屆時蒞會
並攜帶有關地圖及書面資料，俾各立委同志能明瞭全案之內容
而有助於此案之完滿解決。[26]

同樣在 11 月，外交部長葉公超兩次（9 日、24 日）與美國駐華大使藍
欽（Karl L. Rankin）見面談話，有關琉球問題的部分主要是藍欽解釋奄
美群島並非琉球群島之一部分，以及美國（將以書面向日本闡明）無意
將琉球群島交還日本等。[27]

圖 2-4　美國新任駐華大使藍欽向總統蔣中正呈遞到任國書（1953 年 4 月 2 日）
來源：〈領袖照片資料輯集（十七）〉，《蔣中正總統文物》，國史館藏，數位典藏號：002-
050101-00019-221

---

[26]「黃少谷致葉公超函」（1953 年 11 月 24 日），收入〈反對將奄美島交與日本〉，《外
交部檔案》，檔號 019.1/0001。

[27]「11 月 24 日上午藍欽大使請見葉部長之談話簡要紀錄」（1953 年 11 月 26 日），
〈反對將奄美島交與日本〉，《外交部檔案》，檔號：019.1/0001。

　　由於美日之間關於奄美歸還的談判在11月24日正式開始，台北
《中央日報》在11月26日、27日都有明顯報導，遂有不少縣市議會、
民間團體紛向外交部行文表達反對將奄美交還日本、並請外交部譯轉美
國參眾兩院議員，所持理由不外乎「奄美大島係琉球群島之一部分」以
及「琉球原為我國藩屬、關係密切」等。[28] 若問中華民國官方表述的立
場，首先是立法院於1953年11月27日第十二會期的十三次會議討論
決議：

> 查奄美大島向為琉球群島之一部分，在歷史地理上均與我國有
> 悠久密切之關係，現聞美國遽擬將其交與日本，顯與金山對日
> 和約第三條之規定不合，且事前未與我國政府洽商，更屬違背
> 波茨坦宣言，我國自應反對，應函行政院迅採有效措施，務使
> 琉球群島包括奄美大島群島在內，仍照金山對日和約第三條之
> 規定處理。

　　其次是行政院在同年12月22日函覆立法院，說明處理情形為，8
月8日杜勒斯在日本發表歸還奄美的聲明以後，外交部即電飭駐日大使
館查報，其次說明行政院的立場是保留對琉球最後處置的發言權利，主
張琉球應維持現時狀態，仍由美國繼續治理或依照「舊金山和約」第三
條之規定，由美國向聯合國建議，將其置於託管制度之下，而**以美國為
其管理當局，但不得交還日本，上述主張係針對整個琉球問題而發，自
亦包括奄美群島在內**。再次，行政院曾指示外交部於11月24日以備忘
錄一件遞交美國駐華大使館，請其迅即轉電美國政府，其中說到美國政
府歸還奄美群島的行動「業已引起中國人民之深切關懷與焦慮，彼等尤

28　包括宜蘭縣議會、苗栗縣議會（及苗栗縣婦女會、商會、農會、教育會、總工
　　會）、新竹縣議會、台中市議會、雲林縣議會、雲林縣婦女會、竹東各界反共抗俄
　　文化宣傳委員會、南投縣議會、彰化縣議會，大約在12月1日至10日之間紛以
　　來函或代電方式送達外交部。〈反對將奄美島交與日本〉，《外交部檔案》，檔號：
　　019.1/0001。

恐美國政府在日本壓力之下，殆將作更進一層之讓步，在此種情形之下中國政府認為重申其對於琉球群島之基本立場，實有必要。」最後，行政院對立法院說，「本院對本案之看法，及就本案所採措施，與貴院完全相同，且所採措施係在貴院未就本案有所決議之前。」[29] 其實吾人細讀上述文字，可知行政院與立法院對本案的看法並不完全相同，行政院比較理解奄美群島早已劃歸鹿兒島的事實，對美國的表述重點在擔心「更進一層之讓步」，而不是奄美返還本身。

　　事實上，1953 年 11 月 6 日上午在台北中山堂召開的立法院（第十二會期第九次）祕密會議中，葉公超回答立法委員質詢時就曾提出坦率、敏感的看法：「（一）當初所謂的琉球在範圍方面是根據日本人的劃分辦法，換句話說就是我們承認過去對於奄美群島與琉球群島在行政上的劃分，對於這個劃分我們從來不曾提出抗議。……開羅會議時，我們的觀念所謂琉球係指鹿兒島縣治以外的其他島嶼。（二）外交部處理琉球群島案甚為謹慎，我們從來不以進貢稱臣作為曾受本國統治的標準。近代對於領土之觀念為 1. 為其屬地，2. 實際控制若干時期。我們無法說明把琉球過去對我進貢做為即屬我領土的根據。」[30]

六、結論

　　據說，上古時期的奄美大島與中國大陸南部相連，因而有許多來自大陸地區的物種，150 萬年前與大陸分離以後，孤立在海洋上的奄美群島在太平洋黑潮的溫暖懷抱中，獨自進化、孕育出許多珍貴的特有物種，乃被喻為「東洋的加拉巴哥群島」（Galapagos Islands，位於厄瓜多

---

29 以上立法院決議暨行政院之覆函，俱見於〈反對將奄美島交與日本〉，《外交部檔案》，檔號：019.1/0001。

30 葉公超部長答覆李文齋立委質詢的內容，見「第一屆立法院第十二會期第九次祕密會議速記錄」（1953 年 11 月 6 日上午於台北中山堂），〈反對將奄美島交與日本〉，《外交部檔案》，檔號：019.1/0001。

境內,三股洋流交會於19座小島孕育出豐富的物種,啟發了達爾文的進化論)。奄美群島曾經是琉球王國的一部分,後經薩摩藩統治又成為鹿兒島縣的一部分。相較於鹿兒島本土的大隅諸島文化,奄美文化應該與沖繩地區較為接近,傳統的各種祭祀活動顯示居民對於自然的崇拜與敬畏。[31]

但是,二戰後期奄美與沖繩共同遭受美軍猛烈的攻擊,戰後被強制脫離日本而與沖繩同被美軍託管,為什麼它能夠在1953年率先結束託管、回歸日本,而沖繩必須等到1971年?從本文的回顧,可以發現1945年11月外務省成立的「和約問題研究幹事會」發揮重要的作用,它不久就提出報告主張將奄美群島與琉球群島區別對待、應把奄美視為日本領土,至於琉球託管既然無法避免,它也提出願受美國託管、願與美國共同反共、但要求結束託管之後應歸還日本的主張,一步一步影響了美國的決策者。乃至,成功地說服美國把和約草案第三條「北緯29度以南的琉球群島」改為「北緯29度以南的南西諸島(包括琉球群島和大東諸島)」,預留了分開處理的空間。而杜勒斯在「舊金山和約」的條文研擬過程,把和約第二條和第三條做了微妙的區隔,在第三條有意不談「放棄一切權利、權利名義與要求」,而且此一託管地區附帶了「剩餘主權」的說明,影響重大。表面上是理論創意,實際上是現實所需。在這個基礎上,由於美國已經在乎日後雙方的合作友誼、加上奄美住民的復歸運動、以及蘇聯介入的偶然因素,才能夠率先在1953年12月達成「奄美返還」這個美國送來的「耶誕禮物」。

中華民國政府雖然在二戰結束以後,外交部對於領土問題做了一些功課,但是1949年12月政府遷台,其後歷經1950年代兩次台海危機,所轄領土僅限於台澎金馬,尤其1971年喪失聯合國代表中國的席

---

31 〈黑潮的恩賜～奄美群島〉,「極上旅行社」:http://first-rate.com.tw/index.php?option=com_content&view=article&id=560:2010-12-20-02-03-02&catid=101:2008-10-30-02-39-29&Itemid=72(2017/11/13 點閱)。

次，這些情勢的變遷對於中華民國處理釣魚台歸屬問題、琉球群島以至奄美群島的歸屬問題，都有一定程度的影響。針對 1953 年的「奄美返還」，中華民國政府內部的辯論，立法院的委員比較站在法統或「中國人民的感情」立場說話，行政院（其實是外交部、葉公超）則是站在台灣的艱難處境或是國際政治的現實面說話。現實總是占了上風，日後台灣的政治發展也是這樣。

第三章

八二三砲戰與台灣政治發展：以《蔣介石日記》為線索的討論

一、前言

　　近年來台灣媒體每逢紀念 1958 年八二三砲戰的專題，習慣把重點放在戰況之慘烈與守軍之英勇，但有時會有一些言論分不清楚事情的先後順序，例如說美國支援的 240 巨砲只轟了一發，就毀了廈門車站，以致對方懼而停火，進而「單打雙不打」云云。其實查一查相關資料可知，所謂砲擊廈門車站造成大量傷亡是發生在 9 月 11 日，而美國支援的 240 巨砲運抵金門是 9 月 18 日的事，其後中共幾度停火應是為了政治攻勢，至於中共宣布「雙日停火」，已經是 10 月 25 日的事。

　　過去筆者在採集口述歷史的過程中，曾經訪問一位參與過八二三砲戰的台籍退伍兵，[1]據他說當時有 2 萬 8 千名義務役的台灣子弟在金門服役，約占全部守軍的四分之一，犧牲的台灣子弟約有 350 名；他說對岸的目標應是國防部長俞大維，第一波砲擊就打死我方 3 個副司令，[2]他所屬的團部連的衛兵也在第一波砲擊中被砲彈碎片擊斃，印象深刻的是後

1　筆者於 2005 年接受陽明山國家公園管理處委託，完成「陽明山國家公園清代暨日治時期產業開發史調查研究」結案報告。其中 7 位受訪者之一是葉寬（1936-），他除了講述當地茶葉、橘子、溫泉、山藥等等產業發展，筆者對他的八二三砲戰經歷尤感興趣。收入「內政部營建署委託研究報告」：https://www.cpami.gov.tw/upload/20060313182000.zip（2005/11/11 發布）。

2　葉寬說 3 個副司令「當場死亡」，不確，實情是趙家驤當場陣亡，章傑是第二天黎明才找到遺物發現確實死亡，吉星文身負重傷送醫急救，3 天後不治。詳見李元平，《八二三金門砲戰祕錄》（台中縣：台灣日報社，1988 年），頁 90。

來每到碼頭淺灘去搬運補給的時候就死傷慘重，至今講起來還會鼻酸落淚。

圖 3-1　俞大維（維基百科・公有領域）

　　值得注意的是，這位身歷其境的台籍歐吉桑，也誤以為美國支援的巨砲摧毀了廈門車站之後，嚇阻了對方攻勢然後才有「單打雙不打」的結果。殊不知，決定八二三砲戰走向的**政治因素遠比軍事因素重要**，為什麼只是砲戰而不是登陸與反登陸作戰？從毛澤東的立場，這場戰爭只是「懲罰性質」嗎？只是用來測試美國與蔣介石「共同防禦」的程度嗎？當時美國雖然立刻給台灣不少軍需，但也在 9 月 15、18 日和中共恢復大使級會談，由於 1954 年共同防禦條約的範圍只及於台澎不及於金馬，對於美國不得不應付金馬危機，常有人說是「被蔣介石拖下水的」。

　　10 月 21 日美國國務卿杜勒斯在台北與蔣介石進行的幾次會談，在半強迫的情況下，蔣介石在 10 月 23 日發表的「蔣杜聯合公報」中承諾不以武力反攻大陸，這是蔣介石的一種失敗或讓步嗎？其實蔣也爭取到美國承認金馬等島嶼與「台灣防衛」有密切的關連。雖然後來有分析家認為，毛澤東是故意把金馬留在蔣介石手裡，以便防止台灣進一步走向獨立，但以 1950 年代舟山、海南相繼撤退的趨勢，毛共對金馬應該是

「能拿就拿」，砲戰的經過顯示美國和中華民國「同舟共濟」的程度，應該超乎毛澤東的意料之外。

　　以上的歷史運會之中，中共、國民黨（蔣介石）、以及美國政府分別基於冷戰結構下各自的利益，做了重大的決定，影響至今日；而台灣人作為被統治、被動的一方，聲音何在？立場為何？當時蔣介石的立場與台灣人的立場應有相當程度競合，或有賴事後的詮釋。不過當時金門駐軍既然已經有四分之一是台灣籍的充員兵，顯示台灣人至少並沒有「缺席」，況且所謂的台灣地位問題，就是在這樣一連串的事件中被規定下來。今日我們要為台灣尋找未來出路，必須先知道台灣存在現狀之所以然，那麼，無疑地 1958 年的八二三砲戰確定了「中華民國在台灣」的領土範圍（台、澎、金、馬），是至關重要的一個歷史事件。本章謹以《蔣介石日記》為線索，討論「八二三砲戰與台灣政治發展」的歷史課題。

二、1950 年蔣介石一度想放棄金門

　　1949 年國共內戰勝負底定，蔣介石在 12 月 10 日飛抵台北，直到 1975 年去世為止沒有離開過台灣。蔣氏大約以一年的時間安排這個大撤退，包括故宮文物、黃金乃至重要檔案分別運送來台，尤其任命親信陳誠擔任台灣省主席，蔣經國擔任台灣省黨部主委，陳誠且已為他找好了很多行館，所以內戰雖然失敗，撤退可謂成功。[3] 不過當時「代總統」李宗仁還在美國「養病」，必須等到 1950 年 3 月 1 日蔣在台北舉行「復行視事」（恢復總統職位）儀式，並且得到美國政府的賀電，才算是新階段政權的開始。

3　關於「成功撤退」，詳見陳儀深，〈一九四九變局中的台灣──中華民國與美國政府的認知與台灣菁英認知的比較〉，《台灣史學雜誌》，第 20 期（2016 年 6 月），頁 87-90。

　　國共內戰期間大致是「蘇聯幫助中共、美國幫助國民黨」，但是中共建政之後美國是否繼續支持、援助國民黨政權，乃經過一段評估和掙扎，[4] 至少國務院和軍方是不同調的，直到 6 月爆發了朝鮮戰爭，美國總統杜魯門命第七艦隊協防台灣海峽，美國政府的政策才趨於一致——保衛台灣免受中共赤化、支持中華民國在聯合國的代表權。蔣介石一方面對於美國國務卿艾奇遜（Dean Acheson）的「撒手不管」（hands-off）知之甚詳，也可謂寒天飲冰水、點滴在心頭，一方面對於杜魯門總統於韓戰爆發後所發表的台灣地位未定論，非常悲憤，在日記中說：

> ……朝課後閱報見杜魯門聲明：「……至於台灣未來地位應待太平洋區域安全恢復後與日本成立和約時再討論，或由聯合國予以考慮」一節，其對我台灣主權地位無視與使我海空軍不能對我大陸領土匪區進攻，視我一如殖民地之不若，痛辱盡極。十時入府研討對美聲明與備忘錄來電，決以台灣地位以及我反共抗俄與中國領土完整之主權，不能因任何情勢而動搖之意，為覆文之基點……[5]

第二天的日記，再度提起美方的「毀蔣賣華」、「助共滅華」陰謀：

> ……深鑒於美艾對華毒狠之仇恨，非特台灣淪陷共匪或使台民歸附美國，驅逐中國政府，則其心不甘。此一毀蔣賣華之政策，仍作其最後之掙扎。今日美國國防與軍事行動，其對韓對台與對太平洋政策已經根本改變至此，而其國務院對我之各種文告仍故意加我極端之侮辱，與煽動台民反對政府之毒計，始終不變。必欲貫澈其助共滅華之陰謀，即使美國因之敗亡亦所

4　所謂評估和掙扎，就是在「撒手不管」和「積極介入」之間擺盪，亦詳見陳儀深，〈一九四九變局中的台灣——中華民國與美國政府的認知與台灣菁英認知的比較〉，頁 90-100。

5　《蔣介石日記》，1950 年 6 月 28 日，美國史丹佛大學胡佛檔案館藏。

不惜也，何上帝必欲生此壞蛋而苦我中國一至於此耶。[6]

　　不過，駐錫東京盟總的麥克阿瑟（Douglas MacArthur）將軍基於反共立場對台（對蔣）友善，《蔣介石日記》如此記載：「然而麥帥及其陸海軍人之大都主張，皆不贊成彼艾卑汗之外交政策之所為，惟杜魯門並無一定之主張，難免他日不為彼艾所動搖，故危險仍在也。」[7]就在這個時候，蔣介石萌生「金門撤退」的想法：「上午入府辦公指示至柔撤退金門之決心，速作一切準備，加強台灣本島之防務。」[8]「金門國軍決定撤退，但應商諸麥帥。」[9]「金門防軍以勢以理此時皆應撤退，但為美國與麥帥關係未得其同意，故國防部與顧問多躊躇不決。余意此時以保全實力為主，始終主張速撤，此應為最近重要之大事也。」[10]

　　蔣介石關於「金門撤退」的想法，應該是在 7 月 31 日麥帥來台訪問之後才打消的。7 月 31 日蔣氏夫婦至機場迎接麥帥，當天下午四時蔣與麥帥在國防部兵棋室舉行第一次會議，第二天 8 月 1 日在第一賓館舉行第二次會議。關於金門撤守的問題是在第二次會議中由周至柔將軍所提出的，麥帥的回答雖不甚明確，但聽得出來「並未同意」，而且曾經擔任第七艦隊司令的海軍上將柯克（Charles M. Cooke）也認為保留金門「於我利多而害少」，[11]要之，這一年為了確保台灣的安全，蔣介石逐步從海南、舟山群島撤軍，也一度想從金門撤軍，但因柯克及麥帥「始終表示反對」，[12]蔣氏才改變計畫，金門終得以保存下來。

6　《蔣介石日記》，1950 年 6 月 28 日。
7　《蔣介石日記》，1950 年 6 月 30 日，「上月反省錄」。
8　《蔣介石日記》，1950 年 7 月 7 日。
9　《蔣介石日記》，1950 年 7 月 12 日。
10　《蔣介石日記》，1950 年 7 月 15 日，「上星期反省錄」。
11　《蔣介石日記》，1950 年 7 月 18 日。
12　林桶法，〈金門的撤守問題——以蔣日記與蔣檔為中心的探討〉，收入沈志華、唐啟華主編，《金門：內戰與冷戰——美、蘇、中檔案解密與研究》（北京：九州出版社，2010 年），頁 1-17。

圖 3-2　總統蔣中正迎接由東京來訪之聯軍統帥麥克阿瑟將軍
（1950 年 7 月 31 日）
來源：〈領袖照片資料輯集（十一）〉，《蔣中正總統文物》，國史館藏，數位典藏號：002-
050101-00013-225

三、砲戰前夕

1958 年 8 月 1 日《蔣介石日記》：「匪米克十七飛機一中隊卅五架今已進駐澄海機場，今後台灣海峽之制空權已難完全掌握，而且共匪向我挑戰，此乃嚴重形勢。」比較奇特的是，他接著記：「轉為我光復大陸開始之時機已經接近不遠矣。」[13] 這時候蔣介石也注意到國際情勢：「俄要求美英必須以共匪加入聯合國為其和緩緊張局勢為其條件之一，敵以大國會議為名而代替美英所主張聯合國理事國為高階層會議之張本。」[14] 早先，當 1949 年共產黨打敗國民黨宣布成立新中國政府以後，

13《蔣介石日記》，1958 年 8 月 1 日。
14《蔣介石日記》，1958 年 8 月 4 日。

11 月 15 日中共外長周恩來即向聯合國聲明「中國國民政府代表團」無權代表中國，同月 23 日蘇聯代表團團長維辛斯基（Andrey Vyshinsky）也在聯合國大會全體會議上支持周恩來聲明，從此開啟中國代表權誰屬的爭議。1950 年代美國維護中華民國在聯合國席位的策略是「緩議」（moratorium）──即一方面成立由七個國家組成的「中國代表權誰屬特別委員會」、一方面主張該屆常會不討論中國代表權問題的方式，拖延過關。不過中共不會把外交戰場侷限在聯合國，而是另起爐灶談所謂「大國會議」。

圖 3-3　總統蔣中正視察金門防務（1958 年 6 月 14 日）

來源：〈領袖照片資料輯集（三十）〉，《蔣中正總統文物》，國史館藏，數位典藏號：002-050101-00032-053

經查，1955 年日內瓦會議（日內瓦四大國首腦會議）後，《人民日報》即長期支持以「大國會議」、「首腦會議」這樣的非聯合國正式會議來處理國際事務，至 1956 年發生蘇伊士運河航權與埃及主權爭議

時，亦不斷鼓吹以此模式處理。[15] 1956 年 10 月 31 日與 11 月 16 日，《人民日報》報導法國共和激進與激進社會主義黨領袖孟戴斯・弗朗斯（Pierre Mendès France）發表演說，要求大家重視英法武裝干涉埃及的危險後果，並呼籲召開四大國會議（美英蘇法）或五大國（中美英蘇法）會議討論中東問題。[16] 此後《人民日報》陸續有呼籲「召開大國會議」論點 的報導，直到 1958 年 7 月 31 日、8 月 1 日中共與蘇聯於北京密會期間亦是如此，[17] 而在中共與蘇聯於 8 月 3 日發表「會談公報」後，更是連三天報導呼籲召開大國會議處理中東問題。[18] 這應該是上述《蔣介石日記》的背景。

關於中共和蘇聯在北京召開的會議，就是蔣日記所稱之「赫毛會議」：「此次赫毛會議乃為九年來對我國政治最嚴重之舉動，美國應特加注意。」[19]「共匪今日又宣傳其要求召開**大國會議**而超越聯合國範圍之外，此其與赫魔昨日所宣布要求**召開聯合國大會**意義大不相同，當另有用意所在。……可知其最近必有一次軍事攻勢無疑，但其性質仍未敢抱

---

15 〈美總統再次表示贊成和平解決蘇彝士運河爭執　但撇開埃及主權不談只強調所謂自由通航〉，《人民日報》（北京），1956 年 9 月 7 日，第 6 版，「人民日報圖文數據庫」：http://data.people.com.cn/rmrb/19580804/1（2018/11/12 點閱）。

16 〈魔樂和比諾去倫敦　同英國政府會商中東局勢〉、〈孟戴斯——弗朗斯　要求開四大國會議〉，《人民日報》（北京），1956 年 10 月 31 日，第 6 版、1956 年 11 月 16 日，第 6 版，「人民日報圖文數據庫」：http://data.people.com.cn/rmrb/19580804/1（2018/11/12 點閱）。

17 〈挪威社會民主黨表示　美英干涉中東嚴重威脅和平　大國應速會談防止戰爭災難〉、〈塔斯度發表評論　駁斥「大國操縱」論〉，《人民日報》（北京），1958 年 7 月 31 日，第 2 版、1958 年 8 月 1 日，第 1 版，「人民日報圖文數據庫」：http://data.people.com.cn/rmrb/19580804/1（2018/11/12 點閱）。

18 〈對人民是巨大鼓勵　對敵人是嚴重打擊　全國各省市人民熱烈歡呼和擁護中蘇會談公報〉、〈對侵略者的沉重的一擊〉、〈再接再勵為和平奮鬥〉，《人民日報》（北京），1958 年 8 月 5 日，第 4 版、1958 年 8 月 6 日，第 8 版、1958 年 8 月 7 日，第 1 版，「人民日報圖文數據庫」：http://data.people.com.cn/rmrb/19580804/1（2018/11/12 點閱）。

19 《蔣介石日記》，1958 年 8 月 5 日。

有以武力徹底解決台澎之決心，其意義或只在金馬乎。」[20]

蔣介石根據國際情勢就研判「最近必有一次軍事攻勢」而且「只在金馬」，這是 8 月 6 日的事。他在 8 月 14 日又記：「如匪攻金馬其主戰場與主力究在何處之研判……匪用多數小艇與機帆船來侵犯金馬，先使我砲彈與槍彈消耗後，再用海軍艦艇正式進攻之螞蟻戰術，應做積極準備。」[21] 接著，8 月 18 日晚上 10 時蔣從基隆登上軍艦，「悶熱不能安睡」，第二天清晨 6 點到達馬祖北竿塘停泊，然後到高登島視察碼頭與吊車工事皆新建完成，「可謂艱鉅難得」；當天晚上「艦上睡眠較佳」，第三天早上到金門太武山下視察第三新大坑道後，與胡司令到小金門視察工事及醫院設備，最後傍晚「召集團長以上將領聚餐、訓話講評約一小時後即搭機飛台北已十一時矣。」蔣介石自評：「此次巡視馬祖金門自覺得益甚多，對將來作戰補益必大也。」[22]

果然，8 月 23 日晚上 8 點蔣介石得報「匪砲大轟金門三萬餘發」，「研究其作用何在，除以為前日余視察金門消息被匪偵獲以外並無其他意義矣。」[23] 從蔣介石個人當時的角度看，砲戰的起因可能這樣單純，但是接下來的激烈戰況顯示，因果關係應該比較複雜。

放大視野來看，美國對中共、對中華民國政府的政策，應該牽引著當時的「兩岸關係」，8 月 13 日蔣日記：「美國昨日對共匪不承認政策發表其八頁長之白皮書……杜勒斯之政治智能亦由此更為顯著，未知艾奇遜將作如何感想矣。」[24]

按，美國國務卿杜勒斯在 1957 年 6 月 28 日，曾針對美國對中共政策發表題為〈Our Policies toward Communism in China〉的演講。[25]

---

20 《蔣介石日記》，1958 年 8 月 6 日。
21 《蔣介石日記》，1958 年 8 月 14 日。
22 《蔣介石日記》，1958 年 8 月 18、19、20 日。
23 《蔣介石日記》，1958 年 8 月 23 日。
24 《蔣介石日記》，1958 年 8 月 13 日。
25 '268. Address by the Secretary of State, San Francisco, June 28, 1957, 10:30 a.m.1,' "*Foreign Relations of the United States, 1955-1957, China*, Volume III", Office of the

隔年（1958）美國國務院於 8 月 11 日發表題為〈United States Policy Regarding Non-Recognition of the Chinese Communist Regime〉的新聞稿，且根據《中央日報》報導長達 8 頁，這是蔣日記敘述之所本。關於美國之所以不承認中共，根據杜勒斯的說法，乃因中共政權「破壞 1953 年的韓境停戰協定和 1954 年的越南停戰協定」，「中共政權具有一個連續從事武裝侵略的紀錄，包括對聯合國本身的戰爭在內，此項戰爭迄今尚未獲致政治上的解決，而僅簽訂一項停戰協定而使之暫行停止。該政權曾聲稱，必要時將使用武力以置台灣於其統治之下，並謂此不僅為其權利，且亦為其目的。」至於美國為何承認中華民國？杜勒斯說：

> 中華民國政府是我們二次大戰中的盟友，而且曾經長期單獨負起遠東戰局的主要責任。它曾經有過好幾次使人心動的機會，依照日本所提條款，從事妥協，而致嚴重地使美國受到危害。它絕未那樣做。我們譴責蘇俄未能遵守其 1945 年廿年時效的條約保證，以支持中華民國政府為中國的中央政府。我們受了榮譽的約束，而對我們的盟國，百分之百的忠誠，我們已和它締結一個聯防條約，而對它提供了保證。[26]

美國這時在政治上不給中共政權外交承認、反對中共加入聯合國，甚至不與中共貿易、不同意與中共從事文化交流，但這些關係則皆存在於美國與中華民國之間，並且，根據 1958 年 4 月美國國家安全會議的報告，美方充分掌握台灣方面的「抗敵」條件，包括美援的資源配置、台灣的士氣、劉自然事件[27] 之後的雙方關係、中華民國軍隊老舊設備和

Historian. https://history.state.gov/historicaldocuments/frus1955-57v03/d268. Accessed Novermber 12, 2018.

26 這是 1957 年 6 月杜勒斯在國際獅子會年會的演說詞，見〈杜勒斯演說全文〉上、下，《聯合報》，1957 年 6 月 30 日、7 月 1 日，第 4 版。

27 1957 年 3 月 20 日美軍在台顧問團的上士雷諾茲（Robert G. Reynolds），據報開槍射殺了一位潛入他家花園的中華民國公民劉自然（33 歲，江蘇人，革命實踐研究院職員），美國軍事法庭於 5 月 23 日做出無罪判決，死者之妻於 24 日上午

人員汰換情形，謂「年輕台灣人（充員兵）的加入使得中華民國政府
（GRC）軍人的平均年齡降為 26 歲，GRC 軍隊中大約有三分之一是台
灣人。」[28] 此外，根據美國參謀首長聯席會議的檔案，美方從 1958 年 8
月 28 日至 9 月 4 日計畫將 50 架 F-86 戰鬥機從西海岸運往台灣，以達
成中華民國空軍相對於共黨中國的空中優勢。[29]

　　要之，1954 年共同防禦條約的範圍雖然只有台、澎，但是 1955 年
1 月透過美國參議院和眾議院的聯合決議，已授權美國總統在他認為必
須為了確保和保護福爾摩沙和澎湖列島免受武裝進攻的特別目的，可以
使用美國武裝部隊，此一授權是為保障此一地區「現為友善政府所控制
之領土的安全」，[30] 那就是把金門和馬祖包括在內了。

四、交火，及其轉折

　　1958 年 8 月 23 日凌晨國防部長俞大維乘專機到達金門視察，下
午 5 時 30 分，中國人民解放軍數百門大砲向大金門、小金門、大膽、
二膽等島嶼密集砲擊，是日對方發射五萬七千餘發砲彈，我方還擊
三千六百餘發、傷亡官兵四百餘人。俞大維部長和胡璉司令官因故沒有
出席翠谷水上餐廳的餐會，幸免於難，餐會上金門防衛司令部的三位副

---

　　10 時許開始在美國大使館前舉牌抗議，群眾越聚越多，甚至搗毀大使館並拷打其
　　館員，當局下令戒嚴，晚間又有群眾圍攻警察局並有 5 人死亡，在日月潭度假中
　　的蔣介石不得不在 25 日下午回台北處理。見〈五二四事件有關機構報告〉，1957
　　年 5 月 1 日至 6 月 30 日，《外交部檔案》，中央研究院近史所檔案館藏，檔號：
　　425.2/0004。

28 National Security Council, *Operations Coordinating Board Report on U.S. Policy toward
　　Taiwan and the Government of the Republic of China* (April16, 1958), NSC 5723, NARA.

29 "Improvement of Chinese Nationalist Air Force Capability" (August 18, 1958),
　　Memorandum for General Moore etc., The Joint Chiefs of Staff, Washington, D.C., DM-
　　272-58, NARA.

30 〈美國參議院通過之台灣決議案〉（1955 年 1 月 29 日），薛化元編著，《台灣地位關
　　係文書》（台北：日創社文化公司，2007 年），頁 130-133。

司令吉星文、趙家驤、章傑都在砲擊中殉職（如前述，吉星文係重傷而於三天後不治死亡）。[31]

　　俞部長於 8 月 24 日凌晨乘專艦抵達澎湖馬公，轉飛台北，他在離開金門之前要求美軍首席顧問出具書面證明：「是匪軍對我先發動攻擊」，並將此證明攜回台灣，立即引起國內外輿論的重視，「隨後美國朝野對共匪無端破壞世界和平的行為，嚴予譴責。」[32] 美軍協防台灣司令部史慕德（Roland N. Smoot）中將原以為中共無法長期集中砲擊，每天數千發，不久將耗盡庫存，畢竟太昂貴了；而事情的發展出乎意料，所以他說砲擊事件確實給他上了一課，不論在外交與戰略戰術上都是前所未學過的。由於「**砲戰獲勝者，常是後勤補給較佳之一方**」，可以想見對方必然致力封鎖、我方必須有效運補。9 月 3 日杜勒斯國務卿晉見艾森豪總統之後發表「新港聲明」，謂中華民國對金馬外島的運輸補給「有賴美國第七艦隊的武裝護航」，同一天中共則宣布其領海為十二浬，警告任何外國軍事用途的船隻與航空器，非經允許不得進入。[33] 美國只願意接受三浬領海的原則，但登陸艇接駁到達海灘搶卸物資的過程曝露在敵方砲火下，常常傷亡慘重。

　　從《蔣介石日記》可知，他和美國總統的函電溝通並非順利愉快，「美國對我用空軍毀滅對岸匪軍砲位基地，與截斷其交通線，以及授權予其協防司令之要求，皆不同意，殊感意外。」不過美國第七艦隊司令畢克萊（Wallace M. Beakley）和第十三航空隊摩曼（T. S. Moorman）於 8 月 26 日先後抵台會商台海情勢，陸軍部長布拉克（Wilber M. Brucker）於 8 月 30 日來台訪問得蔣接見，蔣對這位部長的誠意「感慰不忘」；一般而言蔣介石覺得「美國態度堅定明晰」。[34]

---

31 李元平，《八二三金門砲戰秘錄》，頁 76-84。

32 李元平，《八二三金門砲戰秘錄》，頁 93-94。

33 李元平，《八二三金門砲戰秘錄》，頁 142-155。

34《蔣介石日記》，1958 年 8 月 31 日，以及「上月反省錄」。

圖 3-4　總統蔣中正與美國太平洋艦隊史慕德中將合影（1958 年 11 月 14 日）
來源：〈領袖照片資料輯集（三十一）〉,《蔣中正總統文物》,國史館藏,數位典藏號：
002-050101-00033-158

　　先是,俞大維部長從金門「輕傷」返台之後,就打電報給我駐聯合國軍事代表團團長何世禮,要求向美方接洽取得三年來不可得的「八吋榴砲」,9 月 5 日何世禮自美返國帶回好消息,美方願在近期內撥交第一批八吋榴砲。9 月 14 日,美軍緊急援助的第一批新砲已由琉球海運來台,將從左營轉經馬公運往金門,蔣介石從台北飛岡山轉到左營港口視察新砲裝載情形,蔣經國則攜帶總統手令全權負責護運的協調和指揮,專艦抵達料羅灣之後「在砲火中登陸」。隨後 9 月 21 日第二批、9 月 27 日第三批巨砲也順利抵達金門。第一批巨砲初試啼聲是在 9 月 26 日,對岸「圍頭」各個敵人的砲位每一中彈,工事散飛、人員血肉支離、火砲破碎,對方受到前所未有的打擊,我方砲手們則是耳膜紛紛震傷,手錶也被震壞,「數十位砲手,沒有一個人的手錶是完好的。」[35]

---

35 李元平,《八二三金門砲戰祕錄》,頁 181-192。由於該書係根據 1980 年代訪問俞

　　蔣介石對於八吋榴砲的效能也有很高的期待：「昨夜八英寸口徑重砲⋯⋯安全運到（共三門），**此乃金門戰局最重大之關鍵**，故十日來之任務可說已成就七分矣。只要第二批三門亦能如期到達金門，形勢當可於下周改觀矣。」[36]

　　此外，空軍方面美方早在 8 月中旬即空運一批響尾蛇飛彈來台，同時也有撥交 F-86 飛機一批 85 架、另一批 50 架，在飛機的數量方面雖然不及共軍，但「質」的方面（加上戰技）顯然優勝，9 月 24 日分別從桃園和新竹基地起飛的戰機 32 架，與對方出動的一百多架米格機對戰，我方憑著響尾蛇飛彈和五〇號機槍，寫下十比零的戰果。[37]

圖 3-5　彭德懷（維基百科‧公有領域）

　　10 月 5 日午夜，中共國防部長彭德懷廣播停止砲擊七日，蔣經國在 10 月 6 日早晨向蔣介石報告，蔣介石說這是「意料之中」，乃召見美軍協防司令司馬德（史慕德）中將，「明示我政府之方針，切囑其海軍不可退出護航之堅決表示。」[38]

　　大維的「錄音三十盒、筆記五大本」所撰寫，這些描述應該有一定的可信度。

36　《蔣介石日記》，1958 年 9 月 19 日。

37　李元平，《八二三金門砲戰秘錄》，頁 195-202。

38　《蔣介石日記》，1958 年 10 月 6 日。

五、蔣、杜聯合公報

八二三砲戰發生之後兩個星期，蔣介石在 9 月 7 日就接獲「華盛頓發表其擬與共匪恢復大使級談判之消息。」[39] 雖然美國與中華人民共和國透過各自在日內瓦、華沙的大使進行會談，作為雙方「在沒有外交關係的情況下」保持接觸、溝通的途徑，是從 1955 年開始，但 1958 年上半年因美國向台灣海峽集結大量兵力，包括七艘航空母艦，中國不甘受到「威脅」，使這項會談中斷 9 個月之久，1958 年 9 月 15 日也就是八二三砲戰發生不到一個月，第 74 次中美大使級會談在華沙復會，惟如一般預料，有關台灣問題無法以這種方式達成甚麼共識。

杜勒斯國務卿雖然在 1957 年（上述的）演講中說到對中華民國這個盟國「百分之百忠誠」，但是整體而言他主張「兩個中國」政策，不想繼續維持「台北代表全中國」的假象，所以 1958 年 9 月 30 日告訴新聞界說，如果能夠談判成功而停火，卻還在這些危險的外島部署大軍，乃是魯莽的行徑。[40] 蔣介石表達不悅的方式是：（一）10 月 1 日「正午約見美聯社記者，對杜勒斯昨在記者會談話予以批評」；[41]（二）10 月 2 日「十八時召見莊萊德（駐華大使）（Everett F. Drumright）談一小時餘，對美國政府數日來言行，其於我金門沐血將士在心理上打擊之重大，無異為先宣判死刑而後再定期執行之情景，以杜勒斯聲言『待可靠停火安排以後撤退防軍，否則實為不智』之語而嚴正指出其愚昧也，語畢即先退，辭修等予以周旋」。[42]

39《蔣介石日記》，1958 年 9 月 7 日。

40 唐耐心（Nancy Bernkopf Tucker）著，林添貴譯，《1949 年後的海峽風雲實錄：美中台三邊互動關係大揭秘》（台北：黎明文化，2012 年），頁 32。

41《蔣介石日記》，1958 年 10 月 1 日。

42《蔣介石日記》，1958 年 10 月 3 日。

圖 3-6　總統蔣中正設宴款待美國國務卿杜勒斯（1958 年 10 月 22 日）
來源：〈領袖照片資料輯集（三十一）〉，《蔣中正總統文物》，國史館藏，數位典藏號：
002-050101-00033-062

　　不過，不久蔣介石就得到杜勒斯的回應：「杜勒斯要求我邀約他來台面談問題，應審慎研究而以避免俄共與國際姑息政客誤認其為要求我金馬中立化而來也。」[43]「接葉（公超）電稱杜（勒斯）決於廿一日訪台……其對華政策有可能新的轉變乎，惟此僅為希望而已，阿們。」[44] 接下來幾天蔣介石就為這重要的會談做準備，甚至半夜醒來亦與此有關：「昨子夜醒後忽覺金門駐軍過多，如俄共使用原子飛彈時之危險性，可以剎那間全部毀滅之關係，則對杜氏果提減少外島部隊之建議，應作有條件之同意為宜。」[45] 本來 10 月 13 日有彭德懷繼續停火二週的消息，但 10 月 20 日下午 4 時「共匪又恢復其對金門砲擊，至八時後止約發一萬

43《蔣介石日記》，1958 年 10 月 12 日。
44《蔣介石日記》，1958 年 10 月 15 日。
45《蔣介石日記》，1958 年 10 月 19 日。

餘彈，其名為控造美艦護航理由，而實為打擊杜勒斯明日訪台也。」[46]

10月21日上午10時，蔣介石與幕僚「研討談話重點與方針」約2小時餘，下午4點至6點半與杜勒斯會談，由葉公超翻譯，「余以和善意態不與爭執為主之方針出之，完全談政策有關問題並未作結論，但一般當稱和諧無所歧異也。」[47]第二天上午進總統府，10點半與杜勒斯第二次會談，杜勒斯直截了當提出其預擬之說帖，「其內容消極方面不要我做者五項，其重點要在無形中成為兩個中國……無異求和投降也；余聽葉讀解後心中痛憤忍之又忍……，只告其此議准作保留……，容後再談。辭出即令少谷作擬答之大意。」[48]第三天晚上7點與杜勒斯第三度會面，8點宴會後專談金門軍事問題，蔣提及原子重砲毀對方砲兵陣地、或由我空軍進行轟炸等事似無下文，重點是這一天白天蔣介石修改杜勒斯所提的聯合公報稿，謂增加兩點：「（甲）金馬與台澎防務有密切關聯，（乙）光復大陸的主要武器為三民主義之實行，而並非憑藉武力，不料其英文重修稿以『憑藉』改為『使用』，甚為不懌。」[49]但在事發後蔣發覺「英文稿已經發布無法再改，此乃余之疏忽之病，亦是信任所屬譯者，故未令其最後面譯校對一遍致此錯誤，以後切戒。」值得注意的是蔣在日記中如此稱讚杜勒斯：「此老言語一句不苟，思慮明澈而反應敏捷，殊為可佩。此亦美國人中所（少）見者也，余甚自愧遲鈍矣。」[50]

蔣杜會談至此告一段落，這個週六上午10點半，蔣介石帶著武、勇二孫搭機飛往中部，下午1點半抵達日月潭，度假去了。但這一天的日記一方面嚴責葉公超「如此欺主無異賣國」，一方面卻自我安慰：此一結果可使美國人民安心，可續援助我而不致擔心引起大戰，另外「此次所得者余以為乃登上實踐反攻之途而放棄其武力之虛名，不惟對國際

46《蔣介石日記》，1958年10月20日。
47《蔣介石日記》，1958年10月21日。
48《蔣介石日記》，1958年10月22日。
49《蔣介石日記》，1958年10月23日。
50《蔣介石日記》，1958年10月24日。

而其對共匪心理之作用，或可使之鬆懈一點，未始無益耳。」[51]

圖 3-7　總統蔣中正攜蔣孝武蔣孝勇遊日月潭（1958 年 10 月 27 日）
來源：〈領袖照片資料輯集（三十一）〉，《蔣中正總統文物》，國史館藏，數位典藏號：002-050101-00033-066

六、對台灣政治發展的影響（代結論）

　　八二三砲戰從 8 月 23 日至 10 月 6 日中共片面宣布停火為止共 44 日中，中共射擊金門 474,910 發，國軍陣亡人數 587 人，受傷 2,016 人。10 月 13 日，中國國防部命令對金門砲擊再停兩星期，命令刊登在當天的《人民日報》上。美國國務卿杜勒斯銜命於 10 月 21 至 23 日訪台，這是歷史上的大事，共軍在 10 月 20 日恢復砲擊，彼雖宣稱因美方軍艦參加對「台灣運補船團」護航、宣布停火無效，但蔣認為是針對杜勒斯訪台而來。杜勒斯與蔣介石會談之後發表「聯合公報」，宣稱反攻

51《蔣介石日記》，1958 年 10 月 25 日。

大陸主要不是憑藉武力，亦即將國民黨政府的「武力反攻」轉變為「精神反攻」。

10月25日彭德懷發表「再告台灣同胞書」，片面宣布「雙日停火」且單日也不一定砲擊。這便是此後金門長達20年「單打雙不打（逢單日砲擊，雙日不砲擊）」的砲戰模式。1959年1月8日至1月15日，一連5天均無戰事，1月15日，解放軍突又作零星擾亂射擊。自此以後，每逢單日，則僅有小規模之射擊，或發射宣傳彈，國軍亦常利用單日對大陸進行零星射擊，或發射宣傳彈，至於大規模之砲戰，則從未再發生。「單打雙不打」一直延續到1979年1月1日中國與美國建交，中國國防部部長徐向前發表「國防部關於停止對大金門等島嶼砲擊的聲明」，才告終止。

當八二三砲戰（或稱第二次台海危機）發生的時候，9月4日國務卿杜勒斯發表的聲明，就是根據前述參院決議「授權總統使用美國武裝部隊來確保和保護諸如金門和馬祖等的有關地區。」由於中共不斷以猛烈的炮火襲擊金門，並且宣稱其軍事行動的目的是奪取台灣以及金門馬祖，所以杜勒斯說「我們承認金門和馬祖的確保與否，和保衛台灣的關係越來越密切。」[52]

本來金門馬祖一直是中國領土的一部分，不同於台澎曾經「永久割讓」給日本、必須面對二戰後殖民地歸屬的國際處置；從台灣地位未定論的立場，宜乎「中華民國與美利堅合眾國間共同防禦條約」的適用範圍只有台澎，以免美國受到「侵略或干預中國內政」的責難。不過當中共使用武力，美國為了協助保衛台澎，藉著國會的「台灣決議案」把防禦範圍擴及金馬，難謂不合情理。何況「不論台灣或金門、馬祖等島嶼，過去從來沒有受過中共的管轄。自第二次世界大戰結束以來，在

---

52 〈杜勒斯國務卿就台灣海峽地區局勢發表的聲明〉（1958年9月4日），梅孜主編，《美台關係重要資料選編（1948.11-1996.4）》（北京：時事出版社，1996年），頁106。

13 年的時期內，這些地方一直在自由中國即中華民國管轄之下」。[53]

　　可見「從來沒有受過中共的管轄」，也是金馬得以和台澎「綁」在一起的理據。不過，中共方面的考慮也是重要因素，1958 年 9 月 6 日周恩來發表聲明，謂「中國政府準備恢復大使級會談」，中共的盤算是要美國逼迫蔣介石從金門馬祖撤退，但 9 月中旬雙方開始會談以後，中方體認到取得金馬的代價可能是「和平解決台澎問題」的承諾，從而「可能被美國利用來造成台、澎與大陸永久隔絕的結果」，所以毛澤東乃下定決心不攻占金馬，要將它們同台澎「一攬子」解決、「一下子收回」。[54] 顯然，中國領導人已經確信，台澎金馬「一攬子」解決的方案更有利於阻止將台灣從中國分離出去，這意味著，中共攻占東南沿海（由蔣介石所占據之）島嶼的計畫，到此結束。[55]

　　戰後台灣政治發展的主軸不外乎民主化與國家化。而國家是武力造成的，1949 年中華民國政府的大撤退，加上 1950 年代的幾場沿海戰役，主要確定了台澎金馬的領土範圍，雖然 1970-71 年開始的釣魚台風波迄今難謂塵埃落定，而南海諸島的各方角力——包括 2015 年以來中國在南海填海造陸的舉動引起美方的強烈反應——方興未艾，但台灣企求成為獨立自主的海洋國家，至關重要的領土範圍是如何逐步落實確定，不分黨派或先來後到的族群如何共同參與此一締造過程，值得繼續釐清與辨明。

---

53 〈杜勒斯國務卿就台灣海峽地區局勢發表的聲明〉（1958 年 9 月 4 日），梅孜主編，《美台關係重要資料選編（1948.11-1996.4）》，頁 105。

54 毛澤東，〈杜勒斯是世界上最好的反面教員〉，1958 年 10 月 2 日，收入中華人民共和國外交部、中共中央文獻研究室編，《毛澤東外交文選》（北京：中央文獻出版社、世界知識出版社，1994 年），頁 356。

55 牛軍，〈1958 年炮擊金門決策的再探討〉，收入沈志華、唐啟華主編，《金門：內戰與冷戰——美、蘇、中檔案解密與研究》（北京：九州出版社，2010 年），頁 128-129。

第四章

從「康隆報告」到「台灣關係法」：
美國對台政策的曲折歷程

一、前言

　　美國聯邦最高法院於 2009 年 10 月 5 日駁回林志昇等 228 人所提「台灣地位與台灣人權保護訴求訴訟」，[1] 隨後美國軍事上訴法院也在當地時間 10 月 6 日，駁回台灣前總統陳水扁控訴美國總統歐巴馬（Barack Obama）及國防部長蓋茲（Robert Gates）案，軍事上訴法庭指出，陳水扁提出的其實不是控訴案而是陳情案，即要求法庭頒發命令撤銷（台灣法院對他的）無期徒刑判決並釋放他，而法庭認為無權審理此事，故予駁回。[2] 林志昇的控案是較早在 2006 年 10 月向華盛頓特區美國聯邦地方法院提出，2008 年 3 月 18 日法官聲明權限不足，原告可以上訴，同月 31 日原告上訴之後，高等法院決定於 2009 年 2 月 5 日公開聽證辯論庭，而 4 月判決之後又上訴最高法院，最高法院在最近即 10 月 5 日駁回此案，其間國務院的立場是認定此係「政治問題」請求法院駁回。而陳水扁的案子是遲至 2009 年 9 月 23 日透過（林志昇等的）「福爾摩沙法理建國會」向美國軍事上訴法院陳情，謂台灣在二戰以後都在美國軍事政府管轄下，美國應負起占領台灣的義務，對他的案子重

1　林志昇等的訴求是要美國發給護照，對此筆者曾撰〈「美國護照」官司平議〉，發表於《自由時報》，2009 年 2 月 10 日，「自由時報電子報」：https://talk.ltn.com.tw/article/paper/278826（2021/10/19 點閱）。

2　〈美軍法庭駁回扁陳情案〉，《中國時報》，台北，2009 年 10 月 8 日，A14 版。

新審判。[3]

　　以上兩案其實是同一個立足點，也就是林志昇、何瑞元企圖從「戰時國際法」和「占領法」來論述戰後台灣的國際地位，彼認為二戰期間台灣屬於太平洋戰區，此一戰區明顯係美國打敗日本，故美國係台灣的主要占領權國，只不過在麥克阿瑟將軍的命令下，在台日軍向蔣介石的部隊投降，總之戰後台灣的地位是「美國軍事管轄下海外未合併領土。」[4] 此一論述的弱點是，既然中華民國政府只是被美國委託的「次要占領權國」，竟然在 1945 年 10 月受降的時候宣稱台灣光復，隨後且宣告台灣人集體歸化為中華民國國民，美國為何沒有「即時糾正」？又，既然引述 19 世紀末波多黎各和古巴曾經是「在 USMG（美國軍事政府）管轄之下的未合併領土」作為台灣的範例，但波多黎各和古巴都確實有一個短暫的 USMG，以及當地成立的平民政府予以取代的過程，這些事在台灣從未發生過，今日如何能夠讓歷史倒轉，炮製一個在台灣的 USMG，然後說台灣「目前的地位」是處於 USMG 之下未合併的領土？

　　其實，台灣地位（戰後的討論率指台、澎地位，不另說明）問題錯綜複雜，至少涵蓋國際法、憲法、歷史與政治等多學科途徑（multidisciplinary approach）才講得清楚，[5] 不能只根據戰後某項宣言的效力或某條約的文字解釋，就以為找到台灣地位的真相或答案。國際法是國際政治體系的規範表示，但是：

　　　法律與政治之分只是部分正確，在更廣、更深的意義上，法律

3　關於陳水扁前總統的宣告事項與證詞，見〈扁再出招 在美控告歐巴馬及美國防部〉，「Taiwan Civil Government」：https://taiwancivilgovernment.ning.com/forum/topics/bian-zai-chu-zhao-zai-mei（2021/10/19 點閱）。

4　詳見林志昇、何瑞元合著，《美國軍事佔領下的台灣：徹底踢爆謬誤的台灣主權爭議》（台北：林志昇發行，2005 年）。

5　例如陳儀深、李明峻、胡慶山、薛化元合撰《台灣國家定位的歷史與理論》（台北：玉山社，2004 年），即是這種研究途徑的嘗試。

就是政治。法律是由政治活動者通過政治程序，為了政治目的
而制定的。我們所看到的法律無不是政治力量的結果，法律對
國家行為的影響也取決於政治力量。……為了理解為什麼制定
或不制定某一特定法律，為什麼法律一般能得到遵守，然而有
時卻被違反，就需要政治上的理解──理解各種政府在一定政
治體系中如何行動、為何行動。[6]

　　1979 年美國國會制訂的「台灣關係法」（Taiwan Relation Act）生
效，至今仍是規範美台關係的「基石」，[7]台灣關係法的誕生正是北
京、台北、華盛頓之間「政治力量的結果」。簡單說，1949 年中共建
政之際，流亡台灣的中華民國政府幾乎被美國拋棄，但因 1950 年韓
戰爆發，美國吃了中華人民共和國的苦頭，決定根據「台灣地位未定
論」派遣第七艦隊協防台灣海峽，而且承認蔣介石領導的中華民國政
府代表全中國、擁有聯合國安理會常任理事國的席位；1950 年代兩次
台海危機以後，1959 年美國參議院外交委員會委託康隆協會（Conlon
Association）完成的「康隆報告」，主張美國應逐漸承認北京政權，讓
它加入聯合國並成為安理會常任理事國，中華民國則以「台灣共和國」
的名義做一個普通會員國。此種主張雖然沒有立刻成為美國政府的政
策，但 1972 年尼克森（Richard Nixon）訪中發表「上海公報」，對於
中共方面宣稱中國只有一個、台灣是中國一部分（雖然違背過去美國政
府的認知），美國竟然不表異議，等於宣告「以北京為準」的新的一中
政策時代來臨，且中華人民共和國果然成為聯合國唯一代表中國的、安

6　路易斯‧亨金（Louis Henkin）著，張乃根等譯，《國際法：政治與價值》（北京：
中國政法大學出版社，2005 年），頁 5-6。

7　2009 年 3 月 24 日美國眾議院無異議通過由「台灣連線」共同主席柏克麗（Shelley
Berkley）提出的第 55 號共同決議案，重申台灣關係法是美台關係的基石，美國
國會對它有堅定不移的承諾。新聞內容參見〈美眾院重申／台灣關係法 美台關係
的基石〉，2009 年 3 月 26 日，「自由時報電子報」：http://www.libertytimes.tw/2009/
new/mar/26/today-fo3.htm（2021/10/19 點閱）。

理會的常任理事國；經過 6 年的過渡，1978 年 12 月華盛頓終於與台北斷交、1979 年 1 月與北京建交，由於蔣經國不可能接受「台灣共和國」的安排，美國為了「西太平洋地區的和平、安全及穩定」，為了「繼續維持美國人民及台灣人民間的商務、文化及其他各種關係，以促進美國外交政策的推行」（「台灣關係法」第二條 A 的措詞），乃制訂了「台灣關係法」。

　　本文試圖根據外交部檔案及其他相關資料，說明這兩份文件的意義，並敘述 1959-1979 年這二十年間發生了什麼重要的事，可能影響到「台灣關係法」的誕生？盼能有助於理解美中台三角關係的現狀。

二、1959 年美國參議院的「康隆報告」

（一）其來有自

　　美國第七艦隊協防台灣海峽原只是根據行政命令，目的是為了保護在朝鮮的聯合國部隊的「側翼」，但此時美國對台灣、澎湖列島的立場還不夠清楚。在醞釀簽訂共同防禦條約的前夕，國務卿杜勒斯曾經對英國大使、紐西蘭大使明告「美國不想讓福爾摩沙和澎湖列島落入敵對勢力的手中」，而且從阿留申群島經日本、韓國、菲律賓、澳大利亞和紐西蘭的沿海島嶼防禦體系中，福爾摩沙和澎湖列島是在「正式的安全協議裡沒有包括的一個連接點」，[8] 加上蔣介石迫切要求簽訂防禦條約，終於有了 1954 年 12 月 2 日在華盛頓簽訂的「中華民國與美利堅合眾國間共同防禦條約」。

　　同樣在 1954 年 10 月，國務卿杜勒斯在一份致國家安全委員會的報告中說，美國應該與中國國民黨簽署一個共同安全條約，範圍只包括福

8　〈基會談備忘錄〉（華盛頓，1954 年 10 月 18 日），「與英國及紐西蘭就中國問題進行磋商」，收入陶文釗主編，《美國對華政策文件集（1949-1972）》第二卷（上）（北京：世界知識出版社，2004 年），頁 318-322。

爾摩沙和澎湖列島，不包括金門、馬祖等沿海島嶼，因為日本從未把福爾摩沙和澎湖列島的主權交給中國，「日本放棄了對它們的主權，但它們未來的地位並未確定。因而，做為日本的主要戰勝國，美國對於日本以前占領的這些島嶼應該擁有發言權。」[9] 不僅如此，在 12 月 1 日美國與中華民國簽署「共同防禦條約」的新聞發表會上，國務卿杜勒斯回答一系列有關簽約的問題時說：

> 福爾摩沙和澎湖群島的主權問題在技術上一直沒有解決。這是因為（舊金山）對日和約只是取消了其對這些島嶼的權利和所有權。而且，不僅日本和平條約沒有確定它們將來歸誰所有，中華民國與日本達成的和平條約也沒有確定它們將來歸誰所有。因此，福爾摩沙和澎湖群島這些島嶼的司法地位不同於一直就屬於中國領土的沿海島嶼的司法地位。[10]

換言之，儘管美國大力支持國民黨政府為代表中國的政府，且願意大規模對其軍隊及經濟提供幫助，但是台灣與澎湖列島的歸屬問題迄未解決，如此把「政府論」和「領土論」分開看待，此時已經是美國的公開態度。

　　其次，儘管 1954 年及 1958 年中共挑起兩次台海危機皆與美國互相敵對，美國仍然從 1955 年即開始與中共在日內瓦進行大使級談判，1958 年且將該會談移至華沙舉行，雙方總共會談一百多次，直到尼克森上台為止。會談之初的主題是釋放被中共關押的美國人的問題，以及雙方僑民歸國的問題，但中方很快要求進入第二階段討論「台灣問題」，美方的立場是一旦涉及台灣地區則中華人民共和國和美國皆應放

9 〈國務卿致國家安全委員會的報告〉（華盛頓，1954 年 10 月 28 日），《美國對華政策文件集（1949-1972）》第二卷（上），頁 338-341。
10 〈新聞發布會上的聲明：同中華民國簽訂條約的目的〉，《美國對華政策文件集（1949-1972）》第二卷（上），頁 378-382。這一段話很可以反駁一些人把 1952 年日華和約當作台灣歸還中華民國之依據的看法。

棄使用武力，中國談判代表王炳南則強調「中國不能同意放棄在自己的
領土上使用武力的權利」，[11]周恩來在1957年11月15日會見各國駐華
大使時也公開說，如果美國不從台灣地區撤走一切武裝力量，而中國同
意發表互不使用武力的共同聲明，「那就等於承認美國在台灣的地位為
合法，我們不能上這個當。」[12]可見雙方立場差距很大，這個階段的會談
自然難有進展。

　　根據中華民國外交部檔案，從1955-1968年北美司匯集的各國輿
論，已足以輯成〈兩個中國問題〉專檔，例如1958年中華民國與美國
發表聯合公報[13]——蔣介石總統「在美國敦促之下於1958年10月23日
宣布放棄使用武力」以後，美國最新出版的《國際評論》（International
Review Service）雜誌即認為，這個聯合公報已經使「兩個中國」的方
案更為西方國家所悅納；又如1958年11月「中央社慕尼黑19日合眾
社電」，敘述周恩來在《南德日報》的訪問中說：美國在新德里紅十字
國際會議中，已事實上承認「兩個中國」的存在；美國正趨向於「兩個
中國」的政策，一如他們在韓國、德國和越南所做的。[14]

　　要之，1959年「康隆報告」提出之前，承認中華民國政府唯一代
表中國的美國外交政策，已經有動搖的跡象。

─────

11　會談過程參見戴超武，《敵對與危機的年代──1954-1958年的中美關係》（北京：
　　社會科學文獻出版社，2003年），頁285-299。
12　中華人民共和國外交部，中共中央文獻研究室編，《周恩來外交文選》（北京：中
　　央文獻出版社，1990年），頁253-261。
13　它的背景是八二三砲戰期間，杜勒斯銜命訪問訪問台灣，針對外島防禦等問題展
　　開會商，然後與蔣介石發表聯合公報，其中談到：「中華民國政府認為恢復大陸人
　　民之自由乃其神聖使命，並相信此一使命之基礎建立在中國人民之人心，而達成
　　此一使命之主要途徑，為實行孫中山先生之三民主義，而非憑藉武力。」遂被視為
　　蔣介石首度公開承諾放棄使用武力重返大陸。見「蔣杜聯合聲明」或稱〈蔣杜聯
　　合公報〉，收入薛化元編著，《台灣地位關係文書》（台北：日創社文化公司，2007
　　年），頁134-140。
14　〈兩個中國問題〉（1955年10月1日-1968年5月31日），《外交部檔案》，中央研
　　究院近史所檔案館藏，檔號：405.21/0062。

（二）「康隆報告」介紹

　　美國參議院外交委員會在 1957 年冬天，鑑於蘇聯的國際影響力增大，[15] 乃決定對美國的外交政策做一總檢討。他們準備了 30 萬美元的經費，邀請相關的專家學者、政治人物會商討論，費了 6 個月的時間訂了 15 個研究題目，委託各大學、私人研究機構或學術團體分別承擔研究，其中第 13 個（美國對南亞的外交政策）及第 15 個（美國對遠東與東南亞的外交政策）題目委託加州的康隆協會撰寫。康隆協會從 1959 年 2 月 16 日與參院外委會簽約，同年 9 月 1 日交出報告、11 月 1 日印製公布時，由外交委員會主席傅爾布萊特（J. W. Fulbright）作序介紹，計 155 頁長達 9 萬字。

圖 4-1　傅爾布萊特（維基百科・公有領域）

　　報告分成「主要發現」、「結論與建議」、「報告主文」三個部分，分別涵蓋南亞（即印度、尼泊爾、錫蘭、巴基斯坦，由 Richard L.

---

15 外交委員會主席在康隆報告的序言中，輕描淡寫地說「總檢討」的起因至少部分是由於蘇聯的科學成就（Soviet scientific achievement）。實則，1958 年金門砲戰期間，赫魯雪夫於 9 月 7 日致艾森豪總統函，即站在中共的立場譴責美國的侵略行為，並揚言蘇、中利益一致，攻擊中共即是攻擊蘇俄。詳見「（外交）部長對立法院之秘密外交報告」，〈島案〉（1958 年 8 月 26 日-9 月 19 日），《外交部檔案》，中央研究院近史所檔案館藏，檔號：426.2，第二冊。

Park 執筆）、東南亞（依主題不依國別，由 Guy J. Pauker 執筆）、東北亞（即日本、琉球、韓國、共產中國與台灣，由加州大學的 Robert A. Scalapino 執筆）。其中吾人最關心的「共產中國與台灣」部分，先是認為「共產中國在 20 世紀末葉，可能顯現為世界主要強國之一。中共國家權力的急劇滋長佐以民眾生活水準極低的情況，對於亞洲及世界是危險的。世界上將不能不承認共產中國勢力的存在。」而台灣方面，「國民黨似陷於夾縫之中，一方（面）既不能如民主政治之容許自由與競爭，另一方（面）又不能採用如共黨極權主義者之殘暴、機動，而且有效率的作風。大體言之，……（國民黨）不曾深獲台灣人民大眾之擁護。」進一步說：

> 大陸難民（mainland refugees）與台灣人民間之關係，近年已有進步。但歧見與猜疑仍然存在。最重大差異即在於台灣人民只顧及台灣，而大陸難民則切想返回老家或移民他處。後者二百萬人、前者八百五十萬人，種族文化相同，但兩者間之歧見不易溝通。目前台灣人民之革命活動，大概集中於北平、東京與美國。在北平者傾向於附共，助之者極少；在日美兩國者則期求台灣獨立。……然如台灣之經濟情況能維持其合理之穩定，大規模革命不致發生。由於地方自治範圍之增廣，社會與政治權利之擴充，台灣將採漸進步驟而不致發生革命。[16]

　　根據以上的狀況分析與估計，「康隆報告」主張對中國應採取「試探與談判」的原則，「較為積極的有伸縮性的政策，而使他們負擔若干

16　以上譯文見潘公展，〈康隆報告與中華民國〉（三）、（十二），《華美日報》，美國，1959 年 12 月 3 日、14 日。台灣的《自立晚報》先在 1959 年 11 月 4 日頭版以社論〈可驚的！可恥的！可慮的！斥美國加州康隆協會的荒謬建議〉揭露此事，並從 1959 年 12 月 19 日開始至 1960 年 1 月 11 日連載潘公展的〈康隆報告與中華民國〉，其間《自立晚報》駐美記者李子堅另以〈荒謬的康隆報告〉（1959 年 12 月 15 日、16 日發表）作進一步的介紹和評論。

共同的責任」，包括第一步驟互相派遣新聞記者採訪、進而互派學生與商務代表，批准政府機構以外的個人或團體往訪共產中國，在可能範圍內與中共領袖進行非正式討論；第二步驟則是大膽建議：容許共產中國進入聯合國，承認「台灣共和國」，讓它在聯合國大會得一席位，擴大安全理事會，包括印度日本及中國應為常任理事。這個時候，美國仍必須繼續尊重其對於台灣澎湖所負的義務，保證防衛「台灣共和國」；台灣軍隊應從各沿岸島嶼撤退；台灣共和國成立後，大陸上避台的難民如欲離台者，美國願盡力協助移居他處。總之：

> 目前中國大陸與台灣固為分裂，並有兩個分裂的政府在管治。
> 美國且認定此種事實，故曾對國民政府放棄用武力光復大陸之
> 意念，同時保證軍事防衛台灣。在法律上亦無阻礙，雖吾人在
> 二次大戰期間承諾台灣應歸還中國，但台灣之地位，在國際條
> 約上迄未確定。台灣人民本身迭次表示願與大陸分離，如經同
> 意可由人民投票複決。[17]

以上「康隆報告」有關「共產中國與台灣」的部分雖由 Robert A. Scalapino[18] 執筆，但如康隆協會會長 Richard P. Conlon 在前言中所言，尚有 30 位顧問對初稿提出審查與批評，加上參議院外交委員會主席傅爾布萊特的背書，相當程度反應美國社會精英的意見，對美國此後一、二十年的外交政策也會有一定程度的影響。

---

17 潘公展，〈康隆報告與中華民國〉（十三），《華美日報》，紐約，1959 年 12 月 15 日。

18 Scalapino 是哈佛大學博士，從 1949 年迄 1990 年一直任教於加州大學柏克萊分校政治系，1978 年創立東亞研究所並擔任所長直到 1990 年退休。他在 1965 年曾經為 George H. Kerr 的書 *Formosa Betrayed* 作序。

（三）台灣方面的迴響

「康隆報告」印製公布的第二天（11 月 2 日），駐紐約總領事游建文即向外交部部次長致電，謂舊金山康隆協會受美參議院外交委員會委託，提出 155 頁報告，「主張第一階段美先與匪互換記者、學生、商人，並迅即正式商談；第二階段取消對匪禁運，並與盟邦協商有關准匪入聯合國，承認我為台灣共和國，並為聯大會員國，安理會席次讓匪接替等問題。美仍協防台澎，但我須放棄金馬，此間各大報均有刊載。」[19] 回報的內容堪稱實在、扼要。

然而「康隆報告」只是國會委託民間單位的研究案，國民黨政府即使對內容很有意見也不宜直接表達，於是一個名為「中華民國民意測驗協會」的機構，在 1960 年 3 月 18 日發表一份〈中國人對於康隆報告對華政策的看法〉（約四千多字），認為「共匪偽政權」是侵略者、是強盜，康隆報告竟然建議美國政府承認共匪強盜並容許其進入聯合國，不但背叛了美國立國精神，並且「無異是與亞洲反共人民為敵」；該份〈看法〉不同意康隆報告關於大陸人與本省同胞之間的「挑撥離間的說法」，〈看法〉認為大陸來台人民和本省同胞對自由中國的繁榮和建設「有著同等重大的貢獻」，而且「國民黨已經獲得台灣省民眾絕大多數的支持」……總之康隆報告是一種「書生談兵、閉門造車、毫無根據的一種報告」，呼籲美國參院外委會的先生們不要被康隆報告所惑，對於該報告的建議應該「予以根本否定」。[20] 3 月 24 日所謂「中華民國民意測驗協會」致函外交部並附上上述的〈看法〉，希望外交部譯成英文轉送美國參議院外交委員會參考，但外交部在 4 月 14 日發給駐美大使館

---

19 「紐約游建文致外交部部次長電」（1959 年 11 月 2 日發，11 月 3 日收），〈康隆報告〉（1959 年 11 月 -1960 年 4 月），《外交部檔案》，檔號：721.38/0004。此外，1959 年 12 月 18 日位於台北南海路的美國新聞處，也送了一本〈康隆報告〉給外交部情司。

20 中華民國民意測驗協會，「中國人對於康隆報告對華政策的看法」，〈康隆報告〉，《外交部檔案》，檔號：721.38/0004。

的電報，只是轉述民意測驗協會來函希將〈看法〉譯轉美方參考，「希酌辦具復」。[21] 不過，駐美大使館應知康隆報告的論點皆有脈絡可循，並沒有把充滿意識型態（反共八股）且措詞粗魯的〈看法〉譯轉美方。

　　比較深刻的反應，來自雷震等人主持的《自由中國》半月刊。《自由中國》一方面以社論批評美國政府：面臨 1960 年這個美國總統選舉年，美國（政要）只是想在完全保持現狀的基礎上，作適當的國際安排以解決棘手的中國問題，這個安排即是由國際協議承認北京政府統治中國的事實，以及現時台灣與中國大陸脫離的事實；社論認為這種安排是巧妙偽裝的「擺脫主義」，而且把北京政權統治中國視為一項無法改變的事實，乃是一種「失敗主義」，顯示其「對中共偽政權的姑息態度」以及「對美國在遠東的長遠領導地位缺乏信心。」[22] 另一方面，有一篇〈解決中國問題必需以民意為依歸〉的社論向國民黨政府建議：（一）不要再說中國問題的解決是中國的內政問題，事實上共產主義運動始終是有組織的國際運動，反共不可避免是國際性的。（二）過去說不能提倡兩個中國、不能使台灣脫離中國，理由是開羅會議承認台灣是中國的一部分，但是，「這理由只有在美國不承認共匪的前提下才是有效的」，當承認問題的前提改變以後，台灣所屬問題也隨之變質了。（三）不要再說大陸人民隨時可以把匪偽政權推翻，它有一個重大的缺點：它在無意中承認了舊式國際法中以「有效控制」作為承認新政府之標準的原則，而這個原則正是我們所應該全力反對的。[23]

　　以上〈解決中國問題必需以民意為依歸〉這篇社論，主張一旦美國承認「共匪」，則中華民國應該考慮兩個中國或一中一台的選項，實

21 「外交部致駐美大使館（代電）」（1960 年 4 月 14 日發），〈康隆報告〉，《外交部檔案》，檔號：721.38/0004。
22 社論，〈康隆報告與的實質及其根本錯誤〉，《自由中國》，第 22 卷第 1 期（1960 年 1 月 1 日）。
23 社論，〈解決中國問題必需以民意為依歸〉，《自由中國》，第 21 卷第 10 期（1959 年 11 月 16 日）。

與康隆報告的提議不謀而合，在當時的環境而言是很大膽的主張；該文還認為「有效控制原則」只是權力政治的產物，應該被美國獨立宣言所揭示的「人民同意」原則所取代，因此處理中國問題的任何方案都必須以民意為依歸，在整個中國還沒有真正自由的選舉之前，美國不能毫無根據地斷定誰可以代表中國。令人感慨的是，這原是國民黨政府堅持其「一中原則」應有的理據，卻由一份被它打壓的政論刊物所說出。

三、1972 年「上海公報」的轉折

（一）美國不支持蔣介石「反攻大陸」

圖 4-2　總統蔣中正陪同美國總統艾森豪同乘禮車離開松山機場
（1960 年 6 月 18 日）

來源：〈領袖照片資料輯集（三十七）〉，《蔣中正總統文物》，國史館藏，數位典藏號：002-050101-00039-002

　　八二三砲戰期間簽訂蔣杜聯合公報之際，美方已表明不願見到蔣介石「反攻大陸」的使命感挑起世界大戰，而蔣介石也以光復、解救的主

要憑藉是主義而不是武力，作為善意的回應。但當 1960 年 6 月美國總統艾森豪訪問台北，並與蔣介石舉行會談時，蔣強調共產黨是一切禍患的根源，而「引發人民起義」是保證共黨垮台的最佳辦法，他的建議是「在特定地點建立武力」，「現在已經是採取行動破壞交通線及組織游擊隊的時候，這些行動將給大陸人民帶來鼓勵。」艾森豪的回應是，回美國後會對他的計畫研究研究。[24]

不但如此，蔣介石在甘迺迪總統任內（John F. Kennedy, 1961-1963）──特別是後兩年，更頻頻要求美國同意他的「反攻大陸」計畫，華府被迫撤掉「對蔣介石心軟」的大使莊萊德，改派海軍上將柯克使華，並授與全權，不容蔣介石再走軍方和情報管道向華府交涉。蔣介石提出的方案是：「大陸情勢已經惡化到一個程度，只要一個相當規模的進擊，當可使起義擴大到華南各地，最後推翻中共政權。」1962 年 3 月 31 日，包括甘迺迪總統、國務卿魯斯克（Dean Rusk）、國家安全顧問彭岱（McGeorge Bundy）以及中情局台北站長克萊恩（Ray S. Cline）參加的白宮會議，對此做了認真的討論，他們認為蔣的計畫不可能成功，但不宜斷然拒絕，美國可以準備兩架 C-123 運輸機在必要時供台灣使用、並在美國訓練中華民國機員，但言明這只是「能力」的準備並不是作戰的決定。當蔣介石高唱反攻大陸之際，中共也在福建一帶進行軍事集結，為免擦槍走火，美國不但請英國對中共傳話，而且利用華沙會議直接把美國立場告訴中共：即美國政府無意支持中華民國政府反攻大陸，而且中華民國政府承諾（依照「共同防禦條約」）未經美國同意不得對大陸進行攻擊。

---

24 王景弘，《採訪歷史：從華府檔案看台灣》（台北：遠流出版社，2000 年），頁 234-243。

圖 4-3　國防部部長蔣經國訪美榮歸（1965 年 10 月 4 日）

來源：〈蔣經國照片資料輯集—民國五十四年至五十五年〉，《蔣經國總統文物》，國史館藏，數位典藏號：005-030205-00001-031

同樣的戲碼，發生在詹森（Lyndon B. Johnson）總統任內，即 1965 年 9 月蔣經國（時任國防部長）訪美時，提出希望美國協助中華民國反攻大西南，在西南五省建立橋頭堡，切斷中共到東南亞的通路，以助美國在越南的戰事。1966 年 1 月 28 日，國務卿魯斯克一封給台北的電報，明白回絕「反攻大西南計畫」，因為該計畫在軍事上不完善，「對大陸的空襲會引發美國與中共的戰爭，美國不準備這樣做。」而且依據既有的情報，不足以證實西南五省人民會「起義」支持中華民國反攻。[25]

25　以上經過詳見王景弘，《採訪歷史：從華府檔案看台灣》，第五章〈甘迺迪粉碎蔣介石的「反攻大陸」夢〉；第六章〈虛幻與務實：中美高層會談春秋〉。

（二）中國代表權問題一消一長

不能忘記參加賽局的還有北京政府。從 1950 年到 1970 年，聯合國的會員國從 59 國增至 127 國，其中支持中共入聯的國家，1950 年代三、四十國，1960 年代四、五十國。[26] 出現逆轉的是 1970 年，127 個會員國之中，支持中共的首次超過反對中共的，即 51：49，但因先前以 66：52 通過「重要問題案」，也就是處理中國代表權問題必須三分之二多數通過，所以中華民國政府得以暫時保住席位。

上述 51：49 的比數，就是針對阿爾巴尼亞領銜的排除「蔣介石代表」，恢復中華人民共和國在聯合國合法代表權的決議案。美國和中華民國這邊是以「重要問題案」做為武器，對抗阿爾巴尼亞案，但 1971 年 3 月 9 日美國國務院主管遠東事務的副助理國務卿布朗（Winthrop G. Brown），來台北與外交部次長楊西崑正式會談時，即認為在下屆聯合國大會中，重要問題案很可能失敗；他指出美國當前的想法是「一個雙重代表權的模式，將是保障中華民國政府地位的最佳辦法。」根據美國方面解密的檔案，國民黨政府官員與美國外交官的談判交涉，與外交部公開的「漢賊不兩立」之類的僵固立場並不相同，檔案顯示國府官員至少願意把「雙重代表權」案當作策略，希望以「納匪不排我」來保住代表權，並希望中共因而不參加聯合國，於是「中華民國」就能繼續獨占聯合國代表權。但是台北政府「彈性、務實」的那一面仍不夠主動、不夠徹底，一涉及讓出安理會席次的問題就拖拖拉拉，以致在 1971 年 9 月 23 日（大約投票前一個月）還勞駕美國國務院對駐外 43 個大使館發出急電，指明**中華民國政府所發表的反對（美國所提雙重代表權案）聲明，「只是應付內部」，事實是要公開反對、但私下促成雙重代表權案的通過。**

---

26 詳細數字列表，見胡為真，《美國對華「一個中國」政策之演變》（台北：臺灣商務印書館，2001 年），頁 35。

　　當 10 月 25 日「決戰」時刻到來，重要問題案投票結果 54：59，
15 票棄權受挫，而阿爾巴尼亞案則以 76：35，17 票棄權獲得通過。在
阿爾巴尼亞案開始表決前，外交部長周書楷向大會宣布「中國代表團決
定不再參加任何聯大的議程」，然後率團魚貫走出聯合國會場。當然，
阿爾巴尼亞案通過的意涵是，聯合國排除一個代表團，而不是排除一個
會員國。[27]

（三）美中關係正常化與聯合國席位問題不可分

　　事後，儘管尼克森政府有些歉疚，由國務卿羅吉斯（William P.
Rogers）於 10 月 26 日發電報給大使馬康衛（Walter P. McConaughy,
Jr.），要他向蔣介石總統轉述：聯合國如此剝奪中華民國在大會的代表
權，是「嚴重錯誤，不義及不切實際的行為」，美國政府深感遺憾。但
是，先前在 1971 年夏天，美國總統國家安全事務助理季辛吉（Henry
A. Kissinger，別稱國家安全顧問）祕密訪問北京，即顯示美國政策的
轉變，其次，在聯大辯論台灣地位之前不久，華府宣布尼克森總統要
在 1972 年訪問中國，美國這種大轉向，當然會影響到聯合國大會的氣
氛，大使布希（George H. W. Bush）在他的回憶錄中就說：「白宮和國
務院把這些新聞視為歷史性的突破，但是，在美國駐聯合國代表團的執
行層次，我們自己對毛澤東政權軟化之際，卻要求中立的國家堅定反對
北京的立場。」意指美國的立場實在矛盾。[28]

　　然而季辛吉不這樣看。根據外交部檔案，1971 年 10 月 29 日下午
外交部長周書楷赴白宮訪晤季辛吉，談話一開始季辛吉就對聯大的表決
結果表示歉意，接著他怪罪於投票日期提早，他說曾要求布希設法拖延
到 11 月 2 日或 3 日，也就是等他從中國回來以後，可以告訴一些游移

---

27 參見王景弘，《採訪歷史：從華府檔案看台灣》第九章〈聯合國：欲留而不可得〉。
28 轉引自王景弘，《採訪歷史：從華府檔案看台灣》，第九章〈聯合國：欲留而不可
　　得〉，頁 193-194。

不定的代表「吾人雖投票支持維持貴國席位，而余仍能赴北平完成任務歸來，足見投票支持美案時不致激怒中共」；「但余絕未料到此次在北平期間，聯大竟就代表權問題進行投票。關於美國與中共間之關係乃一件事，而代表權為另一件事。」總之他認為「此中關鍵現今反省則為余未介入實際戰術之運用」，頗有怪罪布希的意思。[29]

圖 4-4 季辛吉與毛澤東、周恩來在磋商中美關係正常化（維基百科・公有領域）

　　不過季辛吉在這次談話的後段，說出一個重點：「吾人所採取之各項措施均係符合美之全球性戰略，與中共接近亦屬此種作法之一。但將貴國排除於聯合國之外則絕非該戰略之一部分。」既然「與中共接近」是大勢所趨、是必然之事，那麼犧牲中華民國（台灣）是遲早的事，怎能說是兩回事呢？何況，有跡象顯示，1972 年初尼克森訪中的時候，

29「外交部周部長訪晤美國總統助理季辛格談話記錄」（1971 年 10 月 29 日），〈外交部部長周書楷言論〉，《外交部檔案》，中央研究院近史所檔案館藏，檔號：492.3/0007。

為了請求中共幫美國和平解決越戰，已經準備在台灣問題上讓步，以作為交換條件。[30]

（四）「上海公報」解讀

　　學者資中筠研究美中關係的演變，發現 1960 年代美國社會的輿論對中國有一種「緩慢解凍的過程和氣氛的變化」，包括尼克森在（當選總統之前）1967 年的《外交》季刊發表〈越南之後的亞洲〉一文，就說到「從長遠觀點看，我們負擔不起永遠把中國留在各國的（國際的）大家庭之外」，據說引起毛澤東的注意，所以當尼克森上台以後所做的「試探」被認為是認真的，也因而有毛澤東在 1970 年說要和尼克森談話，以及「寄希望於美國人民，寄大的希望於美國人民」的表示。比較起來，中國方面的程序是，「先以毛主席的權威做出了決定，才有輿論的變化，大家再學習、跟上」，「一旦人們知道是毛主席作出的決定，公眾意識倒不難很快轉變」。[31]

　　1972 年 2 月 21 日迄 28 日，美國總統尼克森訪問中國七天，當他一下飛機主動與周恩來握手，宣示「一個時代結束了、另一個時代開始了」。七天之中除了毛澤東和尼克森作禮貌性的會談，實質性的會談由周恩來和尼克森進行——他們在北京會談四次、在杭州會談一次，其間姬鵬飛外長和羅吉斯國務卿也作了五次會談。聯合公報方面美方由季辛吉主談，中方由喬冠華、章文晉具體負責，必要時周恩來才介入。

30 傅建中編著，中時報系國際、大陸中心編譯，《季辛吉祕錄》（台北：時報文化公司，1999 年），附錄四〈奇怪的美中關係史〉，頁 334。

31 資中筠，〈緩慢的解凍：尼克森訪華前十幾年間美國對華輿論的轉變過程〉，收入中國社會科學院科研局組織編選，《資中筠集》（北京：中國社會科學出版社，2002年），頁 70-71。

圖 4-5　1972 年尼克森訪中期間與國務院總理周恩來敬酒（維基百科‧公有領域）

　　其實 1971 年 10 月季辛吉第二次訪中即提出發表公報的問題，中方對他的三千字草稿並不滿意，遂在毛、周的指示之下由熊向暉起草一份風格獨特的公報草案。草案的序言概述尼克森訪華情況，第一部分雙方表明各自對國際情勢和重大問題的原則看法，第二部分是雙方的共同點、共同聲明，第三部分是雙方各自對台灣問題的看法，第四部分是改善雙邊關係的一些建議。美方同意了這種風格。但台灣問題一開始就相持不下，**美國不願與台灣斷交且不願表明何時從台灣全部撤軍，且要強調「應該通過和平談判來實現他們的目標」，中方對此不滿意**，要等到尼克森來訪時再商議。[32]

　　公報第三部分雖然是雙方「各自」對台灣問題的看法，可也不能相

32　梁建增主編，《改變世界歷史的七天》（北京：高等教育出版社，2003 年），頁
　　2-3。根據檔案，季辛吉於 1971 年 7 月首次訪中即與周恩來會談七小時，記錄共
　　46 頁，其中 9 頁談台灣問題，其中季辛吉已承認台灣是中國的一部分，且預期尼
　　克森總統第二個任期會完成與中國建交，同本書，頁 184-185。

距太遠，這個壓力主要落在美方，最後的定稿是：

> 雙方回顧了中美兩國之間長期存在的嚴重爭端。中國方面重申
> 自己的立場：台灣問題是阻礙中美兩國關係正常化的關鍵問
> 題；中華人民共和國政府是中國唯一合法政府；台灣是中國的
> 一個省，早已歸還祖國；解放台灣是中國內政，別國無權干
> 涉；全部美國武裝力量和軍事設施必須從台灣撤走。中國政
> 府堅決反對任何旨在製造「一中一台」、「一個中國、兩個政
> 府」、「兩個中國」、「台灣獨立」和鼓吹「台灣地位未定」的活
> 動。
>
> 美國方面聲明：美國認識到，在台灣海峽兩邊的所有中國人都
> 認為只有一個中國，台灣是中國的一部分。美國政府對這一立
> 場不提出異議。它重申對由中國人自己和平解決台灣問題的關
> 心。考慮到這一前景，它確認從台灣撤出全部美國武裝力量和
> 軍事設施的最終目標。在此期間，它將隨著這個地區緊張局勢
> 的緩和逐步減少它在台灣的武裝力量和軍事設施。[33]

中國重申的立場極為僵硬、霸道，即「台灣是中國的一個省，早
已歸還祖國；解放台灣是中國內政，別國無權干涉；全部美國武裝力量
和軍事設施必須從台灣撤走。」而美國方面對於「只有一個中國，台灣
是中國的一部分」的提法，只說是「在台灣海峽兩邊的所有中國人都認
為……」而不說是美國的立場，美國的立場只是對此不提出異議（The
United States Government does not challenge that position）；事後（3月2
日）國務卿羅吉斯就向駐美大使沈劍虹解釋，**所謂「美國對一個中國立
場並無異議」一節，可解釋為美國迄今未接受此一立場，因為北京與台
北均堅稱只有一個中國**。美國的目的是改善與中共的關係，而不是給予

---

[33] 「中華人民共和國和美利堅合眾國聯合公報（上海公報）」（1972 年 2 月 27 日），收
　　入薛化元編著，《台灣地位關係文書》，頁 150-151。

外交承認。3 月 6 日尼克森總統也親自向沈大使說，「上海公報」不是條約，特別稱台灣是「中國的一部分」而不是「台灣是中國的一省」，即是避免使台灣淪為「從屬於中華人民共和國」的地位，此外，美國一貫立場是台灣問題應該用和平手段解決。[34]

　　公報的措詞十分謹慎，字斟句酌的例子還有其他，倒如撤軍問題是接在「和平解決台灣問題」後面，說「考慮到這一前景，它確認……它將隨著這個地區緊張局勢的緩和逐步減少……」也就是附有條件以及漸進的意思。不過，比起共同防禦條約以及「地位未定論」所顯露的積極性，「上海公報」確實標識著大轉變，[35] 有分水嶺的地位。

圖 4-6　總統蔣中正與美國國務卿羅吉斯之談話留影（1969 年 8 月 2 日）
來源：〈領袖照片資料輯集（一一三）〉，《蔣中正總統文物》，國史館藏，數位典藏號：
002-050101-00115-046

---

34 沈劍虹，《使美八年紀要──沈劍虹回憶錄》（台北：聯經出版社，1982 年），頁
　90-98。
35 它影響了包括日本在內的其他國家與台灣的關係，使中華民國的外交進一步陷入
　困境。

四、「台灣關係法」誕生

(一)1970 年代的風雲變幻

　　「上海公報」發布以後，駐美大使沈劍虹發現公報全文都稱台灣不稱中華民國，就趁著季辛吉回到華府接見他的時候提出質問，季辛吉竟然「扳起面孔說，這沒有什麼特殊的意義，純粹是疏忽所致。」[36] 從邏輯上看，既然該公報揭示的是世界上只有一個中國，台灣是中國的一部分，如果還把台灣稱為中華民國，不就是兩個中國、不就是自相矛盾嗎？沈劍虹是明知故問。

　　繼 1971 年 10 月「蔣介石的代表」被逐出聯合國，1972 年 2 月又有尼、周「上海公報」，最受衝擊的中華民國友邦莫過於日本。戰後日本的外交政策除深受美國左右，更一向堅持所謂「聯合國中心主義」，即「關於國民政府與中共政權間的問題，唯有以聯合國為中心充分審議，並在世界輿論的背景下，找出公平解決的方法。」[37] 既然聯合國的中國席次易手，美國又與中共和解，則 1952 年「日華和約」的基礎不啻瓦解，日本必須改弦更張。

　　1972 年 7 月當選自民黨總裁的田中角榮，上任後即明白表示日本對外關係不再與美國亦步亦趨，今後要發展「多邊自主外交」，他認為日本應與美國、中共保持等距（等邊）三角關係，才能保證遠東和平，加上他具有部分與毛澤東思想趨同的「田中社會主義」思想，更有助於日中建交的進行。[38] 9 月 1 日美日發表聯合聲明，美國支持田中訪問中國，9 月 25 日田中啟程訪中，雙方談判的爭點，首先是中方認為 1952 年的「日華和約」自始無效（因台灣國民黨當局無法代表中國、無權以

---

36 沈劍虹，《使美八年紀要──沈劍虹回憶錄》，頁 85-86。

37 何思慎，《擺盪在兩岸之間：戰後日本對華政策（1945-1997）》（台北：東大圖書公司，1999 年），頁 82。

38 何思慎，《擺盪在兩岸之間：戰後日本對華政策（1945-1997）》，頁 83-84。

中國名義與他國締約），日方則堅持並非自始無效（而是 1972 年以後無效），例如中日之間的戰爭狀態從「日華和約」生效之日起即已結束；其次，中共要求日本承認「台灣是中華人民共和國領土」，但在正式的建交聯合聲明裡，日方僅表明「理解並尊重中國的主張」，而不言「承認」（recognize）。事實上，日本的一中原則從吉田茂以來一直隱含「二中」政策，差別只在於 1972 年 9 月 29 日前日本與台北維持正式關係，以政經分離方式處理與北京的經貿關係；日中建交以後，日本的政府承認移至北京，卻仍與台灣發展密切的經貿關係，只在台北、高雄設立「交流協會」事務所，而台灣在東京、大阪設立「亞東關係協會」。

　　促成時代轉變的因素，包括人為的選擇以及不可抗力的自然因素，人壽有限屬於後者。1975 年 4 月 5 日蔣介石去世，1976 年 1 月周恩來、9 月毛澤東亦相繼去世，中共必須經歷一番權力鬥爭才能整合、延續其對美政策。而 1974 年美國發生「水門事件」，尼克森總統被送入國會彈劾的程序，8 月 9 日在各方的巨大壓力之下終於辭職，由副總統福特（Gerald Ford）繼任。尼克森雖然沒能實現其第二任期內（1976 年以前）完成對中建交的承諾，但「上海公報」奠定的軌道仍然發揮作用，包括美軍從台灣逐漸撤出，美方軍援於 1974 年 6 月終止以後，繼續以軍品採購的方式協助台灣建立相當程度的自衛能力，同年 10 月 18 日國會投票廢除 1955 年（授權美國總統為保衛台澎「及該地區有關陣地和領土的安全」可以使用美國武裝部隊）的「台灣決議案」，以及美國國務院與中華民國駐美大使館的關係日益疏遠等現象。

（二）斷交、廢約、撤軍

　　1976 年 11 月美國民主黨的卡特（Jimmy Carter）當選總統，季辛吉在離職之前特別介紹中共駐華府辦事處主任黃鎮與卡特政府的國務卿范錫（Cyrus Vance）餐敘，席間季辛吉重申美國不會支持「兩個中國」或「一中一台」，黃鎮則一再強調中美建交的三個條件：斷交、廢約、

撤軍。[39]

　　卡特上任不久即以對中關係正常化做為政府的重要目標，並把對中政策交由布里辛斯基（Zbigniew Brzezinski）主管。1977 年春，布里辛斯基建議卡特遵行尼克森對中共的五項保證以便推動建交，其中包括美國認定「只有一個中國，台灣是其中一部分」；且今後絕不再提台灣地位未定；「美國將不支持台灣獨立運動」；「美國離開台灣時將保證不讓日本進來代替美國」。儘管美國方面要求中共明示或暗示不對台動用武力，立刻遭到拒絕，但為了反制蘇聯在非洲、中東勢力的擴張而需要強化對中關係，已漸成為美國政府的共識。中共方面則鑒於蘇聯勢力伸入越南等因素，也有進一步發展對美關係的需要。

圖 4-7　卡特（維基百科・公有領域）

　　1978 年 12 月，關於「中共承諾不對台用武，但美須停止對台軍售」或「美可對台軍售，但中共不承諾和平解決台灣問題」二者之間的抉擇，由鄧小平出面拍板採取後者。12 月 15 日上午 9 時，美國與中華人民共和國發表建交公報，其內涵大致延續「上海公報」的原則，值得注意的是，美國一方面承認（recognize）中華人民共和國政府是中國唯

―――――
39 胡為真，《美國對華「一個中國」政策之演變》，頁 76。

一合法的政府,另一方面則認知(acknowledge)中國的立場「只有一個中國,台灣是中國的一部分」。[40]

「上海公報」刻意迴避的共同防禦條約,此時美國宣布將予終止,依條約規定將於通知一年後失效。而斷交,則是在建交公報發表的七小時以前,即台灣時間半夜兩點令駐華大使安克志(Leonard S. Unger),透過新聞局副局長宋楚瑜(於兩點半)通知蔣經國。接下來就是派遣副國務卿克里斯多福(Warren Christopher)率團來台談判今後雙方關係的安排。1978年12月27日晚間代表團飛抵台北,在松山軍用機場簡單記者會之後,一出機場代表團的車輛即被民眾包圍、受到竹竿木棍襲擊、有人受傷,克里斯多福盛怒之下差一點立刻要返回華府。接下來的三次談判並不順遂,其間蔣經國總統提出五項原則:持續不變、事實基礎、安全保障、妥定法律和政府關係,希作為未來雙方關係的基礎。但華府的助卿郝爾布魯克(Richard Holbrooke)立即約見當時在美的楊西崑次長,堅稱美方絕不可能給予我方傳統的法律承認,他認為我方應立刻同意美方的主張,雙方合設民間機構,以便美方早日提出綜合法案;但此項談判今後將在華府進行,美方將不再派員赴台北。蔣經國原擬派外交部常務次長錢復前往美國主談,竟被美方拒絕,美方認為楊西崑次長在美已經足夠。後來錢復回憶此事時還忿忿地說:「這是我首次經歷到兩國談判時,由對方政府指定我們的談判代表,且不同意對方政府派人協助。」[41]

(三)「台灣關係法」解讀

早在1974年11月26日,美國國務卿兼總統國家安全事務助理季辛吉和中國國務院副總理鄧小平,在北京人民大會堂商談「關係正

---

40 薛化元編著,《台灣地位關係文書》,頁167-170。
41 錢復,《錢復回憶錄》,卷一:外交風雲動(台北:天下遠見出版公司,2005年),頁420。

常化」議題的時候，季辛吉建議「如果我們能在台灣保留連絡處，在北京設立大使館，則對貴我雙方都最為省事。此外，我們會完全依照日本模式。」鄧小平不大以為然，說那還是「一中一台」的變形，「恕難接受」。會談中季辛吉還說了一些不利於台灣的話：「我們不需要台灣。……我們想要用現在這種方式，逐步和台灣脫離關係。」「關係正常化之後，台灣和美國的關係中，任何有關主權的屬性都必須消除。」[42]

　　美國政府一心想與中共建交的急切之情溢於言表，好在美國國會──或曰美國的民主制度具有自我矯正的功能。卡特政府所擬的「綜合法案」在1月26日向國會提出，2月時參眾兩院紛紛舉辦聽證會邀請朝野各方作證（包括來自台灣的彭明敏與陳唐山），[43]經過3月分參眾兩院聯席會議將法案合併，結果眾院於3月28日、參院於3月29日皆以壓倒性多數通過，卡特遂在4月10日簽署從而「台灣關係法」誕生。這項法律最重要的是關切台灣安全：「任何企圖以和平以外的方式決定台灣未來的動作，包括抵制、禁運等方式，都將被視為對西太平洋地區和平與安全的一項威脅，也是美國嚴重關切之事。」其次是關切台灣的人權：「本法中的任何規定，在人權方面都不能與美國的利益相牴觸，特別是有關一千八百萬台灣居民的人權方面。本法特重申維護與提高台灣所有人民的人權，為美國的目標。」[44]此外包括提供足夠的防衛性武器給台灣，也明定在「台灣關係法」。

　　「台灣關係法」的適用範圍僅及於台灣、澎湖群島，與1954年訂定的「共同防禦條約」的適用範圍相同，但本質有極大差異，誠如旅日學

---

42 傅建中編著，《季辛吉秘錄》，頁197-203。所謂的日本模式（Japan Formula）是指維持非官方的實質關係模式，但因美台之間尚有軍售之類的安全問題，實不適用日本模式。參見丘宏達，〈中美關係與所謂「日本模式」〉，《中美關係問題論集》（台北：時報文化出版公司，1979年），頁73-83。

43 時任FAPA會長的陳唐山，出席2月6日參議院的公聽會，彭明敏教授則是出席2月15日的公聽會。詳見戴天昭著，李明峻譯，《台灣國際政治史》（完整版）（台北：前衛出版社，2002年），頁645-646。

44 薛化元編著，《台灣地位關係文書》，頁173。

者戴天昭所敏銳指出的：

> 由於台灣關係法的成立，原本虛構的「中華民國」完全幽靈化，台灣回復其原本應有的狀況。台灣既非中國，亦非中華民國。台灣就是台灣。台灣住民愛好和平，希望成為自由、民主、獨立的主權國家。同時，當此願望實現之日，台灣人的新政權仍將依此條約繼續適用「台灣關係法」。[45]

五、結論

　　1959 年的「康隆報告」係由學者綜合美國官方與民間的意見然後提出建議，至少在東亞問題涉及美中、美台關係的部分有大膽的建議。說「大膽」是就參院外交委員會背書的委託案而言，實則隨著 1950 年代局勢的演變，不但民間輿論有兩個中國或一中一台的意見，美國政府也已經與中共在日內瓦、在華沙進行著大使級的會談，所謂「試探與談判」已經是發生的事實。當然對處於戒嚴統治的、相對封閉的台灣而言，《自立晚報》和《自由中國》只能謹慎地以夾敘夾評的方式，讓台灣人民窺知「康隆報告」的評估與建議；儘管如此，它還是令人震驚的事件。

　　蔣介石屢次要空投小規模武裝部隊到中國去「引發人民起義」的奇想，美國政府艾森豪、甘迺迪都領教過了，站在美國的立場，像這樣以台北為主的一中原則實在難以為繼，終於在性格與能力皆極為特殊的季辛吉與尼克森手上，做了扭轉——轉為以北京為主的一中原則，也就是 1972 年的「上海公報」發揮了分水嶺的作用；過程中「蔣介石的代表」被逐出聯合國，進而在 1970 年代有將近 30 個國家與中華人民共和國建交、與中華民國斷交。

---

45 戴天昭著，李明峻譯，《台灣國際政治史》（完整版），頁 651。

　　如果我們進入歷史的細節,看看 1971 年季辛吉如何和周恩來、和鄧小平談論台灣(是中國的一部分),看看當時尼克森如何準備犧牲台灣以交換越戰的收場,大概就不會有「美屬論」的幻想;另一方面,我們若看到 1971 年美國駐聯合國代表團大使布希的努力,看到「上海公報」公布前夕國務卿羅吉斯和季辛吉的爭吵,[46] 再看到參眾兩院的國會議員制訂「台灣關係法」所發揮的道德勇氣和政治良心,也就不必有「美國霸權只為己利」的單一結論。

　　美國透過「上海公報」定位了中華人民共和國、進行了美中關係正常化,可是如何定位台灣?如何在美中建交之後維持一個不被中共統治的台灣?就是靠「台灣關係法」,「台灣關係法」的設計是先保住現狀,不再一味遷就中國,其關切台灣人權的條文在 1980 年甚至緩解了美麗島事件受刑人被軍法審判的壓力。為何透過國內法可以發揮這種對外的規範關係?為何可以出售武器給某個外國的(敵對的)「一部分」?除了國家力量的展現,長期以來根據國際法原理的「台灣地位未定論」,也是不可忽視的理據。

　　20 世紀下半葉的美國政府、北京政府、與台北(國民黨)政府的三角互動,造成今天的關係架構,我們很慶幸在一些關鍵時刻——例如制訂「台灣關係法」的聽證會上——也有台灣人(陳唐山、彭明敏)的聲音,但畢竟是微弱的聲音。2000-2008 年的台北政府換由「本土政權」執政,可惜還不夠凝聚台灣人的聲音,就給人「麻煩製造者」的印象;或許更深入理解過去五十幾年的台美中關係史,才能不疾不徐找到走出困境的鎖鑰。

---

46 美國代表團離開北京飛往杭州時,羅吉斯國務卿才看到公報草案,立刻向尼克森強烈反應不以為然,於是在杭州加開談判,由於周恩來、喬冠華等緊緊相陪,所以在前往上海之前漏夜做了調整。詳見梁建增主編,《改變世界歷史的七天》,頁 125-127、140-142。

第五章

台灣主體、中國屬島或其他？論葛超智《被出賣的台灣》所揭露的美國對台政策

一、前言

　　2012 年 9 月 13-14 日，國史館舉辦「近代國家的型塑：中華民國建國一百年」國際學術研討會，邀請美國布魯金斯研究所東北亞政策研究中心（Center for East Asia Policy Studies, Brookings Institution）主任卜睿哲（Richard C. Bush）[1] 發表主題演講，題目是〈對中華民國史的一些省思〉。由於卜睿哲對台灣政治的藍綠陣營皆有交往，如何取角比較可以兼顧雙方立場？引人好奇。他在演講中指出，如果不是因為中華人民共和國快速成長並且對涉台議題有清晰目標，台灣內部對於過去歷史的觀點分歧、對中華民國認同的程度不一，原本不是問題，但事實如此，台灣若不同意（面對）這些基本政治問題的存在將使自己處於極度弱勢的位置；卜睿哲接著評論 2012 年國民黨榮譽主席吳伯雄去北京傳達的「一國兩區」論述有兩個爭議點，一是台灣及其附屬島嶼是否歸屬「中國」（姑不論是中華民國或中華人民共和國），二戰之後台灣有歸還「中國」嗎？在這個問題上中華人民共和國和中華民國的觀點一致，認為已

---

[1] 卜睿哲出生於 1947 年，哥倫比亞大學政治學博士，歷任美國國防部、國務院、智庫，關注亞洲國際事務逾 30 年，曾任美國在台協會理事主席（1997-2002），後出任美國智庫布魯金斯研究所東北亞主任。卜睿哲聲稱「台灣可說是我一生事業最重要的中心」，他曾在長期友台的眾議員索拉茲麾下服務九年半（1983-1993），1995 年出任東亞事務國家情報官，2002 年離開公職以後即開始撰寫《台灣的未來》這本書。詳見氏著，〈中文版作者自序〉，《台灣的未來》（台北：遠流出版公司，2010 年），頁 16-17。

經歸還，而民進黨的看法則是並未歸還；另一個爭議是，台灣目前是一個力求進入國際社會並解決兩岸爭端的「主權實體」嗎？在這個問題上中華人民共和國的答案是否定的，而國民黨和民進黨的立場比較一致持肯定態度。

　　卜睿哲的上述分析顯示，台灣政治已經不是戒嚴時代國民黨政府一方面與對岸「漢賊不兩立」、一方面與黨外民主勢力處於敵對防範的樣態，今天的現實是有些議題國、共一致，有些議題國、民一致（從而今日民進黨為了避免兩面作戰，有人開始主張要民共交流）；關於二戰之後台灣有否歸還「中國」的問題，固然應回歸國際法、國際規範的討論，但就現實政治而言，國共兩票對民進黨一票，民進黨實有必要從美國找到支持的一票才能抗衡。

　　美國的立場剛好從上述同一場研討會的另一篇論文〈戰略模糊的起源：1950 年代美國對台海「維持現狀」政策的形成〉，[2] 所引述的美國共和黨政綱（2012 年 8 月 28 日）可知：「基於該島未來必須以和平方式、並透過對話與台灣人民同意來解決的原則，我們反對任何單獨改變台海兩岸現狀的行動。如果中國違反這些原則，美國根據台灣關係法，將會協助台灣自我防衛。」以及美國民主黨政綱（2012 年 9 月 5 日）：「我們持續保持對一個中國、『台灣關係法』，以及合乎台灣人民意願與最大利益來和平解決兩岸問題的承諾。」這樣的描述其實只能說明長期以來（至少是 1958 年第二次台海危機以後）美國政府採取的立場：包括維持現狀（或者說不以武力解決台灣問題、以維持此地區的和平穩定），以及戰略模糊（萬一發生軍事衝突，不明說美國是否會以武力介入），但無法說明此種立場形成「之所以然」。

　　若要追本溯源，可以參考更早以前即 2005 年 11 月 24-25 日同樣由

2　作者張淑雅，中央研究院近代史研究所副研究員，美國賓州州立大學歷史學博士，其博士論文略經修改後出版為《韓戰救臺灣？解讀美國對臺政策》（新北：衛城出版社，2011 年）。

國史館舉辦的學術研討會中，賴怡忠教授[3]所發表〈1971 年以前的美中台三角關係——美國對台政策變遷：由「地位未定」、「兩中」、到「一中」的轉變〉，該文一樣把 1950 年 6 月 25 日韓戰爆發當作台灣地位未定論的由來，而在那之前歷經「台灣與中華民國分開時期」（1943-45）、「放棄台灣時期」（戰後二二八事件以至 1950 年杜魯門總統的「不干涉聲明」）。但筆者認為就 1940 年代美國對華政策而言，這樣把台灣和中華民國分開是不必要的，事實上，1949 年 8 月美國國務院發表《對華政策白皮書》，乃至 1950 年 1 月 12 日艾奇遜國務卿的公開演講列舉美國在西太平洋的一條防線卻有意把台灣除外，所放棄的何止是台灣？當然是連中華民國一起放棄；進一步說，所謂「兩中」、到「一中」的轉變，所指的到底是對中政策還是對台政策？會不會是當時美國根本沒有對台政策、只有對中政策？眾所皆知，1945-1950 年之間美國致力於調停國共紛爭，應該沒有兩中一中的選擇問題，而且當時美國的主流意見認為依照「開羅會議公報」已經把台澎交還中國，理論上台灣只是「地方」從而沒有所謂對台政策。不過，當國民黨在國共內戰的敗象日趨明朗，蔣介石逐漸安排以台灣為退路的時候，美國也積極思考保衛台灣免被赤化的方案。這一切關於戰後台灣命運與中國的關聯問題，恰恰都是葛超智（George H. Kerr, 1911-1992）的著作《被出賣的台灣》（*Formosa Betrayed*）一書所關切、所探討的意旨。由於筆者一方面於 2012 年應本土社團「台灣教授協會」之邀參與重新校註《被出賣的台灣》一書，[4]一方面認為探討戰後初期葛超智所見證的美國對台政策，對

3　賴怡忠（1966 年 -），1999 年獲維吉尼亞理工大學博士，曾任民進黨駐美代表處主任、台北駐日本經濟文化代表處代表室主任、台灣智庫國際部主任、民進黨中國事務部主任及國際事務部副主任。參見〈賴怡忠〉，「維基百科」：https://zh.wikipedia.org/wiki/%E8%B3%B4%E6%80%A1%E5%BF%A0（2012/10/12 點閱）。

4　台灣教授協會（Taiwan Association of University Professors, TAUP），簡稱台教會，1990 年 12 月 9 日創立於台北，創會時期會員八十三人，首任會長為林玉體。是一個由學術界人士組成，不定期舉辦各種座談會、學術研討會，以促進政治民主、學術自由、社會正義、經濟公平、文化提升、環境保護為宗旨的台灣本土社團。

於上述「二戰之後台灣有否歸還中國？」以及後來的台灣是否或如何
「成為一個主權實體？」等爭議，具有追本溯源的作用，以今日發展中
的美中台三角關係為認知背景來回頭檢討葛超智的這本書，仍具有歷久
彌新的時代意義，爰撰寫本文。

  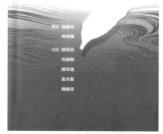

圖 5-1　《被出賣的台灣》封面　　圖 5-2　《被出賣的台灣》（重譯
　　　　（筆者提供）　　　　　　　　　　校註版）封面（筆者提供）

二、葛超智及其《被出賣的台灣》一書對台灣的重要意義

　　葛超智出生於美國賓夕凡尼亞州，二戰之前在日本讀書（1935-
1937），隨後來台北擔任英文教師（1937-1940），1940 年至 1942 年回
美國哥倫比亞大學研究，1942 年初、即珍珠港事變之後他向陸軍、海
軍、國務院「自我推薦」願加入軍職，但只有陸軍邀聘他在華盛頓五
角大廈擔任「台灣專家」的文職工作，時間約在 1942 年初至 1943 年

參見〈台灣教授協會〉，「維基百科」：https://zh.wikipedia.org/wiki/%E5%8F%B0%
E7%81%A3%E6%95%99%E6%8E%88%E5%8D%94%E6%9C%83（2012/10/12 點
閱）。之所以要重新校註《被出賣的台灣》一書，乃因 1960 年代後期至 1970 年代
初期留美的一群台灣青年翻譯該書為中文時，限於專業領域以及參考資料不足而
有一些錯誤或不妥的地方，2012 年參與重新校註的學者包括張炎憲、陳翠蓮、蘇
瑤崇、何義麟、陳儀深等五位，本書於 2014 年 2 月下旬出版。

底。1943 年 12 月 30 日起轉任海軍預備役上尉，當時海軍上將尼米茲（Chester W. Nimitz）曾有占領台灣的所謂「鋪道作戰計畫」（Operation Causeway），葛超智即參與其中的「台灣研究組」，擔任民政手冊主編和該單位主管（officer-in-charge and editor-in-chief of the Handbooks），但是僅僅一年，即 1944 年 11 月因總統羅斯福（Franklin D. Roosevelt）聽從麥克阿瑟的建議優先解放菲律賓，「高級統帥不再將注意力放在台灣了」,[5]「台灣研究組」於是解散；葛超智轉任華府海軍情報處武官，並擔任普林斯頓及哥倫比亞大學內海軍軍政學校的講師與研究員。戰後葛超智以美軍觀察團成員的身分回到台灣，不久即被指派出任美國駐台副領事，有感於國府接收後的弊政，加上 1947 年二二八事件期間親眼目睹鎮壓屠殺，曾經撰寫大量報告呈給南京大使館及華府國務院。由於他批判國府的立場，使他難以繼續在台任職，於是他在 1947 年 4 月 4 日分別向國務院與大使館辭去副領事職務（辭職的理由還包括人身安全遭到恐嚇威脅），但一直到 8 月底才正式完成了辭職手續。[6]

圖 5-3　葛超智（維基百科・公有領域）

5　這是葛超智在《被出賣的台灣》中的措詞。George H. Kerr, *Formosa Betrayed* (1965 printed in Great Britain, second edition published in 1992 by Taiwan Publishing Co.), p. 31.

6　詳見蘇瑤崇，〈沖繩縣公文書館藏葛超智（George H. Kerr）台灣相關資料與其生平〉,《臺灣史研究》，第 18 卷第 3 期（2011 年 9 月），頁 237-241。

　　然而，1950年代葛超智因美國軍方委託，親至沖繩從事田野研究，於1958年出版《沖繩：一個島國的人民及歷史》（*Okinawa: The History of an Island People*），大約此時他亦已寫就《被出賣的台灣》，而於1965年公開出版。葛超智在《被出賣的台灣》自序中說，該書是根據他「參與台灣事情的三十年經驗」，廣泛引用官方資料，台北、東京、上海的報紙以及私人信函，此外也引用聯合國救濟總署官方報告和許多總署人員的信函，就學術而言實屬先驅性的、不可忽視的著作，所以美國加州大學柏克萊分校的教授 Robert A. Scalapino 稱讚說：

> 像葛超智那樣有資格來發表對台灣問題之看法的美國人極少。……他曾在各種危機時住在台灣，並且和台灣人共事，看到他們的一些勝利和許多悲劇。凡讀過本書的人，一定會知道作者對台灣人要求獨立的願望具深切的同情。……要忽略柯先生的提案是不可能的，因為他曾收集了太好的證據。[7]

　　尤其是在那戒嚴封閉的時代，許多台灣青年負笈美國，對於台灣相關的知識與訊息求知若渴，葛超智這本書正好滿足了需求。例如堪薩斯州立大學（Kansas State University）是1960年代美國大學率先發生「台灣學生活躍集結」的先驅校園之一，1966年在那裏擔任同鄉會會長的莊秋雄，就坦承該校圖書館收藏葛超智的 *Formosa Betrayed* 一書，造成他「在思想上很大的衝擊」。[8] 其次，一位荷蘭籍的台灣女婿韋傑理（Gerrit van der Wees），1970年代在西雅圖華盛頓大學攻讀碩、博士學位，同時加入國際特赦組織（Amnesty International）成為會員，且擔任過該校的國際學生會會長，他因結交來自台灣的留學生而開始關心台灣

7　所引葛超智的自序（謝言，Acknowledgments）以及史卡拉匹諾的「前言，Foreword」，俱見 George H. Kerr, *Formosa Betrayed*, ibid.
8　陳儀深訪問，周維朋紀錄，〈莊秋雄先生訪問紀錄〉，收入陳儀深訪問，簡佳慧等紀錄，《海外台獨運動相關人物口述史》（台北：中央研究院近代史研究所，2009年），頁329。

問題，遂到圖書館閱讀相關資料，「像是彭明敏的《自由的滋味》，以及George H. Kerr 的 *Formosa Betrayed*，這兩本書提供很多的資訊，讓我大開眼界，從二二八事件的來龍去脈到台灣的國際地位問題。」[9] 此外，葛超智研究台灣的心得不是只透過出版書的方式傳播，先前已透過單篇論文的形式發表，著名的 3F（Formosans' Free Formosa，即「台灣人的自由台灣」，1956 年 1 月 1 日成立）成員盧主義，1950 年代就到美國求學，他回憶當時曾把圖書館所有有關台灣的書都讀過，他說「其中對我影響最大的是 George H. Kerr 在 *Far Eastern Survey* 中的兩篇文章，一篇寫〈二二八事件的起因與經過〉，另一篇則是〈三月屠殺〉。這是我第一次看到歷史學家不帶任何感情、只做事實分析的文章，……頓時眼界全開。」[10]

　　另一方面，國民黨政府的駐外單位也注意到葛超智該書的出版，1966 年 7 月 15 日「海外對匪鬥爭工作統一指導委員會第二一八次會議」的紀錄就談到：「喬治・卡爾（按即葛超智）於本年初間出版一本《台灣被出賣了》的專書……亟應賡續施以駁斥。」[11] 不久，聖若望大學亞洲研究中心（Institute of Asian Studies, St. John's University）主任薛光前就在保守派季刊《現代》夏季號中評論葛超智該書「充滿謠言」，「是歷史學家霍夫斯特所稱的『偏執狂式』的主要例子」。[12]

　　以下，讓我們先進入該書的歷史敘事。

9　陳儀深訪問，吳佩謙紀錄，〈韋傑理（Gerrit van der Wees）先生訪問紀錄〉，《海外台獨運動相關人物口述史》，頁 510。

10　陳儀深訪問，鄭毓嫻紀錄，〈盧主義先生訪問紀錄〉，《海外台獨運動相關人物口述史》，頁 86。

11　〈偽台灣獨立聯合會〉（1965 年 7 月 -1967 年 1 月），《外交部檔案》，中央研究院近史所檔案館藏，檔號：406/0071。

12　「中央通訊社參考消息」（1966 年 8 月 5 日），〈偽台灣獨立聯合會〉，《外交部檔案》，中央研究院近史所檔案館藏，檔號：406/0071。

三、如何出賣？——《被出賣的台灣》書中的相關敘事 [13]

（一）美軍護送中國部隊進入台灣

（1945 年）10 月 15 日，美國第七艦隊護送兵船進入基隆和高雄港。船上載的是國民政府的部隊第六十二師和第七十師，總數超過一萬二千人。他們心裡非常明白，在台灣島靠近港口的某些地方駐有日本軍隊。

他們根本就拒絕上岸。在基隆港口，中國軍官要求美國先派遣一個先鋒隊進入島內（當然是美國隊），先穿過那峽谷到十八哩外的台北去看看，這個請求把美國人弄得驚訝不已。中國軍官聽說日本的敢死隊還在山中出沒，美國人被弄得沒有辦法，只好把他們罵出船外，強迫他們上岸。在高雄港口，美國人因為急於要清理運輸，不得不威脅要把中國部隊強丟到岸上去，否則那些不情願的船客根本就不敢進入「虎穴」。

這真是不吉利的開始，尤其這些事件都被台灣人看得清清楚楚。一下子之間，消息廣泛地傳開了。傳聞是不會減少的，沿途的台灣人都在譏笑那些踉蹌、毫無紀律而又汙穢的中國部隊。……這些公開的侮辱，日後招致了許多個人的悲劇和殘酷的殺身之禍，因為……中國人的面子是比生命還可貴的。（頁 94，英文原著頁 73、74）

（二）美國政府對 1947 年台灣二二八事件的殘酷鎮壓「保持中立」

3 月 2 日在領事館，我們忙了一早晨，調查美國公民的住處，和聯

---

13 以下的摘錄皆取自葛超智著，陳榮成（等）譯，《被出賣的台灣》（台北：前衛出版社，1991 年）此一版本。經筆者加小標題，並在段落後面註明頁碼。雖然這中譯本有些缺點，但由於此一版本在台灣已甚普及，為便於讀者查考仍予採用，必要時附上原文或以註腳補充；雖然引文詞句皆出自葛著、陳譯該書，但經筆者選擇組合故段落並不連續、且有時加附原文、有時甚至重譯等因素，所以本節「相關敘事」的字體並未採取一般引文使用的楷體，尚請讀者諒察。

合國救濟總署的官員談論緊張的局勢，並且準備向南京的大使館提出書面報告。我們的工作被一個台籍醫生的來到所打斷。這位醫生跟幾個朋友帶來一顆軟鼻子彈（dum-dum bullet）。這顆子彈是前天中午一個路過的巡邏在任意開火時射入他的醫院，剛好打穿在診所架上的一部厚厚的醫學書。他要求領事館向有關當局提出抗議。理由是國際協定上明文禁止使用軟鼻子彈。書本和子彈證實國府軍確曾使用過這種非法武器。

領事館表明了立場，認為這不幸事件是中國兩個集團的內部糾紛，美國沒有理由介入純屬省行政長官和他轄區裡人民間的任何糾葛。[14] 此刻的台灣已是中國的一部分。

既經拒絕受理，他們就把這顆軟鼻子彈拿到聯合國救濟總署辦公處，把這子彈包好附上一紙條，請求將這顆軟鼻子彈送到聯合國去做指控陳儀政權不遵守國際法的明證。（頁 263-264，英文原著頁 264）

我永遠忘不了四位服飾良好的年輕人眼中所流露的無言申訴，這四人曾在 3 月 13 日中午經過我們掛著帶保護色彩的美國國旗的門口，他們的手臂被反綁著，脖子被銳利的鐵絲捆住，四人被繩子連綁在一起，如此被驅向附近基隆河河堤上的刑場。衣衫襤褸的中國兵以刺刀頂著他們前行，當他們看到我吉普車上所掛的美國國旗時，向我致了一個他所能想像的最漂亮的禮。【這段話的原文是：The ragged Nationalist soldier prodding them along at bayonet point saw the American flag on my jeep, and gave me the smartest salute he could manage. 宜譯為：一位衣著襤褸

---

14 根據美國政府檔案，1947 年 3 月 3 日下午台北領事館確有向南京大使館發出電報，說「領事館完全瞭解在目前鬥爭中避免介入任何一方的重要性。基於此項理由，領事館拒絕留下使用達姆彈的證據，而等待大使館之指示。」司徒雷登大使則於 3 月 5 日下午向華府國務卿致電：「大使館已通知布拉克，認可其避免領事館介入電報所述之事及委員會所提議由領事館傳播台北事件之新聞的要求。大使館並指示領事館繼續避免以官方或個人身分介入此內部之困難，並將與領事館的任何類似進一步接觸向大使館報告。」「駐中國大使司徒雷登致國務卿電」，收入王景弘編譯，《第三隻眼睛看二二八——美國外交檔案揭密》（台北：玉山社出版公司，2002 年），頁 47。

的國府兵以刺刀頂著他們前進，這個兵士看到我吉普車上插的美國國旗後，對我敬了一個他所能作到的最漂亮的禮。】[15] 最簡單的說，這就是出賣：台灣人向我們求援，我們卻以武裝和金錢捐助國民黨分子。（頁300，英文原著頁306）

（三）美國國務院對於台灣的政策就是「沒有政策」

　　如果我們要維持美國及聯合國在西太平洋防線上的利益，台灣就必須在友軍的手裡連成這條防線。……為什麼不趁我們在法律上仍有地位時來干涉？為什麼不堅持以聯合國或聯合行政來管理直到中國的內戰停止？如果我們一直要等到簽訂和約規定主權移轉以後，那麼我們將會陷入無可衡量的困難境地。我們必須使蔣介石及國民政府停留在中國大陸，至少不讓他們插足台灣。給與台灣人所追求的暫時性的託管政府（Give the Formosans the temporary trusteeship they seek），然後，必要時讓蔣介石以平民身分避難到該島。用一切可能的辦法，使蔣介石不要像他正要失去大陸一樣地失去台灣。為什麼我們不讓台灣成為聯軍或美國控制之下的一個政策基地，直到戰後的亞洲達到某一程度的政治安定呢？

　　我想，這是我最後一次以半官方的身分提供我個人「帝國主義」者的論點，[16] 遠東司長結束這項談話後送我到門口，有意的評論說，在聯

15　原來的譯文容易被誤以為是那四個年輕人向葛超智的吉普車（美國國旗）敬禮，其實主詞是那一位衣著襤褸的國府兵在敬禮。新的譯文參見 2014 年 2 月下旬由台灣教授協會重新譯校註並出版的《被出賣的台灣》。

16　這是葛超智自我解嘲的用詞，事實上是指美國應如何積極介入的意思，從前後文可知葛超智不會認為這樣介入就是帝國主義的行為。葛超智與遠東司司長的這場談話是 1947 年 5 月 26 日下午五點半開始，而這位司長就是范宣德（John Carter Vincent, 1900-1972）。除了 1947 年 5 月 26 日這一場談話，1948 年 12 月葛超智再度與國務院主管遠東事務部門的白德華「閉門會談」，學者蘇瑤崇因而認為，1948 年下半年至 1949 上半年間，美國政府研議對台政策之際曾受葛超智託管論的影響。參見蘇瑤崇，〈沖繩縣公文書館藏葛超智（George H.Kerr）台灣相關資料與其

合國及華府沒有任何人會對台灣發生興趣。

如果他加上「做為一個殖民地」「做為一個託管地」或者甚至於「在道義上的責任」的話，他還可能比較接近於實際，但是，他正講出國務院的政策，即對於這島「無政策」（But he was voicing the Department's policy of "no-policy"for the island），「不管台灣的事，也沒有台灣的問題存在」。很快的，一個政策指引者就要公開聲明華盛頓認為台灣係「地理上、政治上、戰略上」屬於中國大陸之一部分了。

然而在國務院有些地方正埋伏了一些不安。6月5日（這天馬歇爾計劃正在哈佛召開），我被叫到國務院來準備一份長達一頁的個人觀點，以便在馬歇爾大會中發表。我在想，一個人怎麼可能在陳述一件案件時在基本政策與辯解上做完全相反的論點，一面指出美國可能受攻擊之點，一面又指出無助的台灣人尋求援助？我寫完報告之後，有一感覺，就是國務院中必須有人把這些「帝國主義者」的看法轉呈給馬歇爾將軍，但是在國務院中，沒有一位有經歷的人願意把他自己的名字與帝國主義並列，而我的名字，對馬歇爾將軍或公眾來說，藉藉無名，沒有分量。（頁 319-320，英文原著頁 327、328）

（四）但，美國軍方不同意國務院的「拋蔣棄台」路線

（1948年）12月初，我被祕密地要求提出一些「可配合美國利益」的台灣人領袖。

唯一能提出的是一些保守的台灣人領袖，因為那些於1947年哀求我們援助的人物不是死就是逃了，新一輩的人才出現還須一段時日。可能由於二二八事件及以後我們官員的行為，使台灣人對我們失去了信心。【這段話的原文是：There was only one possible response; the conservative Formosan leaders -- the men who had sought our help in 1947

---

were now dead or in exile. Some time must elapse before a new pattern of leadership emerged. Perhaps we had forfeited Formosan trust by our official behavior during the March crisis and thereafter. 宜譯為：對此我只能有一種回答——1947 年曾尋求我們幫助的，那一批保守的台灣領袖，不是已經死亡就是流亡海外，而新一代領導人的崛起仍需要時間。或許我們政府在三月危機及事後的作為，已令台灣人喪失對我們的信任。】[17]

　　但國務院走向拋蔣棄台路線時，美國軍方領袖堅持著相反的意見。我們無法沈默地忍受共產勢力的逐漸擴張，而將來可資反攻的基地卻逐漸縮小。巴都恩（Hanson Baldwin）代表軍方利益宣稱第七艦隊協防台灣，並保證龐大的軍援團有職權管制美國軍火之援助國府軍。外交委員會參議員亞力山大・史密斯（Alexander Smith）敦促美國迅速接管台灣，並說他的建議得到麥克阿瑟將軍的支持。（頁 370，英文原著頁 381、382）

　　12 月 23 日，美國務卿向國內發布外交政策聲明說：「台灣無論從政治、地理或戰略的觀點上看都是中國的一部分……雖然被日本統治了五十多年，歷史上曾屬於中國所有，政治或軍事上完全是中國的責任。」[18]

　　那天中國駐美大使正式向美提出要求繼續軍援。得到的回答是「不」，但在同一天，美國外交部在燻黑的台北領事館大樓重新設立使節團。駐華大使司徒雷登博士（Dr. Stuart）和他的中國祕書傅涇波（Philip Fugh）留在美國，把他的辦公室留給代理大使去接管。1950 年

17　原來的譯文容易被誤以為，葛超智有提出名單，只不過是一些保守的台灣人領袖名單；但原文的意思似乎是提不出名單，因為所謂保守的台灣人領袖恰是那些1947 年尋求美國幫助的人，不是已經死亡就是流亡海外。新的譯文參見 2014 年 2月下旬由台灣教授協會重新譯校註並出版的《被出賣的台灣》。

18　此段所指的應是〈美國務院對台灣政策備忘錄〉（1949 年 12 月 23 日），後半段的另一種翻譯是：「雖然由日本人統治了 50 年，但在歷史上該島一直是中國的。從政治和軍事角度，嚴格地說，該島純屬中國的內部事務。」梅孜主編，《美台關係重要資料選編（1948.11-1996.4）》（北京：時事出版社，1997 年），頁 66。

1月5日，杜魯門總統正式宣布「放棄」政策，他依照慣例說是為了尊重中國領土的完整性，因台灣已經由「開羅宣言」及「波茨坦宣言」言明歸還中國。（頁373，英文原著頁386）

圖 5-4　總統蔣中正接見美國軍事顧問團團長蔡斯（1951 年 5 月 2 日）
來源：〈領袖照片資料輯集（十四）〉，《蔣中正總統文物》，國史館藏，數位典藏號：002-050101-00016-091

　　1951 年 5 月 1 日，蔡斯（William C. Chase）少將在台北出任操縱全島美國人行動的軍事顧問團團長。該團逐漸擴大，直到顧問及助理人員達數千人之多。這些人員鞏固該島防衛，且準備有朝一日對中國大陸開戰。

　　1952 年艾森豪將軍的競選得勝讓國民政府歡聲雷動。今後共和黨一向的競選諾言——即使僅是其中的一部分——將會實現，而蔣介石從 1950 年以來為討好美國，在台灣所做的內部改革也將不是當務之急了。當艾森豪進入白宮的前夕，《時代》、《生活》及《幸福》雜誌發行人來台訪問，宣稱艾森豪將軍可能不久將終止封鎖國民政府對台海之行動自由，也就是解除台灣中立化。蔡斯將軍在一次大軍事會報時招待記

者，他說：「我不給任何諾言，也不做何預測。但我相信明年事情將會改變。你們大概曉得我的意思。」（頁 390-391，英文原著頁 406、407）

（五）「舊金山對日和約」與台灣地位未定論

我們還記得國務院早時曾堅持中國領土完整必須恢復，台灣必須立即簽約復歸中國。這是 1950 年 4 月 8 日杜魯門邀請杜勒斯擔任國務卿外交政策顧問時的官方立場。隨著來了 6 月危機——朝鮮事變——和總統聲明：「台灣將來地位之決定，需待太平洋安全的恢復，對日和平解決（a peace settlement with Japan），或由聯合國考慮。」9 月 8 日杜勒斯受命交涉對日和平條約，因此，他通過風浪洶湧的外交折衝。這當然是極特殊的表現，因為他激烈的公開聲明和「戰爭邊緣」式的作風似乎全然支持蔣的領土主張，但他的官式行為和隱密的談判卻另有企圖。

不久，他發現有一個方法可制止或抵消那不幸的「領土完整」的約束。首先，他提議日本應僅放棄台灣主權，其後，島嶼之永久地位將由美、英、蘇和中國採共同行動來代表簽字國家決定。設使四強無法在一年內取得協議，問題應交聯合國大會處理。[19]

蔣氏絕不會同意此法，而中共又非聯合國一員，也非受邀參加「舊金山和約」的國家之一。1951 年中，杜勒斯便表示，國民黨政府將不受邀且不簽約，因此，日本在舊金山放棄其對台主權，已將台灣名義轉移給簽約的四十八國，由他們共管，以待聯合國大會作最後的解決。條約在 1952 年生效，而這問題就如此擱下來。（頁 408，英文原著頁 427、428）

---

[19] 這就是 1950 年 10 月 20 日杜勒斯交給顧維鈞的、美國草擬的對日和約七原則的部分內容，顧維鈞問杜勒斯為什麼要向聯合國提出不該歸聯合國管轄的台灣問題？杜勒斯說他無法正式回答這個政策問題，但就他所知，美國凍結台灣問題、「維持現狀」的政策，對國民黨政府有利。詳見王景弘，《強權政治與台灣——從開羅會議到舊金山和約》（台北：玉山社出版公司，2008 年），頁 199。

四、「出賣敘事」的進一步討論

　　眾所周知，二戰大戰後階段（1943 年）美國海軍曾計劃攻占台灣，稱為「鋪道作戰計畫」，但因麥克阿瑟將軍堅持要先解放菲律賓，1944 年 7 月羅斯福總統採納了麥克阿瑟的意見，結果鋪道作戰暫緩，呂宋島、硫磺島、琉球群島的占領被列為優先。何況，還有致命的（fateful）「開羅宣言」，提到台灣澎湖在戰後須「歸還中國」。[20]

　　歷史總是由許多的偶然與必然交織而成，羅斯福總統突然死亡，繼任的杜魯門總統頓時肩負起世界重任。誠如葛超智所指出：日本投降的對象是盟國而不只是中國，台灣原是日本的領土，其管轄權的轉換若沒有和平條約的擬定、同意和簽字，是無法成立的。這麼重要的「技術問題」為什麼被掩蓋？葛超智認為國務院必須負責，因為杜魯門根本不知道台灣、他的國務卿也不清楚台灣的事，國務院裡面那些「中國第一者」（China firsters）似乎不曾努力把台灣問題提到慎重的政策討論階段，因為他們早已決定不應該有台灣問題這一回事。

　　回到葛超智本人，或許因來過台灣教書的情緣，1942 年亦即離開哥倫比亞大學到國防部任職那一年，就開始在 *Far Eastern Survey* 發表有關台灣（和琉球）的文章，包括：

　　1.（1942 年 2 月 23 日）"Formosa: Colonial Laboratory"（福爾摩沙：殖民實驗室），敘述日本在台灣的警政交通教育建設，以及台灣人的處境，認為台灣對日本而言最有用的可能不是軍事基地，而是「支配種族」技術的社會實驗室；[21]

---

20 當然，葛超智對開羅宣言的批評亦不遺餘力，包括：擔心蔣介石可能退出戰場（私下與日本講和），羅斯福總統為了國內政治、為了討好國內的基督教團體而「對中國基督教領導人給予酬賞」，「在國務院裡，沒人提醒總統要去注意因承諾變更領土、移轉成千上萬人民的主權所隱含的危機。」總之，羅斯福、邱吉爾和蔣介石分明是在「熊未死前，就已分割好熊皮」了。葛超智著，陳榮成等譯，《被出賣的台灣》，頁 51-55。

21 George H. Kerr, "Colonial Laboratory," *Far Eastern Survey*, 11:14 (Feb. 23, 1942), pp.

2.（1945 年 4 月 11 日）"Formosa: Island Frontier"（福爾摩沙：邊陲島嶼），比較詳細地敘述台灣早期荷治、清治、日治的歷史，特別是台灣多數住民（葛超智稱作福爾摩沙的中國人 Formosan Chinese）經過外來統治之後的文化樣貌；[22]

3.（1945 年 10 月 10 日）"Chinese Problem in Taiwan"（台灣的中國問題），討論日本人離開以後在台灣遺留的影響，中國政府對於這個得天獨厚的新領土應如何治理；[23]

4.（1947 年 10 月 15 日）"Formosa's Return to China"（福爾摩沙歸還中國），撰寫本篇文章的時間應是二月爆發事件前夕，葛超智批評中國人在台灣的治理貪汙腐敗，台灣已經瀕臨暴動邊緣；[24]

5.（1947 年 11 月 5 日）"The March Massacres"（3 月屠殺），描述 2 月 27 晚上緝菸事件開始的動盪，民間提出 32 條要求，基隆港軍隊登陸之後的屠殺，據可靠的估計在 3 月共有五萬名至七萬名之間的軍隊進入台灣，大約有一萬名台灣人被屠殺。不過文章的結尾仍期待蔣介石徹底改革「唯錢是圖」的國民黨官僚體系以贏回台灣人的心，重建這個島嶼的經濟並且運用台灣人的技術能力而不是將兩者一併摧毀，否則進一步的動亂失序必再發生。[25]

50-55.

[22] George H. Kerr, "Island Frontier," *Far Eastern Survey*, 14:7 (Apr. 11, 1945), pp. 80-85.

[23] George H. Kerr, "Chinese Problem in Taiwan," *Far Eastern Survey*, 14:20 (Oct. 10, 1945), pp. 284-287.

[24] George H. Kerr, "Formosa's Return to China," *Far Eastern Survey*, 16:18 (Oct. 15, 1947), pp. 205-208. 前文談到台灣留學生盧主義在美國大學圖書館讀到 George H. Kerr 的兩篇文章讓他開了眼界，其中一篇〈二二八事件的起因與經過〉經查並無此篇名，應該就是指 "Formosa's Return to China"（福爾摩沙歸還中國）這一篇。

[25] George H. Kerr, "The March Massacres," *Far Eastern Survey*, 16:19 (Nov. 5, 1947), pp. 224-226. 文中所提三月份就有五萬至七萬名國民黨軍隊入台，數字恐有膨脹，根據大溪檔案，國防部參謀總長陳誠於 1947 年 3 月 10 日給蔣介石的簽呈，謂台灣原有兵力外加兩次增援之後，合計兵力是：二十一師全部（五個團）、五個憲兵營、一個特務營。雖然還有「原有空軍地勤人員及要塞守備部隊未列」，但也不能包括在三月入台的數字。參見中央研究院近代史研究所編印，《二二八事件資料選輯

　　以上連續六年的撰寫和發表，很像人類學者或社會學者的「參與觀察法」或「持續觀察法」，也可見葛超智深知「台灣問題」之存在，不像國務院那些「中國第一者」那樣「早已決定不應該有台灣問題這一回事」。不過，葛超智主張的解決問題之道──託管，前後內容也有一些不同。26

　　在開羅會議之前也就是 1942 年 7 月 31 日葛超智即曾撰文〈占領與之後的台灣管理〉，主張在號召台灣人起義幫助盟軍的策略上，聯合國應承諾：（一）在符合聯合國戰略利益下，給予台灣人最大程度的自治；（二）占領應為暫時，在經由一段時間的政治教育過程後，透過公民投票而達到自治或是回歸中國等。27

　　但是當有了「開羅會議公報」、1945 年美國又同意並協助中華民國政府接管台灣，葛超智基本上接受此一現實，即便發生二二八事件之後不久──如前所述他寫〈3 月屠殺〉的時候，仍期待蔣介石政府徹底改革台灣政經以免再起動亂。不過，1958 年葛超智撰寫、1966 年出版 *Formosa Betrayed* 一書的時候，台灣人已經在日本和美國有了各種不同的台獨運動團體，台灣島內也發生過蘇東啟等「台獨叛亂」案（1961年）、28 彭明敏師生「台獨叛亂」案（1964 年），葛超智早已是一介平民

　　（二）》（台北：中央研究院近代史研究所，1992 年），頁 139-140。此外，葛超智文中說「大約有一萬名台灣人被屠殺」，台灣人原文是 Formosan-Chinese men and women 令人費解，觀其前後文顯指 Formosans 即台灣人被殺數字，故逕譯為台灣人。

26 包括託管而後復歸中國，以及託管而後獨立的不同。詳見蘇瑤崇，〈託管論與二二八事件──兼論葛超智（George H. Kerr）先生與二二八事件〉，收入現代學術專刊編輯委員會編輯，《現代學術研究專刊》第六期（台北：財團法人現代學術研究基金會，2001 年），頁 123-164。

27 蘇瑤崇主編，《葛超智先生文集（*Collected Papers by George H. Kerr*）》（台北：台北市二二八紀念館，2000 年），頁 33。

28 蘇東啟（1923-1992），世居雲林縣北港鎮扶朝里。1961 年以他作為「案頭」的台獨叛亂案詳情，見陳儀深，〈台獨叛亂的虛擬與真實：1961 年蘇東啟政治案件研究〉，《臺灣史研究》，第 10 卷第 1 期（2003 年 6 月），頁 141-172。應注意的是，葛超智書中敘述的刑期不確，蘇東啟被判無期徒刑而非死刑，蘇洪月嬌判有期徒

或學者的立場，更能夠站在台灣主體的位置，否定「開羅宣言」的效力，主張台灣應該走向獨立。

再就美國政府的對台政策而言，儘管 1950 年 1 月 5 日杜魯門總統正式宣布的「放棄」政策，說是尊重中國領土的完整性，台灣已經歸還中國，一般認為半年後改稱台灣地位未定，完全是因為韓戰爆發的緣故，但是已有研究指出，杜魯門總統發表聲明之際，根據參謀首長聯席會議（Joint Chiefs of Staff）主席的建議臨時做了重要的文字改動，就是在「美國無意在台灣獲取特別權利或特權、或建立軍事基地」前面加上「目前」（at this time）兩個字，意思是將來可不然？而且在「美國亦不擬使用武裝部隊干預其現在的局勢或使台灣脫離中國」句子中刪去「或使台灣脫離中國」，意思是保留將來用武力使台灣脫離中國的可能性？[29] 可見，政策的發展常是夾纏的，不宜用時間序列作「一刀切」的理解。

五、討論與結語

美國布魯金斯研究所東北亞政策研究中心與台灣人公共事務協會（Formosan Association for Public Affairs），2007 年 2 月 22 日在美國華府舉辦一場「台灣二二八事件：1947 年 2 月 28 日的政治意涵」的討論會，邀請歷史學者 Steven Phillips、前總統府資政彭明敏以及卜睿哲等三位講者發表。其中卜睿哲發表的正是〈《被出賣的台灣》的作者──葛超智的角色〉（The Role of George H. Kerr, Author of *Formosa Betrayed*），卜睿哲認為葛超智撰寫本書是以參與式觀察者的身分，同情「多數台灣人」的立場，進行感性論辯的報導、譴責國民黨政權

刑兩年而不是無期徒刑。

29 蘇格，《美國對華政策與台灣問題》（北京：世界知識出版社，1998 年），頁 134-135，「不介入聲明的伏筆」。

的種種罪行，也許我們應該把他放在美國的「揭發醜聞的新聞報導」（muckraker journalism）的傳統來看；卜睿哲質疑葛超智在 1958 年或 1966 年撰寫、出版此書時距離 1947 年都已十幾年之久，無法保證記憶與真實不會產生偏離，他進一步對照葛超智在書中所述與 1947 年所寫的電文或報告，發現他沒有把台灣人事變當時擁有武裝對抗國軍、包括當處理委員會與政府當局談判破裂時由「惡棍」組成的一幫人將要轉入地下製造麻煩等事實寫入書中，卜睿哲歸納地說，雖然葛超智主要是根據事實材料而不是根據消逝中的記憶來寫書，但是有他（如上述）故意不用力打（pull his punches）的部分。

其次，卜睿哲最在乎的是葛超智藉著軟鼻彈事件指控美國政府在二二八事件中袖手旁觀且原因是「台灣已是中國的」（This was China now）。卜睿哲認為任何美國駐外大使或領事的首要責任都是照顧本國公民在當地的安全，也因此打交道的對象主要是當地政府（established authorities）；同時，領事館也不應成為身處危境之當地居民的避難天堂，所以當一些大陸人躲入美國領事館的時候，領事布雷克（Ralph Blake）迅速把他們移走，葛超智並沒有（公平地）把這件事寫進去。要之，布雷克必須嚴格遵守南京大使館給的訓令「不介入」（non-intervention）。最後，卜睿哲指出駐台北領事館曾在 3 月 3 日向南京大使館大膽建議「……唯一實際的解決辦法是美國自己立即介入，或代表聯合國介入，以阻止政府軍隊一旦在台北被放縱的屠殺之災難……」，[30] 領事館如此重要的建議，葛超智不應忘記——難道他故意忘記以免與他的論述（一切都是 "This was China now" 的美國政策使然）相矛盾？

筆者認為，純就二二八事件期間而言，情勢突然而混亂，台北的美國領事館只有三人編制又必須受南京大使館節制，或許已經負責盡分，

---

[30] 經查確有此份 3 月 3 日台北發出的電報，〈駐中國大使司徒雷登致國務卿電（468號）〉（1947 年 3 月 6 日下午七時於南京），王景弘編譯，《第三隻眼睛看二二八——美國外交檔案揭密》，頁 53-54。

但是葛超智撰《被出賣的台灣》一書是從太平洋戰爭說起，請問是誰允許國民黨政府接管台灣？是誰幫助運送國民黨軍隊進入台灣？退一步說，儘管 1947 年 3 月 3 日美國駐台北領事館曾經發出那一封大膽建議的電報且已轉達國務卿，但其結果華府也沒有甚麼回響，所以卜睿哲上述滔滔雄辯對葛超智的批評，並不是那麼有效。況且，廣義的美國政府當然包括軍方，而《被出賣的台灣》一書已經寫到 1949 年軍方對於國務院的「拋蔣棄台」路線持著相反的意見，亦即把美國政府決策的複雜性有所交代。事實上麥克阿瑟在韓戰之前就一直鼓吹「務必防衛台灣以免落入敵對國家之手」，麥帥還曾經從政治的角度說：「戰爭期間盟國承諾在戰後把台灣交給中國的政治情勢，與現在已經完全不同。在道義上，美國應該給予台灣人民在不受共產警察國家桎梏的環境下，發展自己政治前途的機會。」[31]

不過，國務院也不是——如《被出賣的台灣》一書所一再譴責的——對台灣問題「無感」，或一直被「中國第一主義者」和基督教團體所挾持。上一段麥帥關懷台灣的言論是在中國赤化以後提出，然而觀乎下列 1949 年的美國若干外交關係檔案，可以感知美國國務院對情勢的充分掌握以及決策過程的多面性：

1.（代理國務卿致杜魯門總統之備忘錄，1949 年 1 月 14 日）鑑於參謀首長聯席會議「利用政治與經濟手段避免福爾摩沙被赤化」的結論，國務院已經準備了相關的報告，目前正在國安會審議。要注意，美軍軍事補給現在被撤移至福爾摩沙，中國空軍與海軍也正在島上建立總部，再加上重要中國官員的家屬與財產也撤離至福爾摩沙，這一切都顯示中國政府在建設福爾摩沙，作為撤離大陸後的堡壘。……國務院充分瞭解到，美國可能有必要在某個階段採取軍事行動，來確保福爾摩沙不會被赤化。不過國務院強烈主張，為了福爾摩沙內部以及國際的政治理由，美國應該極力避免粗糙的單方面介入。介入的時候也還沒到。目前

31 王景弘，《強權政治與台灣—從開羅會議到舊金山和約》，頁 190-191。

仍有可能在當地扶持一個非共產的中國政府，由它成功地阻絕共產黨。

2.（有關美國對福爾摩沙立場之國安會草擬報告，1949 年 1 月 19 日）目前福爾摩沙與澎湖的法理地位是：它們是日本帝國的一部分，有待和平條約做最後的處置。美國立場遵循由英、美、中三國元首所作之開羅公告，自日本投降日開始即推動並承認中國對這些島嶼的實際控制。……福爾摩沙人反日也反中國，希望在美國或聯合國的保護之下獨立。但是本土福爾摩沙人缺乏政治經驗，沒有組織，也沒有很強的領導。……中國則在 1947 年的福爾摩沙人起義失敗中摧毀了大部分的領導人才。目前所知，島上至少有一個素質頗值懷疑的小型台獨團體。香港與大陸的福爾摩沙難民強力發聲，但是規模太小，無法獨力在福爾摩沙組織成功的革命。

3.（國務卿於國安會第 35 次會議有關福爾摩沙議題之發言，1949 年 3 月 3 日）……在嘗試將福爾摩沙與大陸切割之際，我們面對了遍及大陸的「收復國土」主義所可能造成的威脅。在滿州及新疆，蘇聯的行為挑起了「收復國土」議題，……我們最急切要避免的，就是自己也去挑起同樣的議題。我們不能公然顯示對福爾摩沙的興趣，……如果我們想在福爾摩沙成功執行目前的政策，想讓福爾摩沙脫離大陸掌控，我們必須小心隱藏這個願望，這是相當重要的一點。[32]

所謂政策多面性的另一種意涵就是矛盾性，就是同一段時間內存在著切割或連結、放棄或掌握的兩種意見。換言之，觀察美國對台與對中政策的演變，不能只注意到韓戰，或是 1949 年 8 月發表的《白皮書》（美國與中國之關係）和 1950 年 1 月 5 日的杜魯門總統聲明，事實上國務院在此前後一直在評估「將福爾摩沙與大陸切割」的必要性和可能

---

32 以上三段資料，皆摘自 "Policy of the United States Toward Formosa (Taiwan): Concern of the United States Regarding Possible Conquest by Chinese Communists," in Prescott Francis C. and others ed., *Foreign Relations of the United States, The Far East: China, 1949, Volume IX.* Washington, DC: Unites States Government Printing Office, 1974, pp. 261-471.

性。令人感慨的是，台灣人在那時代鉅變、命運交關的當口，果真「缺乏政治經驗，沒有組織，也沒有很強的領導」嗎？若然，在乎主體性的台灣人與其追究台灣何時、如何被出賣，不如隨時檢討自己的條件，努力提升自己的品質。

　　總之，美國政府在二戰後的幾年確實遵循「開羅會議公報」承認台灣為中國屬島，且幫助中華民國接收管理台澎，甚至在二二八事件期間沒有對台灣人伸出援手，從而被葛超智批評為出賣（或背叛，betrayed）；葛超智從國際上處理殖民地歸屬的常理常規認為台灣地位未定，應經託管，表面上沒有被美國政府接受，但是至少軍方在 1949 年並不同意國務院的「拋蔣棄台路線」；1950 年韓戰爆發以後杜魯門總統明白揭櫫台灣地位未定論，不再認為台灣是中國屬島，顯然他們對台灣法理地位的認知前後並不一致。從美國外交檔案可知，美國政府對部分台灣人追求獨立（台灣主體）的願望並非不知，但此時蔣介石領導的中華民國政府已進駐且有效控制台灣，美國選擇的平衡做法是——透過「舊金山對日和約」等作為，一方面不承認台灣是中國屬島，也聲明美國對它沒有領土野心，但另一方面順水推舟扶助蔣介石重新開始，同時開啟了 20 世紀下半葉台灣與中華民國命運交疊，與中華人民共和國互不隸屬的歲月。

第六章
從彭案的救援看美國對台獨選項的態度

一、前言

　　台灣與中華民國發生「命運交疊」，緣起於二戰末期即 1945 年日本戰敗，進一步確定於 1949 年國民黨在內戰中失敗、從而將政府遷來台灣。其間美國政府對台灣地位問題頗有矛盾掙扎，從葛超智《被出賣的台灣》一書可見一斑——即一方面在現實上遵循開羅會議公報、承認台灣為中國屬島，一方面從理論上認為戰後殖民地歸屬應經託管等程序、至少在對日和約簽訂以前地位未定，於是，一旦發生二二八事件這樣的悲劇，美國的袖手旁觀就牽涉是否「出賣」的道德問題。[1]

　　美國雖然對 1947 年的二二八事件袖手旁觀，但是當 1949 年中國局勢鉅變，蔣介石積極布局遷台，就很引起美國注目。當時美國代理國務卿羅威特（Robert A. Lovett, 1895-1986）致杜魯門總統的一份備忘錄說：「美軍軍事補給現在被撤移至福爾摩沙，中國空軍與海軍也正在島上建立總部，再加上重要中國官員的家屬與財產也撤離至福爾摩沙，作為撤離大陸後的堡壘。……美國國務院充分瞭解到，美國可能有必要在某個階段採取軍事行動，來確保福爾摩沙不會被赤化。……目前仍有可能在當地扶持一個非共產的中國政府，由它成功地阻絕共產黨。」[2] 事實

1　詳見陳儀深，〈台灣主體、中國屬島、或其他？——論葛超智《被出賣的台灣》所揭露的美國對台政策〉，《中央研究院近代史研究所集刊》，第 83 期（2014 年 3 月），頁 133-156。

2　「代理國務卿致杜魯門總統之備忘錄：青島的美軍；福爾摩沙問題」（1949 年 1 月

上包括 1948 年 12 月開始將故宮文物、外交部檔案用軍艦運往台灣，[3] 這種大規模的舉措，都可能為美國方面所知悉、或默許。換言之，美國是從「阻絕共產黨」的角度眼看著（或默許著）國民黨政府進一步遷移、占領台灣，無暇顧及戰後台灣地位的歸屬問題。

　　1949 年美國的對台政策主要是「以政治及經濟手段阻止共產黨占據福爾摩沙」，但是「美國無意動用自己的武裝部隊去防衛此島」，「中國人當局」必須採取有效措施去維護台灣內部與外部的安全；[4]當參謀首長聯席會議於 12 月 23 日向國安會提出的備忘錄說到「在不動用大規模軍隊情況下，於台灣所可能採取的軍事行動，藉以佐助美國已在當地進行之政治、經濟、及心理措施」，立刻引起國務卿的關切，把幾位將領找來談話，讓他們知道國務院的政治考量，而將領們也承認參謀首長聯席會議的觀點是「純屬軍事」。然而，麥克阿瑟將軍在 1950 年 6 月 14 日即韓戰爆發前夕，所提出的備忘錄仍然力挺參謀首長聯席會議的觀點，說他「全然贊成參謀首長聯席會議在 1949 年 12 月 23 日所做的建議：遠東地區總司令應立即著手調查，福爾摩沙有效抵抗攻擊所需的軍事援助之內容及規模。」麥克阿瑟在同一份備忘錄中，說了一段攸關台灣命運的重要論點：

> 雖然福爾摩沙為了二次大戰而被承諾給中國，但是當時作此承諾的政治局勢，與現今狀況全然不同。從道義角度來看，有充分的理由提供台灣人機會，在不受制於共產警察國家獨裁的氛圍之下，發展自己的未來。[5]

---

14 日），收入雲程編，Taimocracy 譯，《福爾摩沙‧1949》（台北：憬藝公司，2014 年），頁 75-76。

3　林桶法，《1949 大撤退》（台北：聯經出版社，2009 年），頁 237-251。

4　「國務卿致台北總領事 Macdonald 之電報」（1949 年 11 月 18 日），收入雲程編，Taimocracy 譯，《福爾摩沙‧1949》，頁 306-308。

5　"Memorandum on Formosa, by General of the Army Douglas MacArthur, Commander in Chief, Far East, and Supreme Commander, Allied Powers, Japan" (June 14, 1950),

　　接下來就是韓戰爆發、1950 年 6 月 27 日杜魯門總統宣告第七艦隊協防台灣海峽，以及杜勒斯奔走協調舊金山對日和約，從而穩定了中華民國政府在台灣逾半個世紀的局面。但是細讀上述麥克阿瑟的話語，可知美軍介入台海的目的，道義上是要讓台灣人免受共產統治、有發展自己未來的機會，方法上則否定開羅會議公報、波茨坦宣言的「歸還中國」，沒說出來的現實就是把中華民國政府（中國國民黨政權）和台灣人民「送作堆」；至於與中國切開的這個台灣的中華民國，是不是另一個「警察國家」？是否可能扶持一個台灣人政權？[6]都暫時無法顧及，檔案顯示美國政府只在若干時節考慮以孫立人、吳國楨等等替換蔣介石的可能性。

　　站在台灣人的觀點，豈能把上述「送作堆」的大國行為視為理所當然？1964 年台大教授彭明敏和他的學生謝聰敏、魏廷朝，所草擬（並準備發表）的「自救宣言」，終於在國民黨政府遷台 14 年後第一次在島內——根據民主自由的說理——系統性地否定了國民黨／中華民國政府在台灣的合法性、正當性，但隨即遭到國民黨政府的逮捕、監禁。這時支撐中華民國存在的最大力量——美國方面是否表達關切？這種關切只是從言論自由、人權的角度，或是包含對台獨主張有所同情？表面的話

Foreign Relations of the United States, 1950, Korea, Volume VII, pp. 161-165.

6　1950 年 8 月 5 日美國政府的國安會文件 NSC 37/6，曾經談到 NSC37/2 與 NSC37/5 設定的主要目標是「阻絕共產黨赤化台澎」，為達此目標必須（1）發展並支持當地非共產中國人的政權，可以提供至少像樣的治理；（2）阻止大陸中國移民進入；（3）與可能成為本土領袖的福爾摩沙人士，謹慎地保持聯繫，以便在日後合乎美國利益時，可以利用福爾摩沙的自治運動。此外，NSC 37/6 還要求參謀首長聯席會議「重新審視」（1949 年 2 月以來的）福爾摩沙政策，並考慮一旦出動美軍佔領時可能遭遇的狀況：（a）軍事占領初期遭遇中國國民黨軍隊抵抗，或占領後受到中國共產黨攻擊；（b）與島上現存當局簽署協定進行佔領，美方已不嚴明的方式擔起內部安全與外部防衛的責任。筆者認為以上的政策立場顯示，美國的主要目的是維持一個有效統治的非共的台灣，至於它是一個「非共產中國人」或是「福爾摩沙人」政權，是次要的事。參見「國務院致國安會執行秘書 Souers 之備忘錄：美國當前對福爾摩沙之立場」（國安會於 1949 年 8 月 5 日將此備忘編號為 NSC 37/6），雲程編，Taimocracy 譯，《福爾摩沙．1949》，頁 221-229。

語和內心的想法是否一致？這是本章所要討論的重點。

二、1964 年彭案發生以後的救援

（一）宣言誕生

　　彭明敏，1923 年出生於台中大甲，日本京都第三高等學校畢業，考進東京帝國大學，1945 年在長崎遭飛機空襲致左臂「從肩膀炸斷」，遂肄業返台，1948 年於台大政治系畢業，隨後赴加拿大麥基爾大學及法國巴黎大學取得碩士、博士學位，學成後任教台大，1961 年 8 月甫被任命為台大政治系主任，即被派為聯合國大會中國代表團顧問，是代表團中唯一的台灣人。

圖 6-1　彭明敏任教時照片（維基百科・公有領域）

　　彭明敏雖然出生於基督長老教會的家庭，也經歷二二八事件的「恐怖和憤怒」，但直到年近四十而獲選為十大傑出青年的時候，「仍然自認是超然、非政治性的純學者」，根據彭明敏回憶錄，1961 年（上述）的雙重任命等於逼迫他面臨抉擇：「當官方對我愈表示信任時，正是我心

裡對於整個政局的疑慮愈加深時。」[7]

　　聯合國代表團顧問的新職發表以後，彭明敏不但受到外交部長沈昌煥召見，也曾到國民黨中央黨部與祕書長唐縱見面，唐縱單刀直入地要求彭調查在美國的台獨運動，另一位特務主腦張炎元也要他運用影響力說服美國的台灣人放棄台獨運動，此時彭明敏才警覺到「國民黨想利用我」。[8] 但此時還不得不遷就。彭明敏在 1961 年 12 月返國以後，「應正本專案小組」果然在翌年 2 月 2 日約請他來報告，留下一份「彭明敏教授報告留美台籍學生情況摘要」的檔案（同時註明「本件未經彭教授校閱僅供參考」），觀乎其中的建議，甚為平常，例如「擬回國觀光者應予歡迎並可保證其安全與其在台之言論行動自由」，「多寄國內宣傳書刊使他們瞭解台灣進步實況，但此類書刊之水準應予注意以免收到反效果。」[9]

　　彭明敏去聯合國擔任顧問工作回來，聲譽日隆，他的住宅「總是擁擠著台大和其他學校的學生」，有時候「市議員和地方政治人物也來加入我們的談話」。談論政治總不免價值立場的選擇，這時彭明敏覺得「給人為國民黨支持者的印象是很尷尬的事」。來談政治的年輕人中有兩位台大法學院畢業的學生──謝聰敏[10]和魏廷朝，[11]總是能把台灣內外情

7　彭明敏，《自由的滋味──彭明敏回憶錄》（台北：彭明敏文教基金會出版，1995年），頁 115。

8　彭明敏，《自由的滋味──彭明敏回憶錄》，頁 116-117。

9　「檢附彭明敏教授報告留美台籍學生情況摘要乙種」，〈台灣獨立運動（十七）：應正本小組〉，《外交部檔案》，檔案管理局藏，檔號：A303000000B/0050/006.3/018/1/037。這份文件由「唐海澄」於 2 月 20 日分送外交部、教育部、僑委會、安全局暨第三、四、六組等單位主管。

10　謝聰敏，1934 年出生於彰化，台大法律系、政大政治所畢業，1964 年參與起草自救宣言被捕，判 10 年徒刑，後因減刑 5 年於 1969 年出獄，一年多又被羅織爆炸案入獄，1976 年出獄。1979 年赴美之後，曾協助許信良辦《美麗島周報》，1989年返台之後曾擔任兩屆立法委員。生平思想詳見張炎憲等訪問，《台灣自救宣言：謝聰敏先生訪談錄》（台北：國史館，2008 年）。

11　魏廷朝，1936 年出生於桃園，台大法律系畢業，1964 年因自救宣言案被判 8 年徒刑，後因減刑 4 年於 1968 年出獄，1971 年與謝聰敏、李敖等三人同被羅織爆炸

勢分析得很清楚，而且能產生「為解決問題而進一步行動」的驅力，他們師生為了使他人分享他們的討論，「為大家界定那些問題」，乃決定整理成文字定稿，1964 年〈台灣人民自救運動宣言〉於焉誕生。[12]

（二）被捕之初的書信救援

彭、謝、魏三人在 1964 年 9 月 24 日（中秋節）[13] 的晚上，才剛剛從印刷廠把印好的一萬份〈自救宣言〉搬到承德路的金海旅社，分裝兩大皮箱之後運至衡陽路 58 號許惠美家置放，然後回到金海旅社休息及整理鉛版時，被七、八名便衣人員持槍逮捕。國民黨政府只在一個月後（10 月 24 日）簡單發布新聞，並且拖延到 1965 年 4 月 7 日公開審判，其間除了疲勞偵訊，還有蔣經國安排的專家學者——如薩孟武、王昇、何浩若等等——前來「再

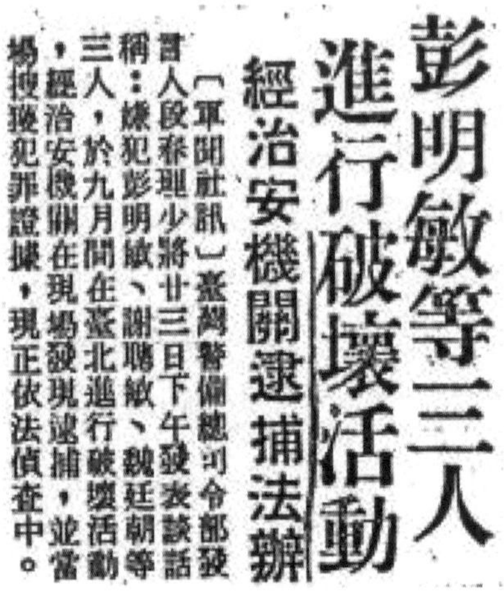
彭明敏等三人
進行破壞活動
經治安機關逮捕法辦

〔軍聞社訊〕臺灣警備總司令部發言人段春理少將廿三日下午發表談話稱：嫌犯彭明敏、謝聰敏、魏廷朝等三人，於九月間在臺北進行破壞活動，經治安機關在現場發現逮捕，並當場搜獲犯罪證據，現正依法偵查中。

圖 6-2　1964 年 9 月 20 日逮捕行動之後，1964 年 10 月 24 日消息始見於《中央日報》（筆者提供）

案，判 12 年徒刑，1976 年出獄；1979 年美麗島事件發生因擔任雜誌執行編輯又被判刑 6 年，加上原減刑部分實際坐牢 7 年 6 個月，1987 年 5 月出獄。詳見魏廷昱等編，《顛覆朝廷的魏廷朝》（桃園：朝陽雜誌社，2001 年）。

12 本節所引用的描述來自彭明敏，《自由的滋味——彭明敏回憶錄》，不另註。又，〈台灣人民自救運動宣言〉或〈台灣自救宣言〉，在彭書中皆有使用，警總判決書則稱〈台灣自救運動宣言〉，本文有時簡稱〈自救宣言〉。

13 9 月 24 日的說法是根據彭明敏，《自由的滋味——彭明敏回憶錄》，頁 146、168。不過依照外交部檔案，提供給駐美大使蔣廷黻個人參考的「案情概要」，係 9 月 14 日開始付押金排版、9 月 20 日下午四時，台北警察局第九分局根據密報，至承德路金海旅社當場查獲所印宣傳品鉛版一具，並捕獲彭謝魏三人歸案。見〈彭明敏等被捕案〉第一冊（1964-1965），《外交部檔案》，中央研究院近史所檔案館藏，檔號：406/0096。

教育」，[14]彭明敏和這些人以及檢察官、偵訊人不斷談話得到的印象是：

> 他們似乎無法了解像我這樣有良好地位，又常受優惠的人，為
> 什麼竟然變得這麼不滿現狀。在他們的世界裡，一切關係基於
> 個人的忠誠或仇恨，並無餘地允許個人奉獻於抽象的理想，如
> 民主或人權。他們也非常關切國際的，尤其美國的輿論。

這段話顯示一個台灣知識分子對國民黨統治階層心態的敏銳分析，以及雙方的落差。另方面，美國社會——特別是美國學術界——也相當關心台灣的民主與人權。以下，筆者先就檔案中看到的救援書信，整理成表格來呈現：

救援彭明敏相關書信來往 [15]

編號	信件日期	寄件人	收件人
1	1964/10/30	黃有仁（黃昭堂，Ng, Yuzin）台灣青年會委員長（Chairman, The Formosan Association）（寄自日本）	魯斯克（David Dean Rusk，國務卿）
2	1964/11/02	易勞逸（Lloyd E. Eastman）康乃迪克學院副教授（Assistant Professor of History, Connecticut College）	威廉・彭迪（William Bundy，助理國務卿）（11/18 回信）
3	1964/11/10	羅茲・墨菲（Rhoads Murphey）密西根大學《亞洲研究期刊》編輯（Editor, *The Journal of Asian Studies*, The University of Michigan）	(1) 華爾特 W. 羅斯鐸（Walt W. Rostow, 政策設計委員會主席）(2) 威廉・彭迪（William Bundy）（12/16 由 Bundy 回信）

---

14 彭明敏，《自由的滋味——彭明敏回憶錄》，頁 184-191。此外，根據美國國務院東亞司官員班奈特（Josiah W. Bennett）從 CIA 得到的情報向助理國務卿葛林（Marshall Green）提出一份題為「蔣經國對彭明敏案的評論」的備忘錄，也說到：「只將彭判刑是不夠的，中華民國政府必須了解像彭這種人的動機，才可能採取明智的行動以捍衛台灣的安全。」為此，蔣經國乃要求五位教授去和彭明敏面談。以上美國檔案描述和彭的自述相當吻合。From Josiah W. Bennett to Mr. Green, "Chiang Ching-kuo's Comments on the Peng Ming-min Case," Memorandum (Dec.18, 1964), *Political Affairs, Pol. 29, Political Prisoners*, The National Archives, USA.

15 書信收藏於美國華府國家檔案局，即 *Political Affairs, Pol. 29, Political Prisoners*, National Archives.

4	1964/11/11	艾爾伯特·費爾沃克（Albert Feuerwerker）密西根大學歷史系教授暨中國研究中心主任（Professor of History, Director, Center for Chinese Studies, The University of Michigan）	威廉·彭迪（William Bundy）（12/14 回信）
5	1964/11/11	亞歷山大·艾克斯坦（Alexander Eckstein）密西根大學經濟系教授（Professor, Department of Economics, The University of Michigan）	(1) 華爾特 W. 羅斯鐸（Walt W. Rostow）(2) 威廉·彭迪（William Bundy）（12/15 由 Bundy 回信）
6	1964/11/14	孔飛力（Philip Kuhn）芝加哥大學歷史系中國史助理教授（Assistant Professor of Chinese History, Department of History, The University of Chicago）	威廉·彭迪（William Bundy）（12/1 ？ 回信）
7	1964/11/16	L. 卡林頓·古德理奇（L. Carrington Goodrich）紐約哥倫比亞大學東亞研究系暨丁龍漢學講座榮譽教授（Dean Lung Professor Emeritus of Chinese, Department of Chinese and Japanese, Columbia University in the City of New York）	華爾特 W. 羅斯鐸（Walt W. Rostow）

【助理南風、志晟製表】

　　另有三封 Bundy 分別在 12 月？日、16 日、19 日的回信，但檔案中看不到來信。這三封信是回給：

1. 費正清（John K. Fairbank），哈佛大學東亞研究中心（East Asian Research Center, Harvard University）。
2. 諾頓金斯伯格（Norton Ginsburg），芝加哥大學副院長暨地理系教授（Associate Dean of the College and Professor of Geography, University of Chicago）。
3. J. J. 高（J. J. Gow），加拿大麥基爾大學國際航空及太空法研究所行政祕書（Administrative Secretary, Institute of Air and Space Law, McGill University, Canada）。

　　之所以收信人集中於彭迪和羅斯鐸，實因哈佛大學教授費正清的呼籲使然，費正清在 1964 年 10 月 29 日以通函致美國學術界人士，並於 11 月 12 日投書《紐約時報》，指出美國學術界派遣學生來台深造，並辦理甚多雙方學術研究交換，倘中華民國學術機構竟遭受治安機關之威脅與破壞，則美國之學術投資與興趣均將直接遭受影響；費氏同時呼籲接到其函件之美國學人逕函**美國主管遠東事務助理國務卿彭迪、美國總統主管國家安全事務特別助理彭岱、及美國國務院政策設計委員會主席羅斯鐸**對本案表示關切。

　　其中，歷史學者易勞逸（Lloyd E. Eastman）的救援理由甚具代表性：[16]

> 逮捕彭、謝、魏三位先生，只不過是台灣一大串蠻橫的壓制行動中最新的個案。台灣最近幾年發生了許多侮蔑正義的事件，「審判」雷震、逮捕且可能處決蘇東啟，只不過是其中最有名的兩件罷了。
>
> 中國與越南的當代史，可以充分證明：如果美國無條件地支持非民主又不得民心的非共產政權，受益的只有共產黨。我要請美國政府盡最大的努力，確保彭教授及兩位年輕同事獲得正義與人道的對待。我還要進一步要求美國政府，採取任何可能的措施，保障台灣島上台灣人與中國人的福祉與安全，收回對國民黨政府的援助，除非它開始實踐它長久以來假意歌頌的民主原則。

　　易勞逸指出不久以前國民黨政府才製造了蘇東啟、雷震兩個政治案，這個「非民主又不得民心的非共產政權」如果不改過，美國應該收回對它的支持與援助。

---

16 易勞逸關於中國現代史的名作是：*Seeds of Destruction: Nationalist China in War and Revolution, 1937-1949* (Stanford, CA: Stanford University Press, 1984).

上述表格中第一封救援信，是日本台灣青年會委員長黃昭堂直接寫給國務卿魯斯克，謂彭明敏教授「信奉溫和的自由主義，人品優雅、理想崇高，贏得大多數福爾摩沙人的景仰。……所以此案的處理必須慎重，福爾摩沙需要他。」「美國身為國民黨政府的主要支持者，頗具影響力。因此我們強烈要求貴國協助，發揮影響力，挽救彭教授的生命。」「當然，如果你們可以協助我們剷除邪惡的根源，在福爾摩沙島上建立一個真正民主的自由社會，那就太好了。」類此，吾人亦可從外交部檔案中看到一份署名「在日台灣大學校友會主席」辜寬敏的陳情書，該陳情書認為彭等三人被捕是一件可驚且是可悲之事，並建議當局「遵照國法所賦刑事被告人之一切正當權利，將此事交付公開審判，就其詳情公布於報端，供全體國民明瞭案情。」[17]

（三）美國政府的回應

雖然國民黨政府在 10 月 23 日才發布新聞（10 月 24 日見報），但美方確實在此之前就已得知此事。事情發生不久（10 月 1 日），美國大使館主管政治事務的參事林貴士（Robert S. Lindquist）即向北美司司長蔡維屏邀約午餐，探詢彭案情形，同日午後 4 時，大使館二等祕書費浩偉（Harvey Feldman）因事來訪二科科長錢復時，亦探詢彭案情形。[18]接著，紐約時報於 10 月 24 日刊載〈台灣指控一教授從事獨立活動〉，內容述及彭明敏和他以前的兩名學生於本月（應係上月之誤）20 日在台北被捕，於是引起駐美大使蔣廷黻的注意，蔣大使乃於 10 月 30 日向台北外交部發出一極密電：「《紐約時報》24 日登載……，**已在美國學術界**

---

17 辜寬敏當時已是日本台灣青年獨立聯盟的成員，但以台大校友會主席的名義陳情似乎較為有力。外交部處理時果然很在乎──要求駐日大使館密察（並迅報部）這份陳情書是代表校友會或是代表辜個人。〈彭明敏等被捕案〉第一冊，《外交部檔案》，中央研究院近史所檔案館藏，檔號：406/0096。

18 「蔡維屏簽呈」（1964 年 10 月 2 日），〈彭明敏等被捕案〉第一冊，《外交部檔案》，中央研究院近史所檔案館藏，檔號：406/0096。

引起注意。本館認為如能將彭魏等釋放，而以其他方式加以監視，比較妥當。如繼續監禁，則此間之不良反應恐將擴大。」[19] 所謂美國學術界的注意並非空穴來風，11 月 4 日蔣廷黻致台北外交部的密電謂：「頃接哈佛大學教授季辛吉（Henry Kissinger）來函謂，彭明敏為其學生，對其被捕，甚為關心等語。請即賜告彭案詳情，以便答覆各方訪問。」[20] 不但如此，如前所述──哈佛大學費正清教授一方面在 10 月 29 日致函學界友人籲請提出抗議（附件包括彭案背景資料及抗議對象地址），一方面具名向紐約時報投書（11 月 12 日刊載），而中華民國駐羅安琪（洛杉磯）總領事館、駐紐約總領事館都將此項剪報檢呈函告台北外交部。

圖 6-3　美國《紐約時報》亦於 1964 年 10 月 24 日刊登彭明敏等被捕的消息
（筆者提供）

---

19 「蔣廷黻致外交部第 360 號電」（1964 年 10 月 30 日），〈彭明敏等被捕案〉第一冊，《外交部檔案》，中央研究院近史所檔案館藏，檔號：406/0096。
20 「蔣廷黻致外交部第 363 號電」（1964 年 11 月 4 日），〈彭明敏等被捕案〉第一冊，《外交部檔案》，中央研究院近史所檔案館藏，檔號：406/0096。

相對於美國駐台北大使館的積極，以及紐約時報等媒體的關切，主管遠東事務助理國務卿彭迪，在回覆（上述表格中的）來信時相當謹慎：

> 透過我方駐台北大使館，我們在 10 月 23 日之前就已得知此事，並且密切注意其發展。我們認為，美國政府介入中國政府正在調查的叛國案件，不恰當也不可行。但我們已非正式地告知對方政府，此事已經受到美國關心中國的許多學界人士所關注。

在加拿大方面，麥基爾大學航空及太空法研究所所長柯亨（Maxwell Cohen）教授於 11 月 2 日、23 日兩度致函中華民國駐加拿大徐淑希大使，對彭案表示關切；駐加大使館在 11 月 2 日也接到加國外交部專管法律的副常務卿威索氏（Max Wershof）來電詢問。[21] 外交部沈昌煥部長為此在 11 月 19 日上了簽呈給行政院，各有關機關會商之後決定由國民黨中央委員會第 4 組主稿，草擬一份彭案經過的「簡要說明」俾便外界詢問之用，11 月 26 日外交部（由北美司二科的錢復擬稿）以代部長（朱撫松）簽呈的公文向行政院嚴家淦院長請示，看這一份「簡要說明」是否可行。[22] 由於 11 月 16 日美國駐華大使館參事林貴士又向蔡維屏司長面交一份機密文件，**轉達國務院關切之意**，蔡司長乃於 12 月 3 日下午約見林貴士，根據上述之「簡要說明」內容予以說明。為使外界瞭解當局逮捕彭明敏等人之法律依據，外交部除了「簡要說明」還將「懲治叛亂條例」之英譯本分寄美加各領事館。

此外，12 月 3 日《華盛頓郵報》也刊載威斯康辛大學副教授孟德

---

21 「駐加拿大國大使館致外交部代電」（1964 年 11 月 4 日），文中說到柯亨和威索兩氏是一向支持我政府之友人，對其所詢應該予以答覆。〈彭明敏等被捕案〉第一冊，《外交部檔案》，中央研究院近史所檔案館藏，檔號：406/0096。
22 簽呈中說到，此份簡要說明曾經警備總司令部核閱並獲同意。〈彭明敏等被捕案〉第一冊，《外交部檔案》，中央研究院近史所檔案館藏，檔號：406/0096。

爾（Douglas H. Mendel, Jr.）的投書，文中認為彭明敏可能會被軍事法庭判處死刑，呼籲美政府向台灣施加壓力。[23] 要之，美國各界之所以向駐美大使館以及美國國務院「詢問本案者甚眾」，[24] 而且國會議員四、五人及參院外交委員會亦曾致函國務院，原因除了如前述費正清教授致學界人士通函所造成的影響以外，海外台灣同鄉乃至台獨團體的關懷行動必也發揮作用，畢竟這種「救援」的涵義就是在指控國民黨政府的不義，同時就是台獨運動存在正當性的佐證。

關於美國政府的反應，除了上述駐華官員的詢問關切，以及彭迪四平八穩的回信之外，最高層級的積極回應應是助理國務卿葛林（Marshall Green）在 11 月 4 日給東亞事務組官員 Fearey 的備忘錄：

> 關於您提及彭明敏案件的備忘錄，我還是覺得應該要對中華民國政府（GRC）有所行動。至少 GRC 必須知道，美國媒體及學術界對此案的關注有增無減，而且不管此案的是非曲直（我們對此不能置喙），我們之所以向 GRC 提此事，乃出自於關心他們在美國具影響力的圈子內的聲望維繫。我們必須顧及的現實是：雖然我們不想涉入此案的法律面，此案對國際（尤其是美國）輿論的影響，對我們卻絕對有政治上的利害關係。
>
> 因此，我建議我們請台北的大使館，留意媒體與學術界對此案表現出的嚴重憂慮，**並建議大使館斟酌恰當且有效的方式，向 GRC 提起此案**。如果你不反對，我將在下次與沈部長見面時順便提及此案。

---

23 孟德爾先前到台灣做研究時曾與彭明敏相熟，彼研究台灣政治史之專著為 *The Politics of Formosan Nationalism* (Berkeley and Los Angeles, CA: University of California Press, 1970).

24 這是外交部呈行政院的「極機密」、「最速件」公文的用語，1964 年 12 月 30 日擬稿，翌年 1 月 4 日封發。〈彭明敏等被捕案〉第一冊，《外交部檔案》，中央研究院近史所檔案館藏，檔號：406/0096。

（四）宣判之後

　　正式審判是在 1965 年 3 月 27 日舉行，警總曾事先通知外交部，由外交部轉告美國駐華大使館。4 月 2 日警總軍事法庭宣判：謝聰敏、彭明敏、魏廷朝預備以非法之方法變更國憲，顛覆政府，謝聰敏處有期徒刑 10 年、褫奪公權 6 年，彭明敏、魏廷朝各處有期徒刑 8 年、各褫奪公權 4 年。當時台灣的《聯合報》以社論評述此一結果：「政府十餘年來銳意建設的結果，使台灣呈現空前未有之繁榮，以如此的成就，而有時仍有人對政府不滿，甚至讓邪惡者有時仍能逞其煽惑中傷之陰謀，彭案即其一例。」「任何有不利於自由中國軍民之異端邪說以及不軌行為，我們都必須予以無情的擯斥和剷除，……謝聰敏依法原應判處 10 年以上 15 年以下之有期徒刑，而特處以 10 年最低之刑，彭魏二人均減其刑為 8 年者，均因為有此一念悔意，才獲得法庭之憫恕。」[25]

　　外交部於 4 月 2 日宣判當天即將判決結果電知駐美加各使領館，並飭將當地輿論反應報部，其中比較值得注意的「反應」是：（華盛頓）**美國國務院曾於 4 月 6 日向我駐美大使館表示本案判決結果頗值欣慰，並稱美國自由分子應感滿意**；《華盛頓郵報》於 4 月 23 日刊登威斯康辛大學副教授孟德爾的投書評論，提到雷震案以抨擊中華民國政府；（加拿大）《渥太華公報》於 4 月 7 日刊載麥基爾大學法學院院長柯亨教授對本案之評論，謂彭等所受之徒刑依西方標準衡量實屬苛峻，惟在一獨裁政權下則可稱正常，並指出中國政府瞭解國外對彭案之關切，故在本案處理上尚屬慎重。[26]

---

25 〈社論：論彭明敏等叛亂案的宣判〉，《聯合報》，台北，1965 年 4 月 3 日，第 2 版。
26 「關於彭明敏案判決後美、加兩國輿論反應節要」，〈彭明敏等被捕案〉第一冊，《外交部檔案》，中央研究院近史所檔案館藏，檔號：406/0096。

三、1970 年出逃以後的協助

　　彭明敏利用假護照、化妝易容、從海關搭飛機離境，主要是由美國傳教士唐培里（Milo Thornberry）夫婦，以及日本的台灣青年獨立聯盟盟員宋重陽（宗像隆幸）先生協助，[27]尤其宗像先生仿造鋼印做假護照、安排可靠的日本人來台灣「掉包」，幫了大忙。[28]彭明敏於 1970 年 1 月 4 日半夜抵達斯德哥爾摩，以迄同年 10 月間一直居留瑞典，住在極富盛名的科學家伯納（Carl Gustaf Bernhard）教授家裡，其間有博物館給他正式研究員的工作，活動範圍包括英國倫敦、瑞士日內瓦，還曾經由倫敦飛往加拿大逗留 10 天；不過海外台灣人團體「強烈要求」他早日移居北美或日本。

　　國民黨政府對於彭明敏的出逃成功極為惱怒（尤其到了 1 月 23 日才分別從紐約和東京的媒體得到消息），除了失職的情治官員受到懲處，外交部於 1 月 28 日即分別致電駐美、日、加三大使，要求備文切洽駐在國政府，告以「彭逆係叛國者，現潛逃在外，倘向駐在國政府接觸或申請入境或尋求庇護，務請予以拒絕。」[29]針對彭明敏偷渡出境成功，警備總司令部在台中召開一次協調會議，要求各軍警單位清查真相，定名為「一二四」專案，此時警總推測最可能的逃出方式，仍是**乘坐美國軍機**，從台中地區的公館（清泉崗）機場離開台灣。[30]

---

27 詳見彭明敏，《逃亡》（台北：玉山社，2009 年）。

28 宋重陽謂軟禁中的彭教授先後寄給他的信函達 42 封，保存良好，可以描繪彭「自台灣脫出的一切經過」。見氏著《台灣獨立運動私記──三十五年之夢》（台北：前衛出版社，1996 年），頁 147-187。

29 「外交部致駐加薛大使、駐美周大使、駐日彭大使（分）電」（1970 年 1 月 28 日），〈彭明敏案〉第三冊，《外交部檔案》，中央研究院近史所檔案館藏，檔號：406/0096。按，外交部檔案自第三冊起已不稱〈彭明敏等被捕案〉。

30 事實上，1968 年 12 月警備總司令部即曾函請空軍總司令部→飭空軍第三聯隊「防範台獨分子彭明敏、黃啟明二人自清泉崗基地偷渡出境」，即由聯絡組通知美軍，當時的回覆是「彭員不可能由本基地偷渡」；包括 1970 年 1 月 24 日之後的追查，詳見侯坤宏，〈1970 年彭明敏逃出台灣之後〉，收入彭明敏文教基金會編，《一中一

　　彭明敏很可能在初抵瑞典不久即向美國提出入境申請，但因台北方面「不斷表示堅決反對」，而且蔣經國副院長欲於 4 月間訪美，故擱置未辦。1970 年 8 月中旬駐美大使周書楷向外交部報告，他拜訪副助理國務卿布朗（Winthrop G. Brown）的談話，布朗謂倘美政府不准彭入境，美方輿論不僅批評美政府，且亦將攻訐貴國政府，周書楷竟然答說：「此事就美政府言，應從大處著眼，以兩國邦交為重，至於美國內之批評瞬即消逝。就我政府言，欲攻擊我者縱然毫無事故，亦可任意誹謗，故我寧可使彭不能來美而遭抨擊。」周書楷又說：「日本及加拿大皆係民主國家，日本早應循我之請拒其入境，加拿大亦只准其作極短逗留，倘此次美政府竟許彭來此，則我海內外同胞必認為美國對中華民國之友誼尚不如日、加兩國。」[31]

圖 6-4　行政院院長蔣經國接見美國國務院助理國務卿葛林（1972 年 7 月 4 日）
來源：〈蔣經國總統照片（一）〉，《蔣經國總統文物》，國史館藏，數位典藏號：005-030206-00028-016

　　台——台灣自救宣言 44 周年紀念文集》（台北：玉山社，2008 年），頁 157-200。
31「周書楷致外交部（極密）第 58 號電」（1970 年 8 月 13 日）。〈彭明敏案〉第三冊，《外交部檔案》，中央研究院近史所檔案館藏，檔號：406/0096。

主管東亞事務助理國務卿葛林終於在 1970 年 9 月 16 日下午告訴駐美大使周書楷：「現密西根州大學以開學在即，使用極大之壓力，再四要求美政府在彭來美後不從事有組織性政治活動之瞭解下，准其入境，**美政府經過大半年之考慮，認為無論從法律或政治方面均無拒絕之充分理由，**……現擬即予一年有效之非移民性質簽證。」「彭來後如參加偽組織，自可視為違反諾言，美方即能據以採取行動。」[32]

美國政府在 1970 年 9 月 30 日發給彭明敏入境簽證，彭明敏在 10 月初即抵達密西根大學。而檔案顯示，1970 年 10 月 8 日台灣獨立建國聯盟（World United Formosans for Independence，簡稱台獨聯盟）在聯合國第 25 屆大會之前發給白宮（美國總統）一份「福爾摩沙自決問題」的說帖，10 月 16 日國務院主管東亞—中華民國事務的官員舒史明（Thomas P. Shoesmith）也撰寫了一份「要求保護彭明敏安全」的備忘錄，大致是交代美方收到一位（自稱是台獨聯盟顧問的）芝加哥律師 Louis Kutner 要求國務院飭令地方警察機關，保護彭明敏的安全以免受到來自中華民國政府的傷害，不過舒史明經過瞭解之後，認為並無此必要。[33]

四、討論與結語

1964 年彭案發生之後，不但美國著名教授費正清、季辛吉等等或寫信給國務院官員、或在報端公開聲援，國際特赦組織亦撰函請蔣介石總統寬免，中華民國外交部長沈昌煥、駐美大使蔣廷黻皆感受到國際輿論的壓力，紛請相關單位查明賜覆、或請政府早日依法審理，蔣廷黻甚至在 10 月 30 日密向台北建議「將彭魏等釋放」，以免擴大「此間之

---

32 「周書楷致外交部（特急極密）第 129 號電」（1970 年 9 月 16 日），〈彭明敏案〉第三冊，《外交部檔案》，中央研究院近史所檔案館藏，檔號：406/0096。

33 這些檔案皆併入 "Subject Titles of the Office of ROC Affairs," RG59, Entry A15412, 250/63/16/7, The National Archives, USA.

不良反應」。另方面，美國駐台北大使館在 10 月 23 日逮捕消息公開之前，就已就近向外交部表示關切，11 月 16 日大使館參事林貴士又向蔡維屏司長轉達國務院關切之意。有理由相信，國際的救援壓力是促使蔣介石總統不得不在 1965 年 11 月特赦彭明敏的主要原因。

美、加方面的學者循費正清的呼籲，寫信給國務院主管遠東事務的助理國務卿彭迪、政策設計委員會主席羅斯鐸的時候，常會提到國民黨政府不久以前逮捕雷震、蘇東啟等政治案件的「不良紀錄」，同時提醒美國政府不應以不干涉他國內政作為旁觀的理由，因為眾所周知國民黨政府是在美國的支持之下才得以在台灣存活。儘管 1964 年有來自日本的台灣青年會的黃昭堂、辜寬敏的救援書信，1970 年又有台獨聯盟一方面關切彭明敏的生命安全、一方面提出洋洋灑灑「福爾摩沙自決」的說帖，但是並沒有跡象顯示，美國政府是因為同情或支持台獨，才對彭明敏等三人的人身自由表示關切，才在 1970 年秋天不顧中華民國政府的強力反對而發給彭明敏「一年有效之非移民性質簽證」。

本文前言已經指出，當國民黨政府在 1949 年大量搬運故宮文物、政府檔案、乃至黃金、眷屬到台灣的時候，美國是從「阻絕共產黨」的角度放任或協助國民黨政府進一步遷移、占領台灣，無暇顧及戰後台灣地位的歸屬問題。本書第四章探討美國對台政策的曲折歷程，發現從「舊金山和約」開始以至 1979 年「台灣關係法」，背後都有「地位未定論」的基礎認知，換句話說，美國基本上支持中華民國政府是一回事，但是有關台灣地位問題——暨相關的台灣自決／獨立問題——是另一回事。當 1970-71 年聯合國處理中國代表權問題的敏感時刻，跡象顯示，[34] 如果蔣介石領導的中華民國政府願意執行兩個中國或一中一台政策，美國政府應是樂觀其成。

儘管，1964 年彭案發生以至 1970 年彭明敏成功出逃之後，美國政府在學界和輿論的壓力之下都能及時向中華民國政府表達關切，並發給

---

34 參見本書第八章。

入美簽證，但事件本身的性質或強度，還不足以撼動上述（舊金山和約之後確立的）冷戰時期東亞的國際秩序。不過，反過來從蔣介石的角度看，美國政府支持台獨不只是「嫌疑」而已。觀乎 1964 年的蔣介石日記，在「本年總反省錄」有兩則重要記載：

> 「十一月魯丑〔按，指美國國務卿魯斯克〕在其電視廣播中，只說台灣一千二百萬人民不願送交共匪，而不提及中華民國與政府之字句，此為十五年來當我撤遷台灣之初，彼艾其生〔按，指前美國國務卿艾奇遜〕在民國卅八九年發表對華白皮書，……十四年中所未有之惡劣態勢也。」
>
> 「美國雖因共匪堅決反美，不為其姑息政策所動，而其對我始終採取欺壓侮辱之態度，誠至無法忍受之程度；其謀求台灣獨立以消滅我政府之行動無時或已，此乃本年在外交上可說已到最低潮之時期，反之共匪則步上其最高潮之極峰矣……」[35]

事實上美國外交政策如果有謀求台灣獨立（或兩個中國）的跡象，也是在──如本文前言所說──把中華民國政府和台灣人民「送作堆」的前提之下，以及逐漸接受中華人民共和國代表中國進入國際組織的背景之下，一種可能的選項，而不是蔣介石內心以為的，美國有甚麼「毀蔣滅華」的陰謀。

在 20 世紀下半葉的歷史長河之中，台灣與中華民國命運交疊，台灣人在國民黨意識形態籠罩之下遭受反共、反台獨的恐怖統治，幸而前前後後有廖文毅、彭明敏以及日本、美國、歐洲的台獨運動團體，在國際發出台灣人的聲音，甚至因而流亡受難，即便沒有立刻改變大國政治的國際安排，但到處散播的種子應該有發芽茁壯、開枝散葉的一天。

35《蔣介石日記》，1964 年「本年總反省錄」，美國史丹佛大學胡佛檔案館藏。

圖 6-5　總統蔣中正伉儷接見美國國務卿魯斯克（1966 年 12 月 8 日）
〈領袖照片資料輯集（六十三）〉，《蔣中正總統文物》，國史館藏，數位典藏號：002-
050101-00065-277

第七章
保釣運動對中華民國政府釣魚台政策的影響

一、前言

　　美國政府前外交官譚慎格（John J. Tkacik, Jr.），2014 年 3 月 15 日應邀來台北演講「台灣前途與主權獨立策略」，開頭就引述 1971 年 10 月中華民國政府的代表被逐出聯合國之後，11 月 26 日駐台北大使馬康衛接到外交部次長楊西崑的緊急電話，要求一場祕密會談的紀錄，主旨是尋求美國支持台灣獨立，新的名稱是中華台灣共和國（The Chinese Republic of Taiwan），楊西崑說蔣總統將動用緊急權擱置憲法，解散國民大會立法院監察院等機構，設立一個新的單一的臨時民意代表機構，該機構將由三分之二台灣人、三分之一外省人組成……。但是華盛頓方面對楊次長的建議置之不理，因為美國總統正在計畫訪中，台灣獨立將為他們的計劃帶來難以應對的複雜情況及無法預估的結果。譚慎格接著評論說，「假如楊次長的台獨計畫能早一年提出，定會獲得華府熱烈的支持。」[1]

　　經查，上述資料來自馬康衛大使所撰談話記錄加上附註意見，寫成六頁「僅供國務卿（羅吉斯）及助理國務卿葛林過目」的密電，這份編號「台北 5869」的密電於 2002 年附在尼克森檔案中解密。但譚慎格

1　譚慎格於 3 月 14 日的演講場合，是世界台灣人大會、台灣國家聯盟聯合主辦，「海內外台灣國是會議」的主題演講，地點是台北中山南路張榮發基金會國際會議中心 11 樓。

的描述予人蔣介石已同意楊西崑建議的印象，恐不確。事實上蔣介石儘管日益相信「有早日採取急劇行動之必要」，但是如果沒有美國的強大說服力，他也不會採取行動，因此楊西崑建議由美國副總統安格紐出面游說，以馬康衛大使配合，並安排蔣介石所信任的美國老朋友來向他勸說。而馬康衛的附加意見，認為楊西崑雖然是「重要而高度負責任的官員」，其看法卻是「反映可以忍受之概念的外層」，超過政府在不久將來可能行動的範圍；馬康衛舉例說，蔣介石一掃舊體制，設立一個三分之二台灣人，三分之一大陸人之立法機構的前景極小。同時，楊西崑可能也低估改變中華民國國際身分在國內及外國造成的後果。2

圖 7-1　副總統謝東閔接見駐南非大使楊西崑（1982 年 12 月 28 日）
來源：〈謝東閔先生任副總統時期照片（十一）〉，《謝東閔副總統文物》，國史館藏，數位典藏號：009-030205-00011-083

2　王景弘，〈「台北 5869」號檔案解密、楊西崑曾主張台獨〉，「鯨魚網站」：http://www.hi-on.org.tw/bulletins.jsp?b_ID=45538（2021/10/18 點閱）。

以上，楊西崑次長的倡議雖然曇花一現，但可以部分說明1971年中華民國政府在聯合國席位危機期間，為了尋求生路所可能達到的「政策想像空間」，可以至何程度。

所謂中國代表權，表現在聯合國席次之爭只是其中一端。溯至1949年分裂分治開始，胡適、雷震等人創辦的《自由中國》刊物，即是企圖從自由人權民主vs.共產暴政極權來塑造台北的中華民國政府——至少在道德上——才是代表中國的正統。不過以當時的中華民國而言，即便擁有聯合國常任理事國的代表性，一旦碰到國土疆域、資源權益的維護時，也不見得有實踐的能力。當1968年8月駐琉美軍與琉球政府派員前往釣魚台列嶼調查石油礦苗，1969年4月日琉雙方再度派遣龐大技術調查團前往釣魚台勘測、5月聯合國亞洲及遠東經濟委員會（ECAFC）正式發表調查結果，稱「台灣北部釣魚台列嶼附近有大油田」，同年7月中華民國行政院才發表聲明謂：對於鄰接我國海岸大陸礁層的天然資源，我國可以行使主權上之權利。1969年11月18日，行政院將〈大陸礁層公約〉送請立法院審議，1970年8月21日立法院通過批准，外交部發言人魏煜孫發表談話：「我政府已將我方立場明告日本，根據國際法原則與1958年簽訂之大陸礁層公約，我政府對於台灣以北大陸礁層資源有探勘及開採之權。」[3]

外交部的立場是從地理的理由出發，謂東中國海的大陸礁層，包括釣魚台列嶼附近海底的大陸礁層，「與我國海岸相鄰接，都是我國陸地領土的自然延伸，以琉球海溝為其自然界線。」[4] 問題是，1958年就簽訂的大陸礁層公約，何以到1969年11月才由行政案送請立法院審議？立

3　外交部對於釣魚台列嶼的主權主張一開始就是立基於大陸礁層的理由，參見外交部條約司編，「關於大陸礁層與釣魚台列嶼（尖閣群島）案之重要事件表」（1970年9月24日），〈釣魚台〉（1970年1月1日-1971年6月30日），《外交部檔案》，中央研究院近史所檔案館藏，檔號：412.7/ 0012。

4　錢復，《錢復回憶錄》，卷一：外交風雲動（台北：天下遠見出版公司，2005年），頁136。

法院外交、經濟委員會併案審查的時候，佘凌雲委員因而抱怨「本約於 1958 年簽署，行政院束諸高閣十二年，始來要求本院從速審議批准，不知如此行動遲緩的理由何在？」吳延環委員也說：「依憲法第六十三條規定，立法院有議決條約案之權，但政府既已於 1958 年簽署，為何延擱十二年始終不送至本院予以議決，等到出了問題才要本院馬上予以通過，簡直是把立法院當作機器……。」[5] 其實不難理解，由於中國大陸已經有一個有效統治的中華人民共和國政權，僻處東南島嶼的中華民國政府要去主張「大陸礁層」的權利，不免有所猶豫。

可是，在黨國教育下長大的知識青年，一旦赴美留學呼吸新鮮空氣，對於過去所謂道統法統、復興基地、自由燈塔、解救苦難同胞云云的宣傳，有些人因為閱讀《台灣青年》或 George H.Kerr 所寫的 *Formosa Betrayed*，而覺醒、而主張台獨，[6] 有些人因為家庭背景（例如外省籍、軍公教）等等因素無法接受台獨主張，則是透過像釣魚台事件的爭議，把自己原來的民族主義信仰淘洗一番，雖然結果也有堅定的右派，但走向左傾、或疏離的還是佔大多數。個人認為，不應以事後諸葛的態度嘲諷 1970 年代的保釣運動，來自台灣的知識青年，除了已經接受台獨思想者外，遭逢美日私相授受琉球與釣魚台，一方面會向美、日抗議，另方面當然會對國民黨政府期待、要求——相對於中共治下的中國（從 1966 年 5 月以來）的文革動盪，「自由中國」、中華民國才是代表中國——因而必須擔負保疆衛土的責任，這樣自然而然的要求集結成澎湃的運動，難道對中華民國的外交政策沒有一點影響嗎？難道只是知識分子「從介入境遇到自我解放」[7] 的主觀作用？這是本篇論文要探討的

5　《新聞稿》，立法院公報，1970 年 8 月 22 日，公新字第 502 號。

6　參見陳儀深訪問，簡佳慧等紀錄，《海外台獨運動相關人物口述史》（台北：中央研究院近代史研究所，2009 年）；暨陳儀深訪問，林東璟等紀錄，《海外台獨運動相關人物口述史（續篇）》（台北：中央研究院近代史研究所，2012 年）。

7　這是研究者描述一位保釣運動的代表性人物郭松棻（1938-2005）的話，完整的語句是：「介入於左派政治行動、解放於文學小說創作。」郭松棻是台大外文系畢業、美國柏克萊加州大學比較文學碩士，繼續攻讀博士期間捲入釣運，與劉大

主題。

二、戰後國民黨政府的琉球觀

　　1943 年 11 月蔣介石夫婦率領代表團出國參加開羅會議，會議中羅斯福總統不只一次問蔣在戰後要不要接受琉球群島，蔣不敢接受，只說「中國願意琉球在國際託管下，由美國與中國共同佔領。」[8] 戰後，1945年日本向盟國投降文書中表示願意接受「波茨坦宣言」，其第八條原文謂「開羅宣言的協議將必實施，使日本的主權限於本州、北海道、九州、四國及吾人所決定之其他小島之內」。進而，1952 年生效的舊金山和約第三條，指出該條所列島嶼（包括琉球群島）置於聯合國託管制度之下，由美國為管理當局；但美國並未將這些島嶼交付聯合國託管，原因除了美俄冷戰的遠東戰略考量（擔心重演東西德分割的模式）以外，美日皆暸解到一旦交付聯合國託管，則依據聯合國憲章的精神將使託管地走向自治或獨立，因此，雙方默契決定以日本對琉球群島保有「剩餘主權」為由，美國管理當局日後將歸還琉球群島予日本，事實上 1950年代迄 1960 年代美國政府一再重申日本對琉球擁有「剩餘主權」，[9] 等於預示了 1971 年美日「歸還沖繩協定」的結局。

　　中華民國政府對於此種安排並非沒有抗拒。當 1952 年 4 月 28 日舊金山和約生效，1953 年 8 月美國國務卿杜勒斯訪日時發表聲明謂，

　　任、張系國、唐文標等人成立大風社、發行《大風》雜誌，郭松棻參與籌劃 1970年一二九以及四九兩次大遊行，發行《戰報》，被中央日報明白點名他和羅大任、董敘霖三人為「共匪特務」。1972 年 9 月開始在聯合國擔任翻譯工作，1974 年訪問中國 42 天遂對中共憧憬幻滅，返美潛心研究與小說創作。參見顧正萍，《從介入境遇到自我解放——郭松棻再探》（台北：秀威資訊科技，2012 年）。

8　王景弘，《強權政治與台灣——從開羅會議到舊金山和約》（台北：玉山社出版公司，2008 年），頁 92。

9　參見李明峻，〈從國際法角度看琉球群島主權歸屬〉，《台灣國際研究季刊》，第 1卷第 2 期（2005 年夏季號），頁 65-66。

美國政府決定放棄奄美群島[10]交還日本統治，同年12月25日外界形容有如聖誕禮物一般，美國將奄美群島交給日本；先是，消息傳來台灣內部乃掀起一股抗議美國的風潮，各縣市團體紛紛舉行抗議活動、發表抗議文字，電文匯集外交部籲請譯轉美國參眾兩院等，但內容近乎千篇一律：「琉球群島久為我國藩屬，在歷史地理與民情習俗均與我國有悠久密切關係，雖曾一度被日本佔據，惟我國從未承認。聞貴國有將琉球群島中之奄美大島交給日本之議，是不特有違波茨坦宣言之精神與文字，復與舊金山和約第三條規定琉球群島由聯合國託管之原則不符。」最後強調「代表全縣〇〇萬縣民堅決表示反對」云云，[11]背後動員的力量呼之欲出。雖然抗議的成效有限，但是也反映出剛落腳台灣的國民黨政府，為了鞏固統治必須訴諸民族主義情緒的一場「地方團體爭相效忠」的事件。

　　關於波茨坦宣言第八條的解釋，中華民國政府認為「日本的主權限於本州、北海道、九州、四國及吾人所決定之其他小島之內」，琉球群島即是應由「吾人」（即主要盟國，包括中華民國）共同決定其歸屬，包括奄美群島在內皆不能由美國片面宣布決定。對此，有國際法學者認為，1951年的舊金山和約對琉球群島明定託管的方式，即是所謂「主要盟國的決定」，中華民國似已無權再對琉球群島提起爭議。[12]

　　根據第一屆立法院第十二期會第九次祕密會議速記錄，主題是外交部長報告琉球群島奄美大島有關我國主權問題並答覆質詢，時間是1953年11月6日上午九時，地點在台北市中山堂，出席委員四二二

10 奄美群島位於日本薩南諸島中，原屬琉球，一六〇九年薩摩藩入侵，一六二四年直接統治，奄美遂與琉球分離。戰後奄美與琉球一樣納入美軍統治，但引起的反彈使美國思考奄美的新歸屬。「譯呈報美國統治奄美群島之功過一文報請鑒察由」，〈反對將奄美島交與日本〉，《外交部檔案》，中央研究院近史所檔案館藏，檔號：019.1/0001。

11 主要來自各縣市議會，其他還有婦女會、軍人之友社等等。同上註，亞東太平洋司，〈反對將奄美島交與日本〉，檔號：019.1/0001。

12 李明峻，〈從國際法角度看琉球群島主權歸屬〉，頁62。

人，請假委員四十人，缺席委員六十三人，列席為外交部部長葉公超，主席為張道藩。統計總共有李文齋、王寒生、廖維藩、侯紹文、楊覺天、楊寶琳、羅霞天、包華國、郭德權、劉兆勳、魏惜言等人發言。以下就歸納外交部長葉公超答覆立委質詢的內容，來顯示當時政府對奄美羣島交與日本此一事件的認知：

（一）外交部長葉公超說，近代對於領土之觀念為1.為其屬地，2.實際控制若干時期，所以我們無法把琉球過去曾對我進貢稱臣即作為屬我領土的根據。我們與美國討論這個問題，美方說奄美島與沖繩縣是分開的。事實上自光緒五年即一八七九年以後，我們對這種行政上的劃分沒有提出過任何抗議。假使要以冊封作為主權的根據，恐怕在國際法上，國際慣例上，均不易成立。大家已很清楚，因為我們從理論方面或根據過去的關係來談這個問題，則日本擁有許多事實，是我們無法和他競爭的。

（二）其次，葉公超宣讀了開羅會議的條款，就是日本在第一次戰爭一九一四年以後以武力所取得的太平洋島嶼都不能夠給他，而日本侵佔琉球是在一八七九年，這顯然在一九一四以前，所以開羅會議也不能夠拘束它，這是一個事實。葉公超又說在開羅會議時，我們並沒有提出對於琉球領土的要求，但是因為歷史地理上的關係要保留我們對琉球的前途有發言權，同時我們曾經表示，我們不願將琉球歸還日本，**我們的終極目的是要使琉球獨立**，但在現階段琉球不能即刻建立一個有效的自治政府，所以我們曾經同意由聯合國託管，我們也不反對在局勢沒有穩定之前由美國來管制。

（三）再者，開羅會議時，我們觀念中所謂琉球係指鹿兒島縣治以外的其他島嶼，因此，我們認為美國根據最近與日

本簽訂的金山和約第三條,將奄美島交與日本是有權
的。我國雖然未簽字於金山和約,但我國對日和約中曾
明訂適用金山和約,故金山和約的條文對我們也有拘束
力。葉公超說對琉球維持現狀,意思是反對把它交還日
本;現在主張琉球由美國管制,這話就等於說不贊成將
琉球交還日本。就我們現在在台灣的國際地位來說,對
我們最有利的解決琉球問題的辦法,是希望美國暫時管
理,不希望美國將這問題提出聯合國。最後,葉公超宣
達了中華民國政府對奄美羣島交與日本爭議的立場:
「現在我政府對琉球問題所取的態度是,除奄美島以外,
其他一切維持現狀,此為目前最有利之辦法。待將來我
有力量時,再根據理由對琉球歸屬問題加以處理。」在
現階段下我們也不能主張用公民投票,來決定琉球的前
途,因為那樣做的話,不是把琉球送給日本人就是送給
美國人。[13]

要之,戰後美國對日本的佔領政策大體可分為三個階段,首先是
1945 年 8 月至 1947 年年底的懲罰期,嚴格執行波茨坦宣言時期盟國對
日政策的共識,是此一時期的特色;第二階段為 1948 年 1 月至 1950 年
6 月韓戰爆發前夕的溫和期,乃放棄懲罰政策,改以恢復日本經濟常態
為此一時期政策的特色;第三階段為 1950 年 6 月韓戰爆發至 1952 年 4
月舊金山和約生效,這是要使日本恢復獨立的援助期,包括「日美安全
保障條約」的簽訂,化敵為友,建構了日美同盟體制,使日本成為美國
在遠東地區的主要盟邦。[14] 美國歸還奄美大島,已經是第三階段以後的

---

13 以上外交部長葉公超的陳述,詳見 1954 年 3 月「立法院反對奄美大島交與日本一
　案會議錄」,〈反對將奄美島交與日本〉,《外交部檔案》,中央研究院近史所檔案館
　藏,檔號:019.1/0001。
14 黃自進,《「和平憲法」下的日本重建(1945-1960)》(台北:中央研究院人文社會

事，此時遷徙至台灣的中華民國政府，還想用歷史地理文化等因素來說服美國，不啻緣木求魚。

三、1970 山雨欲來：「此時不宜主張我對該列嶼之主權」

美國政府根據舊金山和約以及「剩餘主權」的法理，要把琉球歸還日本，不需經過琉球公民投票、也不需徵求主要盟國的同意，雖是早已想定的事，但具體要做這麼大的土地和人民移轉的工程並非易事；到了1969 年 6 月至 11 月美日高層經過相當密集地接觸、交涉，雙方立場才越來越近。

從 1965 年 1 月佐藤榮作首相第一次訪美與詹森總統會談開始試探，同年 8 月 19 日佐藤訪問沖繩發表「那霸宣言」謂，「沖繩一日不歸還祖國懷抱，對日本國民而言就沒有所謂『終戰』的一天」，令人印象深刻；1967 年 11 月佐藤第二次訪美即進入具體實施階段，從而 1968 年 6 月美國先將小笠原群島歸還日本，1969 年 11 月第三次訪美與尼克森總統會談，透過「美日共同聲明」，尼克森即同意將於 1972 年中完成歸還琉球的手續。過程中，關於美軍基地使用問題以及核子武器撤出琉球問題最為棘手，其交涉折衝的成功離不開「人物」的因素，除了佐藤首相、尼克森總統以外，佐藤的密使——國際政治學者若泉敬（1930-1996）、美方的哈佛大學教授（1961-66 擔任美國駐日大使）賴世和（Edwin Oldfather Reischauer, 1910-1990）、以及尼克森的重要幕僚季辛吉等人，所扮演的角色都很值得研究。

科學研究中心、亞太區域研究專題中心，2009 年），頁 3-6、39-40。

圖 7-2　總統蔣中正與日本首相佐藤榮作談話留影（1967 年 9 月 8 日）
來源：〈領袖照片資料輯集（六十六）〉，《蔣中正總統文物》，國史館藏，數位典藏號：
002-050101-00068-066

　　1969 年 12 月 21 日尼克森總統與佐藤榮作首相所發表之聯合公報指出：美日兩國將就如何於 1972 年實現琉球「復歸」日本之特殊安排立即進行商討。美國方面亦透過國務院發言人重申日本對琉球有**潛在主權（即剩餘主權）**，以及對日和約第三條指涉的南西諸島包括釣魚台在內，美國有施政權云云。1970 年 9 月中華民國政府遂公開表示，對此項處置琉球群島之擬議提出保留，理由是「中國政府始終主張琉球群島法律地位應由有關主要盟國根據開羅宣言及波茨坦宣言協商決定，同時琉球人民對其政治前途應有表達意見之機會。」「中國政府基於與美、日兩國之友好關係，在當時固未公開表示其反對立場，惟對美國在決定本案前未能依照適當程序處理一節，曾表示遺憾。」中華民國外交部的這項聲明進一步說：

　　更重要的是，最近日本政府主張釣魚台島嶼為琉球群島之一

部分，並主張日本對此等島嶼具有「主權」，日本並表示盼於一九七二年琉球歸還之同時，「歸還」釣魚台列嶼。日本作上述主張基於以下二項理由：（一）一八九六年一項天皇敕令將釣魚台列嶼劃入沖繩縣內；（二）日本國民古賀辰次郎於一八九六年向日本政府租得釣魚台列嶼，為期三十年，該古賀復於一九三〇年自日本政府購得該等島嶼，目前該等島嶼由其子古賀善次所擁有。

中國政府認為日本政府所提出之理由不能被接受。首先必須指出日本於一八七九年吞併琉球時，釣魚台列嶼並不包括在內。日本天皇敕令及釣魚台列嶼之出租，均係於一八九六年所為，亦即日本根據馬關條約取得台灣及其「所有附屬各島嶼」之次年。一八九六年之天皇敕令是以僅係日本政府於佔領台灣及琉球後之一項內部行政措施。其次中日兩國於一九五二年四月廿八日簽訂和平條約，當時日本放棄對於台灣、澎湖及其他於一八九五年前係附屬於台灣各島嶼之一切權利，權利名義與要求。中華民國政府認為「其他」「島嶼」即包括釣魚台列嶼在內。此外開羅宣言規定「日本應被逐出其所有以武力或貪慾所奪取之土地」。此項原則經波茨坦宣言予以確認，該宣言規定「日本之主權必將限於本州、北海道、九州、四國」及經美、中、英三強所決定之其他小島。

關於古賀家族一八九六年向日本政府租借及一九三〇年購買釣魚台列嶼僅係內政處置，並不能在任何方面變更釣魚台列嶼之法律地位。

基於以上原因，中國政府無法接受日本對釣魚台列嶼之主權主張。甚盼美國政府對中華民國政府有關此項問題之看法與主張能有充分注意。中國政府當將有關本問題今後任何進一步發展

隨時通知美國政府。[15]

　　以上聲明係對美國政府而發，其中開羅會議公報所言日本應該返還的土地是 1914 年以後以武力所取得的太平洋島嶼，——如前述葉公超部長所言——應不能涵蓋 1879 年併入的琉球，而波茨坦宣言所謂三強（四強，即主要盟國）所決定之其他小島，如本文前述（可以解釋為）已在舊金山和會執行完畢，可見外交部當時在爭辯釣魚台列嶼主權問題時，仍不免「撿入菜籃子的都是菜」的嫌疑。

　　1970 年 9 月 21 日外交部召開「**釣魚台列嶼專案小組**」第一次會議，要為行政院嚴家淦院長對立法院口頭報告時如何提及釣魚台列嶼問題做準備，結論謂嚴院長倘於口頭報告中積極主張我對該列嶼之主權，「則等於我對全案採取關門態度，必將提早導致雙方之僵局」，所以建議只要「否定日本對該列嶼之主權，並主張維持我對該列嶼之正當權益」即可。[16] 不過對於國旗事件及漁船問題，要求北美司向美國駐華大使館表示「我無法接受美方指使或協助琉球警方對我漁船所作之干涉」，我並應正告美方鑒於本案雙方均甚敏感，為期獲一合理解決，雙方均應避免採取可能被對方視為挑釁之措施，美方最近縱容琉球警方所作之下旗、塗字及驅逐漁民等措施及發言，對我朝野均有莫大之刺激，我應要求美方約束琉球當局勿再採取類似之挑釁行動。同時我宜勸導漁民暫時勿往該一地區作業。

　　同一天，常駐聯合國代表團沈劍虹團長有一電函致外交部長，擔心院方「傾向於口頭報告中主張**我對該列嶼之主權**」，「職經與維屏、慶育兩兄及部內同仁研商，僉以**不宜逕行作此主張**，誠以如此必將引起日本強烈反應，提前造成僵局，使會談無法開始。茲擬於口頭報告中，否定

---

15 「中華民國政府關於釣魚台列嶼之法律地位的口頭聲明」（1970.1.1-1971.6.30），〈釣魚台〉，《外交部檔案》，中央研究院近史所檔案館藏，檔號：412.7/0012。

16 「釣魚台列嶼專案小組第一次會議紀錄」（1970.9.21），〈釣魚台〉，《外交部檔案》，中央研究院近史所檔案館藏，檔號：412.7/0012。

日本主權主張，並說明我國對該列嶼所具正當權益，並將全力維護，而不點名正當權益之內涵。」[17]不過，外交部內部幕僚對於這種保守態度頗不放心，北美司一科科長劉伯倫簽呈如是說：

> 由於近來美方及琉方對該列嶼有行使管轄之決心及行動，琉方尤其日方更有主張主權之決心，美大使館一再奉命就漁船事來洽，其意在促我自行約束，以進一步確定美方對釣魚台之管轄權及日方之剩餘主權，至為明顯。鑒於我朝野人士對我政府立場迄多無瞭解，致民情激昂，而另一方面，除非我早日對美方通知我方事提出明確異議，我方將被動被認為承認或至少默認美方及琉方之看法，苟我欲爭主權，則於我甚為不利。故究宜主張對該列嶼之主權與否，允應迅速決定，俾對內對外措施有所準繩。[18]

10月23日日本駐華大使板垣修奉命來見外交部沈代部長，雙方除了各抒己見，沈代部長最後問「關於1896年天皇敕令全文是否可檢送過部？」板垣大使答：「上次談話時本人所述天皇敕令實係錯誤，吾人實擬指較早之**內閣決議**，該項決議在《馬關條約》簽訂之前達成，當時台灣尚未割予日本，可見**尖閣群島在台灣割讓前已為琉球之一部分。**」[19]顯然，日本政府發現中華民國政府屢把釣魚台和馬關條約割讓台澎掛在一起，以便證成二戰後日本放棄台澎時連同釣魚台一起放棄，所以立刻改正，把「**關鍵時刻**」提前至1895年1月的內閣閣議，以便把釣魚台和「台澎的割讓與返還」分開。

---

17 「常駐聯合國代表團致外交部長電函」（1970.9.21），〈釣魚台〉，《外交部檔案》，中央研究院近史所檔案館藏，檔號：412.7/0012。

18 「北美司一科科長劉伯倫簽呈」（1970.9.23），〈釣魚台〉，《外交部檔案》，中央研究院近史所檔案館藏，檔號：412.7/0012。

19 「外交部沈代部長接見日本駐華大使板垣修談話紀錄」（1970.10.23），〈釣魚台〉，《外交部檔案》，中央研究院近史所檔案館藏，檔號：412.7/0012。

　　1970 年 11 月間還發生一事，即 13 日將在韓國漢城（今首爾）召開中日韓三國共同開發海洋方面的會議，雖然我方代表將在會中強調「合作案中不應討論主權問題及已與外國公司合作開發之區域問題」，[20]但這件事一直是美國留學生保釣運動責難的重點之一，1971 年 6 月 1 日發行的《戰報》第二期，附有一篇北加州保衛釣魚台聯盟的〈致國府領事館抗議書〉，重申 3 月 12 日全美保衛釣魚台行動委員會的公開信的十大要求，其中第五條就是「永遠停止參加所謂中日韓三國共同開發海底資源之會議，並公布第一次會議之紀錄。」[21]

　　中華民國政府對於釣魚台列嶼主權表述的立場，直到 1970 年 12 月從外交部條約司的一份報告可以發現，**仍然未決**：

> 基上所述，爰認為我政府對釣魚台列嶼之主權問題，宜迅作政策上之決定。倘我政府決定爭取該列嶼之主權，則應立即運用上述有利之論點，向美國政府正式提出交涉，把握目前時機，積極洽商，務使美國政府能於一九七二年將該列嶼交與我國而不交與日本。惟如我政府基於其他考慮，決定在目前不積極爭取該列嶼之主權，而僅欲保留在法律上之發言權，以等待將來，則自可採取與處理琉球問題相同之方式與立場。[22]

　　接下來，美國的「中國」留學生按捺不住，就串連發起大規模的保釣運動了。

20　「北美司錢復簽呈」（1970.11.5），附件：中日韓三國共同開發海洋試案－第一次聯絡委員會日方提案。此一共同開發案至同年十二月仍積極進行，見「中日合作策進委員會常務委員邀集有關首長會談中日韓三國共同開發海洋資源問題之結果」（1970.12.16），〈釣魚台〉，《外交部檔案》，中央研究院近史所檔案館藏，檔號：412.7/0012。

21　《戰報》，第二期特大號（1971 年 6 月 1 日），頁 75，柏克萊，清華大學圖書館總圖特藏室 p/578.193/8557-12/n.2/003515。

22　外交部條約司編印，「關於釣魚台列嶼（即日稱「尖閣群島」）主權問題之研析」（1970.12.1），〈釣魚台〉，《外交部檔案》，中央研究院近史所檔案館藏，檔號：412.7/0012。

四、來自美國留學生保釣運動的壓力

1. 留美「中國學生」同明相照、同類相求

　　1949 年中共政權成立後，所派遣的留學生絕大部分前往蘇聯為首的共產主義國家，直至 1979 年與美國正式建交開始，才有較多的學生赴美留學。因此在 1950 至 1978 年間，在美國所謂的「中國」留學生，幾乎是由台灣或香港前往者。[23] 1970 年釣魚台問題在華文世界引起討論時，《中華雜誌》、《明報月刊》等港台刊物迭有報導評論，在美的留學生自有注意。當時他們已有一些自立自主的組織，包括非政治性的、組織較嚴密的《科學月刊》，以及組織較鬆散但標榜團結報國的政治性社團「大風社」——既是一份雜誌也是一個讀書、討論會，由全美十幾個校園的同學各組分社，每三個月出版《大風》季刊以及各地分社輪流印發通訊月刊或雙月刊。此外還有一份由「全美中國同學會聯合會」辦的刊物即《聯合》季刊。[24]

圖 7-3　人人保釣大聯盟召集人林孝信（維基百科・公有領域）

---

23 見麥禮謙，《從華僑到華人——二十世紀美國華人社會發展史》（香港：三聯書局，1992 年），頁 419；程希，《當代中國留學生研究》（香港：香港社會科學出版社，2003 年），頁 32、37-39。

24 任孝琦，《有愛無悔：保釣風雲與愛盟故事》（台北：風雲時代出版公司，1997年），頁 28-29。

　　以《科學月刊》為例，實與 1965 年 5 月 2 日開始的台灣《新生報》每週一次半版的「中學生科學週刊」有關，核心創辦人林孝信當時就讀台大物理系三年級，邀集一群台大、師大理學院的同學成立「中學生科學促進會」，群策群力使這個週刊出了 83 期（直到 1967 年 2 月 27 日為止）；這種構想和人際關係，於 1968 年秋天，使得在美國芝加哥大學、哥倫比亞大學通過博士資格考的林孝信、曹亮吉、劉源俊等人，醞釀成 1969 年 3 月的《科學月刊簡報》第一期、5 月第二期，以及 1970 年元旦《科學月刊》在台北的創刊。創刊之後適逢保釣風潮，《科學月刊》在費城地區的聯絡人胡卜凱乃向林孝信建議，以《科學月刊》在美國的聯絡網討論釣魚台問題，在美國中西部芝加哥的林孝信自然成為全美釣運的聯絡中心。捲入釣運之後的《科學月刊》曾被台灣安全單位扣上「為匪宣傳」的帽子，在台灣的銷路大受影響，所幸在台灣的「科學月刊社」成員順利接棒，刊物才得以延續下來。25

2. 左傾親共的虛與實

　　《大風》季刊是在 1970 年 6 月出第一期（創刊號），每期在香港印刷出版之後即部分以航空、部分以平郵寄美國各地負責人，然後由各負責人轉寄訂戶或推銷出去，這一年估計有 250 份左右的訂戶；除了對外的刊物，還有手寫版對內的《大風通訊》早在 1969 年秋天就開始了，以 1970 年 5 月 1 日的第七期（輪由柏克萊主編）為例，主題是關於中國近代史的再認識，一至六頁是郭松棻的字跡、七至十頁是唐文標的正楷、廿五、廿六頁是傅運籌的字，財務報告幾塊錢的細項也都有寫清楚；其中對於 4 月 15 日的一場柏克萊座談的紀錄，有兩則這樣寫著：「『大風社』目前毫無思想上或政治上的立場。但是大家應該有這樣的心理準備：遲早大家得表明要做甚麼、能做到甚麼程度，尤其對於台灣，

25 詳見劉源俊，〈《科學月刊》與保釣運動〉，收入謝小芩、劉容生、王智明主編，《啟蒙、狂飆、反思——保釣運動四十年》（新竹：國立清華大學出版社，2010年），頁 68-78。

大家想批評到甚麼程度。」「我們有兩層心理的障礙：1. 思鄉，2. 畏懼特務。除了忙著自己的功課（工作）以外，想辦法解決這兩個問題。」把這一期《大風通訊》捐贈給清華大學圖書館的人（傅運籌）特別夾頁說明「毛語錄、魯迅摘句乃至阿Q的話輪番出現，亦是柏克萊風格」，並且「本期與1971年柏克萊這邊發行的兩期《戰報》相銜接」。[26]

　　《戰報》是由柏克萊保釣行動委員會發行的油印小冊子，第一期是配合1971年1月29日舊金山大示威之後編印的，由於負責油印的舊金山華埠「為民社」只剩下紅色油墨，印出來大部分是紅色字體，竟成了親共的「證據」；當時有人化名辦了一個以誣陷為主要手段的刊物《暢言》，攻擊《戰報》不遺餘力，又有以「西部愛國學生聯盟」的名義發出的印刷文件盡情歪曲學運，被中央日報刊登，其中點名劉×任、郭×棻、董×霖三個人（這是一般報刊為了逃避刑責敘及未經法律證明的搶劫強姦犯的方式）為共匪特務，當事人劉大任感慨說：

> 我父親因為《戰報》，被叫到中央黨部聽訓。主事者把一本《戰報》摔在這個當了四十年黨員的老工程師面前，申斥道：「看看你兒子做的好事！」父親默不作聲，把《戰報》翻閱一遍，小聲說：「我看他很愛國嘛，有甚麼好大驚小怪的……」然而，經營努力一輩子宦途的父親，事業上從此一蹶不振，還不到六十歲，只得忍氣吞聲申請退休。[27]

---

26 《大風通訊》第七期（1970年5月1日），柏克萊，清華大學圖書館總圖特藏室 p/050/8757/no.7/31060。大風社的基本人馬有兩批，一批是張系國的老朋友、大都是台大融融社的骨幹，學理工居多，比較理智務實，另一批是羅大任的新同志，主要是談文學的夥伴，比較激情反叛；《大風通訊》第七期輪由柏克萊主編，沒有事先通知就逾越尺度，威脅到不少準備學成回台的社友的安全，於是常委會決議將所有發出的通訊交回銷毀，張系國也立刻寫信給劉大任，對他們這種「逼上梁山」的作法極為不滿。大風社終於在同年七月於美東普林斯頓大學召開的年會決定解散，不過大多數的成員仍然積極參與保釣運動。詳見劉大任，《我的中國》（台北：皇冠文化出版公司，1990年著作完成、2000年出版），頁46-51。

27 劉大任，《我的中國》，頁79。

　　《戰報》第二期在 1971 年 4 月 9 日、10 日全美大示威之後出版，全部改用黑墨印刷，內容除了報導各地示威情況，還製作了「反迫害專輯」，有董敘霖寫的一篇〈我的被捕〉，說明他 1970 年 10 月 18 日下午參加舊金山華埠抗議嚴家淦副總統的活動，喊了幾句口號就被美國警察逮捕，乃請了律師準備打官司，但不久檢察官自動撤銷這個案子，董敘霖本已接到清華大學數學系副教授的聘書，預定隔年 1 月返台，卻因這事打消了計畫，此時保釣運動初起，他就接到台灣來的消息，說特務已經找上門來威脅父親，「如非我父親數十年戎行，於國有功，一定把他關起來。」他要揭穿的是，所謂「西部愛國學生聯盟」以公開信說他去年 11 月因共黨活動被捕，純是謊言。此外適逢紐約時報 5 月 13 日刊登李敖等四人被抓的消息，《戰報》第二期第 23 頁予以轉載並加上大字標題「釋放李敖！釋放魏廷朝！釋放謝聰敏！釋放孟祥柯！釋放一切政治犯！！」要之，《戰報》已經不只談保釣，矛頭已經對準台灣的國民黨，全美保釣行動委員會西雅圖分會撰寫一封公開信給中央日報，要求 5 月 30 日以前全文照登，否則將在 6 月 3 日禁煙節「仿百餘年前林則徐焚毒之例」，在華盛頓大學焚燒《中央日報》！[28]

　　矛頭轉向國內，有一定的

圖 7-4　1971 年 4 月 8 日《中央日報》第二版 誣指劉大任等三人為共匪特務（筆者提供）

28《戰報》，第二期（1971 年 6 月 1 日），頁 48。

思想基礎，《戰報》第二期的社論這樣說：

> 如果我們弄清楚了，釣魚台事件之發生，不過是美日在東南亞
> 政治、軍事、經濟及天然資源壟斷控制進一步加緊後，爆發出
> 來的結果；只不過是國民黨政權為了維持其統治而不惜投靠國
> 際勢力，加緊將外債外資外軍引入台灣；只不過是「舊金山和
> 約」、「中日台北和約」──一個戰勝國而自動放棄、出讓了種
> 種國家主權以換取外國勢力保護的荒唐條約──等所造成的綜
> 合性結果。如果我們弄清楚了這些實質的原因，就再也不會把
> 這個事件孤立、片面地看做是一個爭油問題，國際法上的領
> 土爭執問題，或是甚麼條約條文界定不清問題了。為了徹底瞭
> 解與全盤透視，我們有理由要向釣魚台事件的內因深處走，朝
> 釣魚台事件的遠因全面地看。[29]

前述《大風通訊》曾刊載 1970 年 4 月 15 日柏克萊座談的話題之
一，是自問對台灣想批評到甚麼程度？能不能克服自己畏懼特務的心理
狀態？《戰報》第二期已經做了具體的回答。從而，劉大任自己對《戰
報》有高度的評價，認為它第一次擺脫了白色恐怖的陰影，洗刷了知識
分子狹隘自求多福的鴕鳥心態，敢於以一種不怕打擊報復不怕坐牢殺頭
的氣概，面對無限強大無孔不入的強權政治集團，據理力爭，並能在知
識良心上，反對既成體制，揭櫫新理想。[30]

3. 兩次大遊行與安娜堡國是大會

1970 年 11 月 21 日，由於美東普林斯頓每月一次的「大風」聚會
已成慣例，與會者翻看十一月號《中華雜誌》王曉波所寫的〈保衛釣魚
台〉一文，特別對「中國的土地可以征服而不可斷送，中國的人民可以
殺戮而不可低頭」這兩句半個多世紀前──五四運動時期羅家倫講的話

---

29 〈朝深處走、向全面看〉，《戰報》，第二期社論（1971 年 6 月 1 日）。
30 劉大任，《我的中國》，頁 79。

感到激動，就決定要發起運動，包括成立保釣組織、編印《釣魚台運動須知》等，12月19日美東幾個大學的同學又來普林斯頓集會，並決定在下個月即1月30日在紐約舉辦遊行。1971年1月30日那一天，紐約聯合國哈馬紹廣場約有一千五百人聚集，走向五條街以外的日本總領事館抗議，大橫幅的標語是「釣魚台是中國領土」。除了紐約，還有華府、芝加哥、西雅圖、洛杉磯同時發動遊行，而舊金山則堅持在1月29日遊行。[31]

保釣團體決定在4月9日或10日再度舉辦各地的集會遊行，根據「全美各地保衛釣魚台行動委員會致總統函」，他們除了要求當局於3月29日前公告全世界並正式照會各有關政府「釣魚台列嶼為中國領土，不容侵犯」，並飭令駐外使領館派員出席四月九日或十日美國各地的集會遊行，要當眾答覆十條問題，包括派兵進駐釣魚台列嶼、派艦巡邏其附近海域等。[32] 4月10日在紐約、華盛頓、西雅圖、舊金山與洛杉磯等城市的遊行比上次更為浩大，抗議對象已經從日本大使館轉為美國國務院和中華民國大使館；據林孝信的說法，單單紐約這一場估計就有2500人至4000人之間，遊行群眾先到美國國務院遭到冷遇，接著寄望第二站的中華民國大使館，結果「連大使本人都沒有出來與遊行隊伍講話」、「在美國國務院所受到的挫折就轉化為對（中華民國）政府徹底的失望。」[33]

1971年的1月和4月兩次示威遊行的規模之大，就美國華人社會而言，迄今可謂空前絕後。5月到10月，運動形式由請願、抗議、示威轉化為國是大會，尤其在暑假期間。國是討論的重點集中在一個問題：「台北和北京的兩個政權，哪一個有能力代表全中國人的利益保

---

31 詳見任孝琦，《有愛無悔：保釣風雲與愛盟故事》，頁46-49。

32 〈全美各地保衛釣魚台行動委員會致總統函〉，〈釣魚台〉，《外交部檔案》，中央研究院近史所檔案館藏，檔號：412.7/0012。

33 林孝信，〈保釣歷史的淵源跟對海峽兩岸的社會意義〉，謝小芩、劉容生、王智明主編，《啟蒙、狂飆、反思——保釣運動四十年》，導言，頁28-29。

衛釣魚台？」1971 年 9 月在密西根安娜堡（Ann Arbor）舉行的國是大
會，是保釣運動過程的一個重要里程碑，大會主要籌劃人之一水秉和 [34]
在 1986 年回顧保釣歷史時，借用女哲學家阿蘭特（Hannah Arendt）的
公共空間（public space）概念，認為保釣運動最大的貢獻，是為中國知
識分子創造了一個關心國事的「公共空間」：

> 在那年九月初的國是大會期間，我親眼目睹，數百人從早到
> 晚，在大會堂裡，在會堂外的草地上，和在野營區的臥房裡，
> 無休止地討論中國的前途。我也親眼看到，台獨運動的發言人
> 在釣運人士召集的大會堂裡陳述他的理想，不但他的人身安全
> 沒有受到威脅，並且演講也獲得禮貌的掌聲。這是一幅奇景，
> 這就是阿蘭特所指的「寶藏（treasure）」。[35]

不過，有論者指出此一空間「其實並不寬敞」，因為安娜堡國是大
會第一天，就有近三十名支持台灣的留學生集體退出大會，理由是「主
持會議的釣運人士關掉麥克風的電源，制止他們發言。」[36] 而當年也在
會議現場的邵玉銘也說，大會各場討論會，從主席到主講人，除了代
表台獨的羅福全 [37] 以及代表所謂「第三中國」的一人以外，清一色都是
左傾學人或留學生，至於在會場支持台灣的留學生，「因為發言不符合

---

34 水秉和，1942 年出生於蘭州，1949 年全家來台以後住在新竹，中原大學水利工程
系畢業後留美改讀政治，獲密西根大學政治學博士候選人之後進入聯合國服務直
到退休。參見中美論壇社「執筆社委簡介」：http://www.us-chinaforum.org/aboutus.
html（2021/10/18 點閱）。

35 水秉和，〈保釣的歷史回顧〉，《當代》，第 2 期（1986 年 6 月 1 日），頁 70-72。

36 花子虛，〈豈如春夢了無痕？—釣運與統運的另一面〉，《九十年代》第 304 期
（1995 年 5 月），頁 89。

37 那時彭明敏初流亡到美國，正好在密西根的 Ann Arbor 校區做研究，主辦單位原先
找彭，但彭打電話請羅福全代表台獨派出席講話，羅福全的演講稿〈面對現實談
台灣問題〉被收入《安娜堡國是大會記錄》，（1971 年 9 月），頁 76-78。參見陳儀
深訪問，黃霈比記錄，〈訪羅福全先生談保釣運動〉，2014 年 4 月 6 日下午於台北
仁愛路羅宅，未刊稿。

大會左傾立場，竟還遭受言詞之斥責，人身之羞辱」，所以憤而退出會場。[38]

　　安娜堡國是大會明白標誌了保釣運動的左傾、分裂，不久就有五位保釣人士的代表——都是台灣出來的留學生——應邀訪問中國，包括紐約的李我焱、威斯康辛的王春生（女）、伊利諾的陳治利和陳恆次，以及費城的王正方（柏克萊的羅大任和哈佛大學的廖約克則經過集體討論之後決定婉謝），五位訪問者回美以後還到各地保釣分會做報告、放幻燈片，這是許許多多留學生渴望認識中國的心情中，第一次接觸中國的視聽資訊，據說「總效果震撼無比」。[39]

　　1972 年 7 月美國正式把琉球群島（主權）和釣魚台（管理權）一併交給日本，留學生又舉行最後一次的保釣示威遊行，這次就是左右兩派各自辦理了。一般都說安娜堡大會以後分成左右兩派，左邊的改名為中國統一運動的組織、右邊的支持國民黨政府的人組成反共愛國聯盟，但是林孝信提醒說第三條路線確實存在[40]——他們雖然也高度批判中華民國政府，但主張關心台灣社會，應該支持台灣內部的社會運動、關懷台灣的人權民主問題，1976 年創刊的《夏潮》雜誌可以視為此一路線的代表。[41]

4. 黨國包袱與外交部的因應

　　一三〇大遊行過後，國民黨中央決定派中央委員會第三組副主任曾廣順、教育部國際文教處處長姚舜前往美國各地疏導，但因台北方面

---

38 邵玉銘，《保釣風雲錄：一九七〇年代保衛釣魚台運動知識份子的激情、分裂、抉擇》（台北：聯經出版社，2013 年），頁 129。

39 劉大任，《我的中國》，頁 75-76。

40 林孝信，〈保釣歷史的淵源跟對海峽兩岸的社會意義〉，頁 32。另見王津平，〈七〇年代保釣運動與《夏潮》雜誌的啟蒙運動〉。皆收入謝小芩、劉容生、王智明主編，《啟蒙、狂飆、反思——保釣運動四十年》，頁 204-207。

41 王津平，〈七〇年代保釣運動與《夏潮》雜誌的啟蒙運動〉，收入謝小芩、劉容生、王智明主編，《啟蒙、狂飆、反思——保釣運動四十年》，頁 204-207。

並沒有就維護主權方面有進一步具體的措施，只想去化解壓力，「以期愛國青年不為陰謀分子所煽惑」、避免「為匪利用」云云，反而激起更大的反彈。[42] 例如，1971 年 2 月 11 日曾廣順出席指導舊金山總領事館召集的專案會報，做成的決議是：（甲）重新部署、組織，成立專案小組，以總領館為召集人，並報請中央核發必需之經費。（乙）打擊左派首腦分子，如不能爭得領導地位，則在必要時另組學生愛國團體與親匪分子對抗。（丙）全面拆穿親匪分子之陰謀。（丁）建議政府適時重申釣魚台列嶼屬我之堅定聲明。[43] 前述柏克萊保釣分會的劉大任等人被「西部愛國學生聯盟」誣為共匪特務，顯然與此有關。

　　1971 年 1 月 14 日，駐美大使周書楷向台北外交部報告美國幾個大城市都有保釣示威遊行的計議，內容說到「無論始作俑者動機為何，此事勢將被各地奸匪所利用……」，楊西崑次長於 1 月 15 日收到時批註：「我很懷疑此一舉動之用意。匪方必想藉此一面打擊日本、一面破壞中日友好關係。我必須小心因應，先獲美日瞭解與合作，然後研究有效方法，協力勸阻。」[44]

　　不過，外交部對於美國的留學生保釣運動也有積極重視的一面，除了先前 1970 年 9 月 15 日沈劍虹次長召見美國駐華大使館代辦安士德（Oscar Armstrong），就歷史地理及條約各方面，說明釣魚台列嶼與我國之關係，否認日本對該列嶼之主權主張，並將口頭聲明一份面交該代辦，9 月 23 日北美司長錢復也奉命約見美國駐華大使館參事唐偉廉（William Wayt Thomas Jr.），針對 9 月 15 日琉球巡邏艇取走我國人民在釣魚台所插國旗等士表示關切，「並盼美政府轉飭駐琉球高級專員

42　參見吳任博，〈再探一九七○年代初期之保釣運動：中華民國政府之視角〉，《史耘》，第 15 期（2011 年 6 月），頁 133-174。

43　「關於大陸礁層與釣魚台列嶼案之重要事件表」（1971 年 3 月編），〈釣魚台〉，《外交部檔案》，中央研究院近史所檔案館藏，檔號：412.7/0012。

44　「周書楷致台北外交部極密電」，1971 年 1 月 14 日發、1 月 15 日收，〈釣魚台〉，《外交部檔案》，中央研究院近史所檔案館藏，檔號：412.7/0012。

公署約束琉球當局切勿再採類似行動。」[45] 另外也針對留美學生發表文件的訴求做了「查證表」，例如留學生說「日本軍國主義者撕毀我國國旗」，查證結果是琉球政府警察（不是日本人）乘「千歲號」登陸釣魚台取下我國國旗攜返石垣市保管，並未撕裂；[46] 留學生說日本軍國主義者要在該島建立氣象台，查證結果是「案經我政府積極分別向美日政府交涉，日政府現已同意暫不施工」云云。[47]

　　比較重要的是，北美司第一科科長劉伯倫在 3 月 16 日上的簽呈，洋洋灑灑建議了八種處理方案，前提是：「由於旅美國人保衛釣魚台列嶼主權行動委員會之發展，已使政府至不得不決定政策之階段。職忝為本案有關承辦人之一，自感責任攸關，用敢再度就管見所及，臚報如後……」內容可粗分為（一）照過去的方式以維持中美、中日關係為重的話，弊害是不易解除海外國人對政府之誤會，致政府多年來爭取海外知識分子之努力泰半付諸東流；（二）為了確保我對釣魚台列嶼之主權，爭取旅美學人之向心力並將其結合為反對共匪之力量，應該斷然採取的措施是：（一）派兵進駐該列嶼，並派機艦巡邏以確保領域及一應權益。（二）同時將該列嶼納入我行政區。（三）摧毀琉人所立石碑，另立我界碑數處。……[48] 這裡所謂的斷然措施，正是一段時間以來美國保釣運動對政府的要求，可見，旅美留學生保釣運動的聲音不是沒有被聽見。只是上述的建議雖然有亞太司林金莖專員、情報司程健人科長的贊同，但條約司顯有不同意見：

45 「關於大陸礁層與釣魚台列嶼案之重要事件表」（1971 年 3 月編），〈釣魚台〉，《外交部檔案》，中央研究院近史所檔案館藏，檔號：412.7/0012。

46 隔年 4 月 27 日，唐偉廉將這面國旗交還錢復，由外交部再轉回中國時報社，目前還在報社庫房。林金池、林家群綜合報導，〈引爆釣運 中時 4 記者 登島插旗〉，《中國時報》，台北，2012 年 5 月 14 日。

47 「關於留美學生舉行保衛釣魚台運動印發文件所舉事實查證表」，〈釣魚台〉，《外交部檔案》，中央研究院近史所檔案館藏，檔號：412.7/0012。

48 「北美司第一科科長劉伯倫簽呈」（1971.3.16），〈釣魚台〉，《外交部檔案》，中央研究院近史所檔案館藏，檔號：412.7/0012。

一、查本案係我國與友邦領土糾紛問題，自應依國際法原則及
　　有關條約之規定，以和平方式加以處理，不宜使用武力。

二、本案我政府目前所採立場，係完全基於國家之利益，似不
　　宜隨外界之壓力而改變。

三、留美學人及學生之運動，如純出於愛國行為，經我政府詳
　　作說明及解釋後，應獲諒解。如其含有其他政治目的，則
　　我政府無論採取何種措施，仍難令其滿意。

四、以上意見，敬供卓參。

此致　　北美司錢司長

　　　　　　　　　　　　　　　　　　　　　　　　條約司 49

　　外交部承辦官員雖然意見不一致，總算與在美留學生的想法有些對
話，相對而言國民黨中央卻仍一貫其官腔官調，50 難怪美國的保釣運動
迅速變質、左傾，使得忠於國民黨的留學生成為少數派了。

五、結論

　　除了在美留學生的保釣運動，國內大學生從 1971 年 4 月 12 日台
大校園貼出第一張海報，接著政大、成大、師大等等學校學生或張貼海
報，或發起抗議遊行，向日本、美國大使館遞交抗議書；由於 6 月 17
日是美日兩國簽署琉球移交協議的日子，數千名學生先往美國大使館、

---

49 「條約司致北美司錢司長意見書」（1971.4），〈釣魚台〉，《外交部檔案》，中央研究
　院近史所檔案館藏，檔號：412.7/0012。

50 國民黨中央的一份報告說：中央始終把握兩個重點：1. 在留美學人學生運動，分
　清敵我，爭取多數，孤立陰謀分子。2. 防止留美學人學生之行動，影響國內之青
　年與社會，今日在美工作之重點，應是針對共匪統戰的運用，揭發共匪的陰謀，
　以組織對組織，爭取群眾，打擊少數陰謀分子，此一群眾性的鬥爭，實是我在美
　組織的重大任務。「中國國民黨中央第四組報告」，〈釣魚台〉，《外交部檔案》，中
　央研究院近史所檔案館藏，檔號：412.7/0012。

次往日本大使館示威，遞交抗議書，是國內保釣示威運動的最高潮，
「接下來各學校放暑假，保釣活動遂暫告結束。」[51] 在當時戒嚴的氣氛
下，國內的釣運應屬於控制下的「愛國運動」，矛頭不至於對準政府。

1971 年四月當美國留學生及學人準備第二次集結示威遊行前夕，
蔣介石在 4 月 7 日的日記寫著：關於釣魚台列島問題之政策與處理之方
針，……丁、**此事不可能以軍事解決，以我此時無此能力駐防該列島，
如我兵力分散則徒為共匪所乘，則我現有基地且將不保矣**。戊、我之國
策應以光復大陸拯救同胞為第一。[52] 算是為國民黨政府的釣魚台政策定
了調。事實上 1971 年正是中華民國政府應付聯合國走向「排我納匪」
案之焦頭爛額、困獸猶鬥的一年，該年蔣介石的日記明顯也是以聯合國
方面的問題為重點。

換句話說，當時中華民國政府的處境確實「艱難微妙」，所能採取
的政策選項本就有限，加上威權體制的包袱沉重，輕易以「非友即敵」
的思維看待美國留學生的保釣運動，施以醜化打擊的慣技，瞬間失去諸
多留學生的向心力。保釣運動要角之一的林孝信，並沒有走左傾親共路
線，從而沒有──如許多左傾釣運人士一般──在中華人民共和國政
府庇蔭下進去聯合國謀職，卻在 1971 年夏天失去護照加簽、成了黑名
單，不但學業不能完成而且不能找工作，以免被取締、被遣返。林孝信
是到了 1988 年第三次向中華民國政府提出申請，才被同意於 11 月 20
日返台。[53]

美國的保釣運動，對中華民國政府釣魚台政策的影響固然有限，但
是對於美國國會的遊說，致使美國在「歸還琉球」的過程中只是將釣魚

51 任孝琦，《有愛無悔：保釣風雲與愛盟故事》，附錄三〈國內第一次保釣運動紀
   實〉，頁 303-312。其間，四月二十一日美國大使館亦有所回應，謂美國政府會尊
   重我方的主權主張，其對釣魚台佔領的結果，並不意味主權的移轉。見頁 309。
52 《蔣介石日記》，1971 年 4 月 7 日，美國史丹佛大學胡佛檔案館藏。
53 陳儀深訪問，林志晟記錄，〈林孝信先生訪問記錄〉，2013 年 5 月 22、29 日於世新
   大學，未刊稿。

台列嶼的「管理權」——而不是主權——交給日本，可說是更重要的影響。對此，錢致榕教授說：「由於中國政府不願向美日政府力爭，我們只能動員各方向參院外交委員會遊說，要求美國必須保持真正的中立；最後外交委員會……在《歸還琉球條約》加上一個『委員會聲明』，謂關於美國對尖閣諸島（釣魚台列嶼）只有管理權，交給日本並不影響任何一方對它的主權主張。……兩年的保釣運動所爭取到的（唯一）實質結果就是這個。這也可以對歷史交代了。」[54]

　　美國的保釣運動原本可以代表某種中國國民黨的理想性格，卻被國民黨自己拋棄了；拋棄的過程中雖然有外交部較年輕的官員如劉伯倫、錢復想要挽回，最終也要屈服於國際現實。只不過從「革新保台」的觀點而言，保台確實比保釣更重要。要之，吾人觀察「關鍵的 1971 年」諸般大事，所謂中國代表權的喪失，無待於聯合國在該年 10 月 25 日通過的二七五八號決議案，也無待於 9 月安娜堡國是大會通過決議支持「中華人民共和國為唯一合法代表中國人民的政府」，而是——在多數留美「中國學生」心目中——提早在 4 月 10 日也就是第二次保釣大遊行那一天，就喪失了。

---

54 錢致榕，〈還原歷史、挑戰今朝：保釣主權之爭〉，謝小岑、劉容生、王智明主編，《啟蒙、狂飆、反思——保釣運動四十年》，序，頁 17-23。

Chapter 8

第八章

「中國代表權問題」與「台澎地位問題」的關聯：從 1971 年 4 月美國國務院發言人風波談起

一、前言：問題界定與背景說明

聯合國第二十六屆會員大會把「蔣介石的代表」驅逐出去迄今已經四十年，如果依照台灣傳統獨派的說法：中華民國非台灣、蔣介石不能代表台灣，那麼這件事似與台灣人無關，今天台灣人要紀念什麼呢？2011 年 10 月 23 日由台灣醫社、台灣民族同盟等本土社團舉辦的「台灣雙重受難日」，根據邀請函他們除了把「光復節」稱為「台灣淪陷日」，還說「1971 年 10 月 25 日之後台灣人在國際社會上成為不受尊重的國際難民，因此，該日應稱為『台灣人國際難民日』」。問題是，在台灣的中華民國政府若繼續留在聯合國，繼續遂行對台澎金馬的有效統治，台灣人就有所歸屬、就不是國際難民嗎？不要忘記因黑名單而流亡在美國的陳隆志教授那個時代，他在 1971 年 1 月出版中文的《台灣的獨立與建國》一書，開宗明義的章名便是「台灣人是無國家、無政府之民」。可見，理論（或邏輯）上可以切割的東西，現實上不見得可以照樣切割；昔日可以切割的東西，今日不一定能照樣切割。

先不要急著以是否承認中華民國作為「政治正確」的標準，應先理解 1949-1971 年國際上所承認的中華民國是怎樣的一種存在？中華民國政府在聯合國是代表中國的合法政府，變成不能代表中國的非法政府，它與台澎的（法律與政治）關係有什麼改變嗎？

聯合國成立大會於 1945 年 6 月在美國舊金山召開，中華民國成為創始會員國及安理會常任理事國；1949 年共產黨打敗國民黨宣布成立

新中國政府以後，11 月 15 日中共外長周恩來向聯合國聲明「中國國民政府代表團」無權代表中國，同月 23 日蘇聯代表團團長維辛斯基也在聯合國大會全體會議上支持中共外長周恩來聲明，[1] 從此開啟中國代表權誰屬的爭議。1950 年代美國維護中華民國在聯合國席位的策略是「緩議」（moratorium）──一方面成立由七個國家組成的「中國代表權誰屬特別委員會」、一方面主張該屆常會不討論中國代表權問題的方式，拖延過關，1960 年代則根據根據聯合國一六六八號決議文「任何改變中國代表權之提案為一重要問題。」而「大會對於重要問題之決議應以到會及投票之會員國三分之二多數決定之。」[2] 到了 1970 年聯合國第 25 屆大會，情勢已出現逆轉，由阿爾巴尼亞領銜的排除「蔣介石代表」、恢復「中華人民共和國」在聯合國合法代表權的決議案，以 51 票贊成、49 票反對、25 票棄權，首次取得多數支持，只因「重要問題案」通過在先，中華民國的席位才暫得以保住。所以 1971 年 3 月 9 日，美國國務院主管遠東事務的副助理國務卿布朗來台北與外交部次長楊西崑會談時說，美國相信「在下屆聯合國大會中，採用重要問題案對付阿爾巴尼亞案的方式，很可能失敗。」而美國當前的想法是「一個雙重代表權的模式，將是保障中華民國地位的最佳辦法。」[3]

1971 年 10 月 25 日聯合國大會果然通過了阿爾巴尼亞提案，其決議又稱「聯合國大會第 2758 號決議」，內稱：「恢復中華人民共和國的一切權利，承認她的政府代表為中國在聯合國組織的唯一合法代表，並立即把蔣介石的代表從她在聯合國組織及其所屬一切機構中所非法佔據的席位上驅逐出去。」既然中華人民共和國已經是中國的「唯一合法代

1　這是中國代表權問題的肇端，詳見王正華編，《中華民國與聯合國史料彙編：中國代表權》（台北：國史館，2001 年），頁 2-4。

2　詳細經過參見涂成吉，〈中華民國在聯合國的最後日子──一九七一年台北接受雙重代表權之始末〉，《傳記文學》，第 89 卷第 4 期（2006 年 10 月號），頁 15-32。

3　王景弘，《採訪歷史：從華府檔案看台灣》（台北：遠流出版社，2000 年），頁 339。

表」,邏輯上就不必表決排在後面的「雙重代表權案」,[4] 不過排入議程的還有沙烏地阿拉伯對阿案的修正案——也就是保留台灣在聯合國的席位直到聯合國主持下舉行複決公投(選項包括獨立、與中華人民共和國組成邦聯或聯邦),都尚未處理,中華民國代表團就宣布「退出」了。

　　理論上,阿案只是中國代表權案、沒有涉及台澎問題,但它若沒有通過,美國的「雙重代表權案」或沙烏地阿拉伯對阿案的修正案就有可能通過,也就是「兩個中國」或「一中一台」有可能被聯合國承認,台澎的地位問題豈不就此解決了?**這是某種層次的「中國代表權問題」與「台澎地位問題」關聯**;需要提醒的是,即使美國繼續成功捍衛中華民國在聯合國(代表中國)的席位,並不表示台澎的地位就「沒有問題」,只是台澎仍在友好的中華民國政府的控制下,不急著解決這項難題。可是如果根據開羅會議公報、波茨坦宣言認定台澎已經歸還中國,而中華人民共和國取代中華民國成為聯合國「唯一合法代表」中國的國家,豈不是應該把台澎交給中華人民共和國統治才對?除非,聯合國可以通過「雙重代表權」方案,既可以接納中華人民共和國加入聯合國又可以維持中華民國在台澎存在的現狀。這些可能的變局和選項,美國應該如何未雨綢繆?這應該是 1971 年 4 月 28 日美國國務院發言人布瑞(Charles Bray),煞有介事召開記者會,陳述台灣地位問題及其解決方向的原因。

二、1971 年 4 月 28 日美國國務院發言人布瑞的發言風波

1. 布瑞與新聞記者的問答摘要

　　美國準備和北京交好、要接受北京政府在聯合國代表中國是何等重

4　所以聯合國總務委員會在 9 月 22 日排議程的時候,把阿爾巴尼亞提案擺在美國雙重代表權提案的前面,就是一個「不祥的預兆」,季辛吉稱這是「關鍵性的程序表決中遭到失敗」。見季辛吉著,楊靜予等譯,《白宮歲月——季辛吉回憶錄》,第三冊(北京:世界知識出版社,1980 年),頁 56。

大的改變，對民主國家而言「公眾的了解至為必要」，1969 年 4 月國務
卿羅吉斯的演講以及 1970 年秋天助理國務卿葛林在眾議院的報告，先
只強調中華人民共和國與中華民國之間的爭端必須以和平方式解決，71
年 4 月 28 日國務院發言人布瑞則在記者會上拋出震撼彈，一方面說出
台灣、澎湖的主權是「懸而未決」的問題（unsettled question），一方面
又說到此一問題應由中華民國與中華人民共和國和平談判解決。記者會
上有內行的、敏銳的記者追問，哪一個政府才是中國合法之政府？發言
人避而不答（顯然異於過去、對北京釋出善意）；再問，由兩個中國政
府自行談判解決台灣問題，豈不是承認台灣主權屬中，美國只是不想介
入「兩個主張主權之中國間」的爭議？如此是否意味著「在終極意義上
此問題並非主權問題，而是何一政權應控制台灣的問題」？意味著美國
在華沙會談將不再與中共討論此一問題，美國是否為了改善與北京的關
係正在規避或意圖規避雙方關係的最大障礙？

　　發言人布瑞招架不住，只聲明美國政府對此問題的立場前後一致，
今日所提者並不是新的政策。不過，當天下午布瑞又召開記者會針對上
午的「未盡事項」補充說明，他說所謂台灣地位懸而未決，美國政府首
次的表達是 1950 年 6 月 27 日杜魯門總統在韓戰爆發時所作的聲明，此
後各屆政府包括現政府皆持此一立場；開羅宣言與波茨坦宣言只是盟國
申明（台灣將歸屬中國的）意向，但此一意向從未正式付諸執行，包括
與日本簽訂和約時曾有加以執行之機會，但該和約並未寫入此一主題；
至於中華民國統治台灣，是基於（戰後）日本軍隊奉令向中華民國軍隊
投降的事實，而對台澎行使合法之權力。最後，此一爭議的解決方法包
括國際途徑或兩個（中國）政府間所達成之協議，美國不預設立場，美
國關切的是要以和平方式解決。5

5　附件一「國務院發言人布瑞於該院四月二十八日上午記者招待會席間關於台灣地
　　位問題部份之答問全文摘錄中譯文」，「外交部長周書楷呈總統府張秘書長岳軍、
　　行政院蔣秘書長彥士函」（1971 年 5 月 5 日），〈台澎地位問題（第二冊）〉（1971
　　年 4 月 1 日迄 6 月 30 日），《外交部檔案》，中央研究院近史所檔案館藏，檔號：

　　或許由於中華民國方面的強烈抗議，美國總統尼克森隨後在 4 月 29 日晚間主持記者會時說，任何人若建議由中華民國與中華人民共和國雙方作直接談判，實為「完全不切實際」；接著 4 月 30 日國務院發言人布瑞在記者會席間又被問到：「關於白宮認為由『台灣』與『大陸』直接談判之法律性建議不切合實際一節，台端有何評論？」布瑞答：「本人不欲置評。」又問：「國務院曾否循正常途徑將其如何建議宣稱解決台灣問題之可能性事宜通知白宮？」布瑞仍然回答：「本人對此事不願再表示意見。」[6] 顯然他已經奉命不得就此問題再發表意見。

2. 中華民國政府的激烈反應

　　中華民國政府對於美國國務院發言人布瑞的這番談話反應強烈，先是外交部主管官員於 4 月 29 日立即向美國駐華大使館查詢真相，4 月 30 日上午外交部長周書楷召見美國駐華大使馬康衛，表達中華民國政府對此事的極端關切和強烈指責，要求美國政府儘速予以澄清，並謂：（一）中華民國政府絕不能接受任何對台澎法律地位之置疑（challenge），（二）中華民國政府絕不接受任何有關與共匪談判之無謂（gratuitous，或譯不必要的）建議。馬康衛答稱：

> 「此一問題不幸在此一時期由於疏忽（inadvertently）而發生，本人同感痛心……惟此一問題原係因報界之提出……本人認為布瑞君在處理上確有不妥，渠本非遠東問題專家，且其擔任發言人又係新手，因此在答覆問題之過程中頗有前後紊亂之處。本人茲奉政府訓令，向閣下保證此次發言決非表示美國對台澎地位及承認貴國之合法統治台澎，在政策上有何變更。美國對於在本地區內用和平方式解決爭端，乃一貫之立場，但不應被

412.7/0008。

6　附件五「國務院發言人布瑞在該院四月三十日記者招待會席間有關台灣地位問題答詢摘錄中譯文」，〈台澎地位問題（第二冊）〉（1971 年 4 月 1 日迄 6 月 30 日），《外交部檔案》，中央研究院近史所檔案館藏，檔號：412.7/0008。

解釋為美國政府建議貴國政府與中共進行談判。……關於台澎
之法律地位問題，美國純就狹義法律觀點看，認為尚未做最後
之處理。」[7]

　　4 月 30 日晚上外交部發言人魏煜孫特發表聲明，除了描述周部長
對馬康衛大使的講話內容以及馬康衛的上述說明，最後謂「周部長切請
馬康衛大使將我方嚴正立場報告國務院。馬康衛大使當允照辦。外交部
今日已訓令我駐美大使館向國務院作同樣之嚴正表示。」[8]

圖 8-1　美國新任駐華大使馬康衛向總統蔣中正呈遞到任國書
（1966 年 6 月 28 日）

來源：〈領袖照片資料輯集（六十一）〉，《蔣中正總統文物》，國史館藏，數位典藏號：
002-050101-00063-230

7　外交部周部長召見美國駐華大使馬康衛「談話簡要紀錄」（1971 年 4 月 30 日），
　〈台澎地位問題（第一冊）〉（1971 年 4 月 1 日迄 6 月 30 日），《外交部檔案》，中
　央研究院近史所檔案館藏，檔號：412.7/0007。
8　中華民國外交部「新聞稿」（1971 年 4 月 30 日），〈台澎地位問題（第一冊）〉
　（1971 年 4 月 1 日迄 6 月 30 日），《外交部檔案》，中央研究院近史所檔案館藏，
　檔號：412.7/0008。

　　根據駐美大使館從華府致台北外交部的電報，4 月 30 日王代辦偕陳衡力參事訪問助理國務卿葛林（舒斯密 Thomas P. Shoesmith 在座），葛林的解釋是「紐約時報（記者）興風作浪為其主謀」，使發言人陷入重圍難以招架，「其實美國立場並無改變，向認台澎主權未決，但中華民國對其有 legitimate authority。」王代辦問 legitimate authority 和主權有何區別，答曰：「主權為 basic right to title，例如美雖佔領琉球，但日本保有遺留主權。」舒斯密補充說日本對琉球未放棄主權，於是「陳參事稱：但日本對台澎已放棄主權，美國何以不認主權已屬中華民國。舒無言。葛林旋稱：自然美看法不盡與貴國相同。」[9]

　　助理國務卿葛林「向認台澎主權未決」的說法，應比發言人布瑞更為清晰，4 月 28 日下午布瑞被問到「台端適才所說主權問題尚未決定一節，其歸屬仍係該二政府，並非意指該項主權上可屬於兩個中國以外之第三者，然否？」布瑞竟然答：「然。」這個回答若與「此項爭端應由彼等自行解決」合而觀之，實在是美國的新政策，而且與此次記者會開宗明義的「台澎地位未定」說法相矛盾。

　　不過當時的台灣社會恐怕無法分辨這些細節，大家看到的是：「美國務院所作荒謬主張，我政府予強烈指責；周部長昨召見美大使要求澄清，美已向我保證其政策並無改變。」[10]「外交部發表嚴正聲明，我領土主權不容置疑；強烈指責布瑞談話實屬不可思議，美使奉命澄清未主張我與匪談判。」[11] 接下來的 6 月份，外交部不斷收到新竹縣議會、嘉義縣議會、花蓮縣議會、台中市議會、彰化縣議會、雲林縣議會、高雄縣議會、台灣省議會，以及高雄青果運銷合作社全體員工等單位的電文，大同小異都是駁斥美國國務院發言人有關台澎地位問題之謬論、堅決反對

9　「駐美大使館致台北外交部特急密電」（1971 年 4 月 30 日發、5 月 1 日收），〈台澎地位問題（第二冊）〉（1971 年 4 月 1 日迄 6 月 30 日），《外交部檔案》，中央研究院近史所檔案館藏，檔號：412.7/0008。

10《中央日報》，1971 年 5 月 1 日，第一版。

11《中國時報》，1971 年 5 月 1 日。

匪偽政權進入聯合國、「不容有兩個中國之幻想存在」云云。[12]

　　值得注意的是，1971 年 5 月 3 日中國國民黨中央常務委員會第 179 次會議，由外交部長周書楷報告「關於美國國務院新聞官近日發表談話之處理經過」，陳裕清（國民黨中央委員會第四組）主任報告「台灣的法律地位問題」，梁永章（國民黨中央委員會第五組）主任報告「本問題引起各方反應情形及建議事項」，該次常會除責成外交部「繼續予以澄清，以安定人心」以外，由於梁永章報告「台大學生對此事非常激動」、「釣魚台問題所引起之情緒尚未完全平復，又引起甚人激動」，常會接受胡健中常委的說法「在不過分形成反美浪潮的前提下」，應當容許青年學生適度表達其愛國熱忱。梁永章又說：「分歧分子得到了很大的鼓舞，對現狀不滿的政客對此亦甚感興趣，雖台獨之活動尚無具體證據，但顯然這機會必然會被利用。」總之，「黨對學生之愛國行動應主動領導掌握」、「黨與情治單位應加強聯繫，防範騷動」、「如發動反對匪入聯合國之簽名運動，發動至何程度是一問題，並應考慮不致使這運動成為以反美為中心的運動」。其間，周書楷建議對台灣地位問題及釣魚台主權問題，應邀請專家成立小組「徹底有一研究，研究結果其對我有利部分，可在適當時期予以發表。」胡健中還說他雖然贊成請專家成立小組加以研究，「但不能發表消息，使人誤認我自己也對這問題應加研究。」[13]

　　國家面臨外在正當性危機的時候，企圖透過黨與情治單位掌控學生，或透過社會動員來鞏固領導中心，對於問題本身的根源與解決辦法不讓社會公開討論，充分顯示一個獨裁政權對自己存在的理由缺乏信心。**問題的根源是什麼呢？**首先是國際情勢已經使美國的中國政策必須

---

12 〈台澎地位問題（第二冊）〉（1971 年 4 月 1 日迄 6 月 30 日），《外交部檔案》，中央研究院近史所檔案館藏，檔號：412.7/0008。

13 「中國國民黨中央委員會致周部長書楷同志函以及與會同志發言速記錄」，〈台澎地位問題（第二冊）〉（1971 年 4 月 1 日迄 6 月 30 日），《外交部檔案》，中央研究院近史所檔案館藏，檔號：412.7/0008。

改絃更張、必須接受（多數國家贊成）中華人民共和國加入聯合國的現實，其次是由台灣的中華民國代表全中國的神話難以為繼，如果只代表自己（台澎金馬）——當然要面對民主化的問題——才比較有說服力；總之應該考慮調整國策，承認對岸才是中國，接受美國已經一再試探的「雙重代表權案」，也許可以為國家找到一條新的出路。

三、雙重代表權案的擬議及其挫敗

美國政府從 1961 年開始，連續 10 年提出「重要問題案」（即依照聯合國憲章第 18 條第 2 款「新會員國加入聯合國之准許」屬於重要問題，需獲得大會三分之二以上的多數才能通過），並連連率先獲表決通過。當 1970 年聯合國第 25 屆大會處理中國代表權問題的「阿爾巴尼亞案」獲得簡單多數、但因屬重要問題案而險敗，可以預見下一屆的重要問題案將失去多數支持，這時國務卿羅吉斯（William P. Rogers）寫給尼克森總統的一份備忘錄說：要聯合國允許共產中國加入，吾人承認乃是極為敏感之事，然而吾人不相信「排除中華民國」已經是聯合國的多數意見；長期以來聯合國中國代表權的主要困難是，被擺放在「驅逐中華民國並以中華人民共和國代之」的條件上，如今美國已準備檢視所有情況的意涵……。[14] 事實上從 1971 年 1 月開始，美國國務院就陸續收到各個盟國傳來消息，包括紐西蘭、比利時、澳大利亞都認為美國在聯合國的中國代表權政策（若不改變）必將失敗，他們看好「雙重代表權」方案。[15]

若依據聯合國憲章第 18 條有關會籍之加入或排除的重要問題條

---

14 Memorandum From Secretary of State Rogers to President Nixon, November 18, 1970, *Foreign Relations of the United States（以下簡稱 FRUS）, 1969-1976, Vol.V, United Nations, 1969-1972, Document 310.*

15 助理國務卿葛林分別與這三個國家的大使或外交部長深入交談。*FRUS, 1969-1976, Vol.V, United Nations, 1969-1972,* Document 320/321/322.

款，是屬於安理會常任理事國可以動用否決權的「實質問題」，因而美
國總統從甘迺迪以來不乏向台北承諾必要時將動用否決權，但 1971 年
尼克森政府傾向把它定位為「程序性」的代表權（representation）問
題，即不適用否決權。當時美國新任常駐聯合國代表布希（George
H.W. Bush）不贊成把代表權問題「實質化」成為兩個中國政策從而可
以動用否決權，主張用「雙重代表權」表述，因為「兩個中國」政策不
但台海兩岸都強烈反對，而且會成為支持阿案那些國家誣指美國阻止中
共入會的口實。[16]

　　美國在思考中國代表權新方案的過程中，不能不顧慮蔣介石總統
的看法，尼克森總統因而派遣墨菲（Robert D. Murphy）大使做為私人
代表，於 1971 年 4 月 23 日下午在台北的孫逸仙紀念館與蔣介石總統
晤談，在場的還有周書楷部長、沈劍虹大使。墨菲首先表示，鑑於環境
變遷並經詳細研究，今年聯合國若續採舊的「重要問題案」必將遭遇失
敗，蔣問美方可有新的方案？墨菲答若沒有新的方案則阿爾巴尼亞案將
會獲得通過，但在拜訪蔣總統並將會談結果回報華府以前，美方不會作
最後決定；一般討論的是以「雙重代表權（dual representation）案」來
取代重要問題案，其中並不界定何者為中國的唯一代表，這問題須由雙
方自己解決。蔣介石則認為，像北平這樣與聯合國敵對的政權要加入聯
合國，應被視為「重要問題」，「重要問題案」應仍是阻止中共入會的主
要武器；為了尊重聯合國憲章，應是愛好和平的國家方能入會，美國應
堅守此一立場，不應為了安撫北平而拋棄法律原則的神聖性。墨菲除了
對美國必須容忍一些像古巴這樣的敵對國家表示遺憾，接著提醒這幾個
月又多了八個國家與北平政權建立外交關係，如果美國不理會這個大趨
勢，將會與中華民國一起在這個議題上遭到挫敗，所以尼克森總統的立
場是，今秋中華民國在聯合國若堅持使用老辦法，他將奉陪，但他非常

---

[16] Bush to Kissinger, letter, April 17, 1971, *FRUS, 1969-1976, Vol.V, United Nations, 1969-1972*, Document 346.

渴望知道蔣本身的意見並得到他的建議。蔣介石終於說出底限：不論重要問題案能不能成功，必須再試一下，如果美國必須提出新辦法，它必須能保障中華民國在聯合國大會以及安全理事會成員的席位，這兩者是不可分的。蔣介石重申：安理會席次若讓給北平，將腐蝕中華民國存在的法律基礎，這種違背我國家榮譽與傳統的恥辱情境，我們完全無法接受。此時墨菲再度保證，任何新方案都不會涉及中華民國在安理會的席次。[17]

　　蔣介石的此一立場，在1971年的7月仍然被沈劍虹大使和外交部長周書楷拿出來向美方確認。7月1日沈劍虹對季辛吉說：「蔣介石曾面告墨菲大使中華民國對保有安理會席次有重大的需求，**只要中華民國政府能繼續維持其安理會席次**，任何美方欲維護中華民國政府之聯合國席位的構想都可以接受。」只是季辛吉坦率回答：這是個非常困難的任務，因為在聯合國有相當多的國家，當倡議中華民國政府繼續擁有會籍的同時，會主張讓共產中國取得中華民國政府的安理會席次，像這類態度可能會難以應付。[18] 7月12日周書楷傳達給美方的訊息也是：中華民國能夠接受雙重代表權，假定它不提安理會席次應讓與北京，且假定若驅逐（中華民國）需2/3投票通過之保障的話。[19]

　　不過，由於尼克森遲遲沒有宣布美方的決策，日後錢復的評論是：「過去三個月美方完全沒有動作，主要是迫使我們將安理會席位讓給中共。墨菲4月的來訪和季辛吉7月1日與沈大使的談話，**完全是敷衍我們**。季氏和沈大使談話時，美方早已安排了密訪大陸。」[20] 美國國務院是

17 "Summary record of a conversation between President Chiang Kai-shek and Mr. Robert D. Murphy", Taipei, April 23, 1971, *FRUS, 1969-1976, Vol.V, United Nations, 1969-1972*, Document 349.

18 "Memorandum of conversation", Washington, July 1, 1971, by James Shen and Henry A. Kissinger, *FRUS, 1969-1976, Vol.V, United Nations, 1969-1972*, Document 368.

19 "Information Memorandum from Green and De Palma", Washington, July1 2, 1971, *FRUS, 1969-1976, Vol.V, United Nations, 1969-1972*, Document 371.

20 錢復，《錢復回憶錄》，卷一：外交風雲動（台北：天下遠見出版公司，2005年），

在 8 月 2 日才正式發表〈美國對聯合國內中國代表權政策〉的聲明，謂美國將於今秋的聯合國大會中支持給予中華人民共和國席次的行動，同時美國亦將反對任何排斥中華民國，或用不同方法剝奪它在聯合國代表權的行動，至於安理會的中國席次問題，「我們準備聽由聯合國會員國決定來解決這一問題。」[21] 中共方面對此反應強烈，8 月 4 日新華社抨擊羅吉斯所說的「兩個中國」完全是幻想，「世界上只有一個中國，就是中華人民共和國。」[22] 接下來 8 月 9 日，中共國務總理周恩來也公開發表談話：「如果兩個中國的局勢在聯合國內出現的話，中共將斷然不會接受聯合國之席位，縱使聯大屆時通過的提案，**暗示台灣地位仍然懸而未決，中共亦不會進入聯合國。**」[23] 由於中共是如此理解美國的方案、且如此公開表態，反而讓台北的外交部放下心來：

> 自尼克森總統宣布擬訪問匪區，我國內有人認為季新格（季辛吉）訪問匪區時弊已就聯合國問題與週斐獲得祕密協議。由於共匪此次聲明，則可引證美匪間並無祕密協議，目前美為保障我在聯合國之地位積極爭取支持，其種種努力本部甚表欣賞，今後尤盼密切協調聯繫。[24]

不過台北方面配合到何種程度不無疑問，儘管錢復說外交部曾經在 8 月 20 日通電「駐全球各地我國使館」向駐在國政府進洽說明我盼各

頁 150。

21 美國國務卿羅吉斯關於「美國對聯合國內中國代表權政策」聲明中英全文（1981 年 8 月 2 日），王正華編，《中華民國與聯合國史料彙編：中國代表權》，頁 547-549。

22 中共新華社抨擊美國國務卿羅吉斯聲明推行兩個中國（1971 年 8 月 4 日），王正華編，《中華民國與聯合國史料彙編：中國代表權》，頁 560-562。

23 中共國務院總理周恩來對《紐約時報》副社長表示：聯合國如出現兩個中國的局面，中共堅拒進入（1971 年 8 月 9 日），王正華編，《中華民國與聯合國史料彙編：中國代表權》，頁 562-567。

24 外交部北美司長錢復與美國大使館副館長來天惠洽談聯大中國代表權案（1971 年 8 月 21 日），王正華編，《中華民國與聯合國史料彙編：中國代表權》，頁 577。

該政府投票支持 D.R. 案，[25] 但其內容顯然是不含安理會席次的「簡單雙重代表權案」，事實上 9 月 3 日羅吉斯即又正式通知周書楷，由於「簡單雙重代表權案」無法取得最低限度可接受聯署國，美國已經決定進行聯署「複雜雙重代表權案」（也就是把安理會席次讓給中共），要求中華民國的諒解與繼續合作。此後我們看到的都是中華民國方面「堅決反對」任何安排將安理會席位畀予中共。[26] 這時，來自台北總統府方面的指示，已經要求紐約常駐聯合國代表團要有「主動退會」的準備。[27]

蔣介石在 10 月 2 日針對聯合國的因應在日記中留下紀錄：「退出聯合國問題經兩月來之考慮，今日形勢共匪闖入聯合國與侵佔我安全理事會席次罪行已定，尤其美尼之毒計無法忍受，**故決心以漢賊不兩立與毋為瓦全之精神實行退出聯合國也。**」18 日又在日記寫著：「聯合國已成為叛國奸賊與侵略罪犯的淵藪，吾人應潔身自好，再不能與之同流合汙，決定自動的退出聯合國，保存光榮歷史。」[28] 他在別的地方把美國總統尼克森稱為尼丑，在這裡把美國的聯合國方案理解為「毒計」，除了反映個人的性格，也顯示中華民國政府因應聯合國危機的彈性有限，被自己的意識形態綁住了手腳。

四、討論與結語

美國對聯合國的中國代表權問題最終所採取的「複雜雙重代表權案」策略，儘管被中華民國和中華人民共和國雙方所反對，彼仍認為

---

25 王正華編，《中華民國與聯合國史料彙編：中國代表權》，頁 573。

26 外交部發言人發表談話，我國堅決反對任何安排將安理會席位畀予中共（1971 年 9 月 17 日），王正華編，《中華民國與聯合國史料彙編：中國代表權》，頁 579-580。

27 電文是說：「……於判明 I.Q.V 及 .D.R. 兩案通過無望而阿案通過卻成定局時，斷然主動退會，以免完全陷於受辱地位。」總統府秘書長黃少谷電告外交部長周書楷對中國代表權問題處理原則（1971 年 9 月 18 日），王正華編，《中華民國與聯合國史料彙編：中國代表權》，頁 580。

28 《蔣介石日記》，1971 年 10 月 2 日、10 月 17 日，美國史丹佛大學胡佛檔案館藏。

是符合雙方利益的合理解決方案，1971 年 7 月 12 日國務院預擬的兩套劇本（scenario）中，認為「複雜雙重代表權案」具有的優點包括：為中華民國政府隨後的改變心意保留空間（Would hold open the door to a later GRC change of mind），同時也為中華人民共和國願在雙重代表權的基礎上加入聯合國的微小可能性（the very remote possibility）保留空間。[29] 不過，10 月 25 日的大會議程已經把阿爾巴尼亞案排在雙重代表權案的前面，議場攻防恐怕只剩下行禮如儀的意義；首先表決的「重要問題案」以 59 票反對、55 票贊成、15 票棄權而不能成立，換言之中共入會只要簡單多數不需三分之二多數即可通過，於是，在阿案表決之前，中華民國代表團以程序問題要求發言，由「當然首席全權代表」周書楷上台表示：「中華民國代表團鑒於大會會場所呈現之狂妄及無理性之狀態，現已決定不再參加本屆大會任何進一步的議事程序」，代表團走出會場以後，另外發表的公開聲明（於 10 月 30 日檢送聯合國祕書長）才明白說：「……成為聯合國創始會員國及安全理事會常任理事國之一的中華民國，決定退出他自己所參與締造的聯合國。」[30]

美國在因應國際環境變動、調整對中國政策的過程中，順應了必須接納「中華人民共和國才是中國」的現實，但是企圖兼顧兩端的雙重代表權案無法實現，當然是一種挫敗，其間中華民國政府當然要負相當的責任。沈劍虹在他的回憶錄中亦如此檢討：「我不得不說，在必須當機立斷的時候，我外交當局卻顯得猶豫不決。」[31] 有研究者更全面地歸納說：「國府不能當機立斷掌握六〇年代契機於先，又不能放棄重要問題

---

[29] Green and De Palma to Secretary of State Rogers,"Scenario for Dealing with GRC on Dual Representation", *FRUS, 1969-1976, Vol.V, United Nations, 1969-1972*, Document 372.

[30] 外交部長周書楷在美國紐約發表聲明宣布中華民國政府退出聯合國中文及英譯文（1971 年 10 月 25 日），王正華編，《中華民國與聯合國史料彙編─中國代表權》，頁 706-720。

[31] 沈劍虹，《使美八年紀要─沈劍虹回憶錄》（台北：聯經出版社，1982 年），頁 53。

案、明白擁護雙重代表權案於後，是註定雙重代表案失敗原因之一。」[32]

從學術研究的角度而言，由於檔案開放、各方回憶錄陸續出爐，對於影響重大的聯合國中國代表權問題仍有不少的研究空間。例如長期參與外交事務、當時也在第一線折衝的錢復，在回憶錄中一方面批評羅吉斯「言不由衷」，一方面記述事後（10 月 29 日）與季辛吉談話的印象，竟然說「周（書楷）、沈（劍虹）二位都感到季氏態度誠懇，較羅吉斯友好得多。」[33] 事實上，從美國解密檔案看到 1971 年 7 月及 10 月季辛吉兩次訪中與周恩來的談話紀錄，[34] 以及季辛吉回憶錄，他明白表示「雙重代表案與突破中共關係任務完全是背道而馳的設計。不值得為一個挑釁且解決不了任何事情的雙重代表案，而破壞與中共交往。」[35] 不論對台灣或中華民國而言，才是最不「誠懇」的。另外，有學者從尼克森的決策過程與背景研究「美國對華政策之轉折」，[36] 雖然中規中矩，但是該書有關聯合國中國代表權有關的兩個中國、一中一台或「台灣地位問題」皆輕描淡寫，殊不能滿足吾人今日追索台灣出路之選項的需求。

筆者為研究 1971 年前後的台灣地位與中國代表權變動問題，在閱讀外交部檔案的過程中，竟有名為「台澎地位問題」的資料兩大冊，且集中環繞在 1971 年 4 月美國國務院發言人布瑞講話引起的風波，後來又看到季辛吉回憶錄說到：「國務院於 4 月 28 日——也就是我們收到周恩來對尼克森的邀請的第二天——說台灣地位『未定』，這種說法是國

---

32 涂成吉，〈中華民國在聯合國的最後日子——一九七一年台北接受雙重代表權之始末〉，《傳記文學》，第 89 卷第 4 期（2006 年 10 月），頁 15-31。

33 錢復，《錢復回憶錄》，卷一：外交風雲動，頁 154、165。

34 「美國國家安全檔案館分析員威廉伯爾分析美國國家安全檔案中涉及的中美部份」，梁建增主編，《改變世界歷史的七天》（北京：高等教育出版社，2003 年），頁 169-174。

35 季辛吉著，楊靜予等譯，《白宮歲月——季辛吉回憶錄》第三冊，頁 54。

36 包宗和，《美國對華政策之轉折——尼克森時期之決策過程與背景》（台北：五南圖書出版公司，2002 年）。該書原係 1979 年政治大學外交研究所之碩士學位論文，作者於美國取得博士學位並回台任教之後，予以增刪而後出版。

務院採取雙重代表權這一立場的法律根據。」[37] 更引起筆者對此問題的研究興趣。布瑞的發言雖然在敏銳記者的挑戰之下造成更多疑惑，有些地方也難以自圓其說，但是大國之間行之有年的交往架構一旦要調整轉向必有其曲折歷程，[38] 我們小國研究其行為模式、理解自己當時在其中的位置、當時被如何談論著，應有助於拓展想像空間，作為尋找未來台灣出路的重要參考。

　　值得注意的是，雙重代表權不但是解決中國代表權問題的方案，而且涵蓋了台澎地位問題，如果它獲得實現，等於改變了五〇年代以來美國的「台灣地位未定」立場。雙重代表權的擬議畢竟未獲實現，不論對台灣而言是幸或不幸，應知此一代表權問題實與台灣地位問題息息相關。要之，1971 年聯合國發生的雖然只是「中國代表權」的變動，但是中華民國一旦失去中國代表權，中華人民共和國才是唯一代表中國的話，如果台澎地位確定屬中，那麼中華民國將安住何方？**所以美國繼續其杜魯門總統以來的「台灣地位未定論」，才是維持現狀所必須的理據**。至於此一難解的爭端若交由北京與台北兩個政府自行談判解決，將使台澎成為刀俎魚肉，確實是國務院發言人欠缺考慮犯下的錯誤，必須尼克森總統親自出面迅速滅火；畢竟，「台海問題必須和平解決」的涵義包括美國關切、介入的空間，而「交由北京與台北兩個政府自行談判解決」則已排除了美國的責任與角色，這種致命的分別，足可作為今日好談「兩岸和平協議」者的鑑戒。

37　季辛吉著，楊靜予等譯，《白宮歲月──季辛吉回憶錄》第三冊，頁 54。

38　參見陳儀深，〈從「康隆報告」到「台灣關係法」：美國對台政策的曲折歷程〉，收入台灣教授協會編，《中華民國流亡台灣 60 年暨戰後台灣國際處境》（台北：前衛出版社，2010 年），頁 15-49。

第九章
第三次台海危機與首次台灣總統民選

一、前言

　　1949 年國民黨政府遷台以後，歷經 1950 年 6 月韓戰爆發、美國第七艦隊協防台灣海峽，確立了此後長時間的冷戰格局。但並非從此「西線無戰事」，相反地在五〇年代的 1954 年、1958 年有兩次驚濤駭浪的台海危機，[1] 前者是指 1954 年 9 月 3 日解放軍以重砲轟擊金門開始，中華民國空軍反擊、轟炸，翌年 1 月 20 日共軍佔領一江山、威脅大陳島，由於 12 月初剛通過的「中美共同防禦條約」範圍僅及台澎，沒有涵蓋金、馬等離島，美國國會旋在 1 月 24 日通過「台灣決議案」，授權總統於必要時以武力防衛離島，但蔣介石仍在 2 月時不得不撤退在大陳島上的七千名軍隊與兩萬名百姓，隨後又放棄舟山群島，僅留下金門、馬祖作為台澎的前進基地。這是第一次台海危機。至於 1958 年 8 月 23 日早上短短兩小時之內，金門被對岸砲轟了四萬兩千枚砲彈，到 10 月 25 日中共宣布「單打雙不打」政策為止，危機漸漸過去，估計金門共遭受五十萬發砲彈攻擊，造成三千名居民與一千名士兵的死傷，[2] 毛澤東雖然沒能成功地迫使國民黨軍隊撤出金門等地，但「實現了根本消除美

1　中華民國官方也是這樣界定著兩次台海危機，例如周琇環等編輯，《中華民國政府遷臺初期重要史料彙編：臺海危機》，（一）（二）兩冊（台北：國史館，2014年），導言，頁 4。

2　以上數字是來自中華民國政府的估計，參見 Denny Roy, *Taiwan: a Political History*. Ithaca and London: Cornell University Press, 2003, p. 122.

軍和國民黨軍隊利用福建沿海島嶼威脅大陸的目的。」[3]

第二次台海危機是國民黨政府來台以後與中華人民共和國之間最大規模的軍事衝突，有學者敏銳地指出：「在那之後兩國實際統治疆界被固定了下來。而在 1956 年台灣實施全面性梯次徵兵後，這也是本省人與外省人共同並肩作戰的第一場戰役，……區分敵我的國民（nation）概念也在此次台海危機中被實際確立與動員。」[4]換言之，「台澎金馬」作為國家範圍描述的概念並不是 1949 年國民黨政府來台之際確立的，而是經過五〇年代兩次台海危機之後才確立的。然而，要說「中華民國在台灣」是一個主權獨立的國家，實不宜從 1958 年起算，因為在白色恐怖戒嚴統治下，政府（中國國民黨外來政權）與（台灣）人民斷成兩橛，應該是 1992 年國會全面改選以後，尤其是 1996 年總統直接民選以後，政府與人民成為一體，才有獨立國家的實際意涵。[5]

正因為這樣，北京政府才會在 1995、96 年大動干戈，對台灣發起「試射飛彈」的武力威嚇，造成所謂「第三次台海危機」。曾經有學者研究認為，前兩次危機的性質屬於軍事衝突，只能迎戰與贏戰，目標與手段相對單純，第三次台海危機則是一種「軍事恫嚇」、但有可能擦槍走火，最高原則應是避免戰爭，涉及因素錯綜複雜；另外，前兩次發生在冷戰時期，中華民國且為聯合國安理會成員，外來奧援條件較佳，而國內施行威權統治，情勢相對單純，第三次則是在後冷戰時代，美國對其國家利益的計算趨於複雜，中華民國已經民主開放，社會控制基本解除，導致危機型態更為多元、危機處理難度更高。[6]吾人基本同意這樣

---

3 牛軍，〈1958 年炮擊金門決策的再探討〉，收入沈志華、唐啟華主編，《金門：內戰與冷戰——美蘇中檔案解密與研究》（北京：九州出版社，2010 年），頁 129。

4 林果顯，〈兩次台海危機的戰爭宣傳布置（1954-1958）〉，收入沈志華、唐啟華主編，《金門：內戰與冷戰——美蘇中檔案解密與研究》，頁 86。

5 參見陳儀深，〈關鍵的一九九一：論「中華民國在台灣」的誕生〉，《思與言》，第 50 卷第 2 期（2012 年 6 月），頁 33-58。

6 鄒景雯、陳明通，〈國家安全危機處理機制：以 1996 年台海危機個案為例〉，《東吳政治學報》，第 33 卷第 4 期（2015 年 12 月），頁 136-137。

的比較分析，但本文希望利用現有的研究成果，更宏觀地描繪李登輝總統的決策如何影響美國對台政策、美中兩大國的交涉過程、以及柯林頓（Bill Clinton）斷然出兵為海峽兩岸關係劃出紅線的意義。在台灣總統直選二十年的此刻，本文擬提供台灣國家現狀「之所以然」的一種觀察角度，從而作為一種反思和紀念。

二、李登輝總統試圖重新界定台、中、美關係

李登輝繼任總統以後，對於兩岸之間的交往機制，規劃以國統會為決策層次，由陸委會執行，而半官半民的海基會擔任白手套；李登輝設置國統會的目的，首先是求取兩岸關係的穩定發展，減少猜忌以及我方內部的歧見，以爭取憲政改革的時間，因此用了「國家統一」的帽子。但事實上，李登輝知道統一的條件並不成熟，1990 年 10 月 7 日國統會首次會議，1991 年 2 月完成制訂的「國家統一綱領」，其中所規劃的近、中、遠程三階段皆沒有時間表，且以自由、民主、均富、平等作為統一的前提，等於對統一設置了安全閥。這是有史以來，「中華民國首度在文件中明確的承認台海兩岸分處不同地緣的政府，是兩個不同的政治實體，階段性的意義相當重大。」[7]

先把國統會與國統綱領建構起來，繼而在 1991 年 4 月 30 日終止動員戡亂時期，臨時條款隨之廢除，兩岸關係至此產生「結構性的改變」。李登輝應是有備而來，1988 年他繼任總統以後，就找了二十幾位專家學者組成政治、經濟、外交、大陸四個研究小組，每個月開一次會，後來為了避免偏重理論、缺少實際對策，就把成員擴大，納入次長級的行政主管，以及真正執行實務工作的人員，成員一度高達五、六十位；其中又以曾永賢和張榮豐為中心，可以依問題性質臨時召集相關人

7　李登輝受訪，鄒景雯採訪記錄，《李登輝執政告白實錄》（台北：印刻出版社，2001 年），頁 181-183。

員（共約八、九人）進來開會，例如大陸問題就找海基會的許惠祐、陸委會的官員和其他專業人員，如此就可以得到比較具體可行的意見。[8]

李登輝之所以將國統會運作為一個策略平台，乃因對北京而言會有一種安撫作用，尤其在 1995 年李登輝出訪美國之前，兩岸關係大抵處於和平對話狀態，國統會作為一種象徵，可以讓北京當局對於「統一」持續抱持著「想像」的功能。[9] 相對地，民進黨對於國統會的態度，始終由於機構名稱已預設「統一」立場，而拒絕參加，只有黨內「大老」之一的、自成一格的康寧祥受邀參與國統會，民進黨則在第一時間將他移送中評會黨紀處分，[10] 最終撤銷其黨顧問頭銜。[11]

值得注意的是，像蔣緯國等「嚮往統一」的中國國民黨大老，對於國統綱領很不以為然，因為它的近、中、遠程計畫設計「是近程計劃達到目標後才進行中程計畫，中程計畫完成後才進入遠程計畫……要等到進入遠程計畫後，才能與中共談判……」，於是蔣緯國抱怨：「這種綱領能稱為計畫嗎？訂定這個計畫的人，一定是個內行人，因為他懂得如何阻礙統一，所以做出這種計畫，讓我們永遠無法達成統一。」[12]

其次，在台美關係方面，1979 年以後乃以《台灣關係法》為基石，美國關切台灣安全但不承認台灣或中華民國是個國家，台灣以何身分、如何繼續參與國際社會，仍然常受美國態度的影響。例如，1991年 7 月布希政府在參眾兩院的壓力下才支持台灣加入關貿總協定（先前 1990 年 1 月中華民國政府即以「台澎金馬關稅領域」的名義申請加入），1991 年 11 月在韓國召開的第三屆亞太經合會，也是在美國的支

8　曾永賢口述，張炎憲、許瑞浩訪問，許瑞浩、王崢萍記錄整理，《從左到右六十年：曾永賢先生訪談錄》（台北：國史館，2009 年），頁 222-223。

9　李福鐘，《國統會與李登輝大陸政策研究》（台北：五南圖書出版公司，2010 年），頁 162。

10　《聯合報》，台北，1990 年 9 月 13 日，第 2 版。

11　《聯合報》，台北，1990 年 10 月 4 日，第 4 版。

12　蔣緯國口述，劉鳳翰整理，《蔣緯國口述自傳》（北京：中國大百科全書出版社，2008 年），頁 297。

持下得以參加。台美之間所謂的「非官方關係」甚為曖昧，例如 1994
年 9 月 7 日美國**國務院亞太助卿羅德**（Winston Lord）才重申不允許我
方高階層領袖訪美及不允許我外交部長及國防部長訪問華府的慣例，9
月 28 日**裴爾**（Claiborne Pell）、**赫姆斯**（Jesse Helms）**等六位參議員**卻
提出一項決議案，內容包括「歡迎中華民國在台灣的總統及其他高層首
長訪問美國。」[13] 1995 年 3 月至 5 月間，美國參眾兩院更以壓倒性多數
決議（眾議院 390:0 票，參議院 97:1 票）支持李登輝總統到美國進行私
人訪問，柯林頓總統終於改變立場，允許李總統參加是年 6 月的康乃爾
大學校友會，此事大出北京政府意料之外，乃指責美國製造兩個中國、
一中一台，且有隨後的一連串報復行為。

圖 9-1　柯林頓（維基百科・公有領域）

　　以上的發展並不是直線的，而是有著曲折的過程。1992 年年底甫
當選美國總統的柯林頓，一改競選期間對中政策的激烈言詞，對媒體宣
稱「不去孤立中國，期待中國繼續向市場經濟發展，這攸關我們的重大
利益。」但是他曾經做過的關切人權問題的承諾，不容許他做太大的偏

13　詳見周煦，《冷戰後美國的東亞政策（1989-1997）》（台北：生智文化公司，1999
　　年），頁 210-216。

離，所以 1993 年 5 月 28 日柯林頓總統發布了第 128590 號行政命令，
即「關於延長對中華人民共和國的最惠國地位向國會的報告」，提出七
項與人權相關的因素，作為延長對中國最惠國待遇至 1994 年 6 月 3 日
的條件。一般認為這是太僵硬而不切實際的宣告，大公司大財團以及
相關的國會議員不斷給政府壓力，於是爭吵一年之後——1994 年 5 月
26 日，柯林頓在白宮發表聲明，宣布終止 163 天之前宣布的「掛鉤政
策」。[14] 就在這個時候，中華民國政府向國務院申請允許李登輝總統在
1994 年 5 月 4 日在夏威夷過境一晚，以便座機在前往中美洲和非洲的
途中加油，國務院為了向北京重申美台關係的非官方性質，只准李登輝
在 Hickham 空軍基地的轉機休息廳下機，但不得離開機場。於是，李

圖 9-2　總統李登輝與美國在臺協會理事主席 Natale H. Bellocchi（白樂崎）於
　　　　專機上晤談（1994 年 5 月 4 日）

來源：〈李登輝底片資料輯集一民國八十三年五月〉，《李登輝總統文物》，國史館藏，數
位典藏號：007-030207-00049-003

14 藍普頓（David M. Lampton）著，計秋楓譯，錢乘旦校，《同床異夢：處理 1989 至
　2000 年之中美外交》（香港：中文大學出版社，2003 年），頁 27-33。

登輝拒絕走下他的波音 747 飛機，身穿一件汗衫、腳穿拖鞋，在機上會見美國在台協會主席白樂崎（Nat Bellocchi）。[15] 這件事引起美國輿論及國會山莊的批評，認為是一種卑劣的、苟且偷安的政策執行，從而使美國國會隨後更大程度地介入對中、對台政策，鼓勵了台灣方面對美國國會的遊說活動，導致美台關係在 1994 年下半年不斷升級，乃至迫使華府批准李登輝 1995 年的造訪康乃爾母校之旅。

　　1995 年 6 月 7 日，李登輝啟程前往美國進行為期六天的私人訪問，在母校康乃爾大學發表「民之所欲，長在我心」的演說，儘管小心翼翼定位為私人、非政治性的活動，但有部分的演講內容仍然挑動敏感神經：

> 台灣已在和平的過程中，轉化為民主政治，同時也積極參與國際經濟活動，並在亞太地區的國際社會中，形成一股不容忽視的影響力。但是，由於中華民國未能獲得國際社會應有的外交承認，台灣經驗在國際上的重大意義，也因此而被低估。
>
> 坦白而言，我們的民眾並不滿意我們今天所處的國際地位。……我們很誠懇地希望世界各國以公平合理的態度對我，不要忽視我們所代表的意義、價值與功能。有人說我們不可能打破外交上的孤立，但是我們會盡力向「不可能的事物挑戰」！本人確信，這個世界終將瞭解，在台灣的中華民國是一個友善且具實力的發展夥伴。
>
> 只有從上述角度觀察中華民國在台灣近年來經濟、政治與社會的發展，才能在後冷戰和後共產主義的世界潮流中給予我國定位，也才能為邁向廿一世紀的亞太及世局發展，提出新的方向。[16]

---

15 白樂崎詳述了那次會面談話的內容，見 *Nat H. Bellocchi, The Path to Taiwan's Democracy: Memories of an American Diplomat.* Bellocchi & company, 2010, pp. 171-193.

16〈民之所欲，長在我心〉，收入李登輝，《經營大台灣》（台北：遠流出版公司，

　　李登輝在美國的土地上，在眾多媒體面前，侃侃談到「中華民國在台灣」具備實力條件卻缺少應有的外交承認，企求國際給予我國定位。不過，這項突破性的舉動是否直接導致接下來的台海危機，則有見仁見智的看法。例如有學者說：「兩岸危機的產生有其遠因、近因，李總統的美國之行不過是導火線罷了。」[17]即便是導火線，也是值得注意的關聯。

圖 9-3　總統李登輝於美國康乃爾大學歐林講座（1995 年 6 月 9 日）
來源：〈李登輝底片資料輯集—民國八十四年六月〉，《李登輝總統文物》，國史館藏，數位典藏號：007-030207-00062-018

1995 年），頁 227-238。
17 蔡瑋，〈台海危機的回顧與展望〉，《海峽評論》，第 68 期（1996 年 8 月），頁 84。

三、戰爭邊緣與劃定紅線：美、中角力的過程

　　柯林頓決定發給李登輝回母校訪問的簽證，除了可能由於 1994 年 5 月對李「過境夏威夷」的矯枉過正處置引起反彈，還有一個相關而且更根本的背景因素，就是 1994 年 11 月美國國會的期中選舉結果，共和黨在參眾兩院都取得多數黨地位，這是從 1954 年以來從未發生過的事情；而新國會中幾個共和黨籍的新任委員會主席，本來就對中華人民共和國「狐疑滿腹、甚至懷有敵意」。[18] 要之，美國方面有著國內政治的因素。但是在北京政府看來，這是有計畫的陰謀，包括兩年多前布希總統出售 150 架先進的戰鬥機，1994 年秋天以來美台關係的升級，而且 1995 年 1 月「寬大的」江八點竟遭李登輝拒絕，既然溫和、靈活的態度導致如此結果，就要改採強硬態度。於是，「當美國國務院給李登輝頒發簽證之時，江澤民承受國內政治批評壓力的能力瀕臨崩潰了。當 1995 年 6 月 9 日李登輝在康乃爾發表演講時，崩潰發生了。」[19] 其中，李登輝在康大的演講，一再提到「中華民國在台灣」的字眼，被中國方面認為「明顯的背離一個中國的政策」。[20]

　　中國方面對於美國的「外交挑釁」，立刻採取的反擊措施包括：錢其琛副總理兼外長召見美國駐華大使芮效儉（Stapleton Roy），提出強烈抗議；推遲國防部長遲浩田原訂 6 月對美國的訪問，兩國間副部長級以上的的高層訪問和一些重要的雙邊磋商嘎然而止；6 月 16 日駐美大使李道豫奉召返國述職。[21] 當然，最激烈的行動是：7 月 21 日至 28 日，共軍在台灣東北 80 海浬、靠近日本及台灣空線和海線中間的地

18 藍普頓（David M. Lampton）著，計秋楓譯，錢乘旦校，《同床異夢：處理 1989 至 2000 年之中美外交》，頁 37。

19 藍普頓（David M. Lampton）著，計秋楓譯，錢乘旦校，《同床異夢：處理 1989 至 2000 年之中美外交》，頁 39。

20 陳文賢，《柯林頓及布希政府的中、台政策：決策小組之研究途徑》（台北：一橋出版社，2002 年），頁 93。

21 錢其琛，《外交十記》（香港：三聯書店，2004），頁 273-274。

方，以十海浬為圓圈試射飛彈；8 月則到達台灣北方 90 海浬的地方試
射飛彈。這期間，美國做了甚麼事呢？柯林頓和國務卿克里斯多福相當
克制地表達關切之後，美方並無其他行動。甚至在 7 月和 8 月的試射飛
彈期間，柯林頓還寫了一封信，利用亞太經合會部長會議在汶萊召開的
場合，（8 月 1 日）由克里斯多福交給中國外長錢其琛、以轉交給江澤
民主席，據錢其琛的說法，信中提到美國繼續奉行一個中國政策、遵守
三個聯合公報，反對「兩個中國」和「一中一台」的主張，反對台灣獨
立，反對台灣加入聯合國；克里斯多福和錢其琛會談的時候，還得到柯
林頓總統的授權表示邀請江主席「在不久的將來訪問華盛頓」。[22] 如果
確如錢其琛所述，這封信是用「反對」台灣獨立這種措辭的話，等於柯
林頓大大改變了過去美國政府的書面政策宣示。[23]

圖 9-4　錢其琛（維基百科・公有領域）

　　不僅如此，根據中美兩國外長在汶萊會晤達成的約定，美國負責政
治事務的副國務卿塔諾夫於同年 8 月 24 日至 27 日到中國，與李肇星副

22　錢其琛，《外交十記》，頁 277。

23　唐耐心（Nancy Bernkopf Tucker）著，林添貴譯，《1949 年後的海峽風雲實錄：美
　　中台三邊互動關係大揭秘》（台北：黎明文化，2012 年），頁 307。唐耐心提醒這
　　封信還是列為機密文件，不曾公開，據一位看過信的美國官員所說，柯林頓反對
　　的是參與台獨運動人士的行為，不是台獨這個概念。

外長就改善中美關係進行磋商。塔諾夫根據柯林頓的授權，向中方通報了關於美方今後對「台灣當局領導人」訪問將採取的若干限制措施：首先這類訪問必須是私人的、非官方的，只能是為個人目的，不能具有任何政治目的；其次，這類訪問不僅要避免實質性的官方性質，也要避免可能被人認為具有政治象徵意義的禮節性和標誌性；第三，這類訪問將是很少的，只有在特定的情況下才能被允許，並且是「個案處理」。[24] 塔諾夫的通報基本上回應和解決了中方的「嚴重關切」，北京政府才決定逐步恢復雙方的高層往來。

有學者研究分析，根據嚇阻理論的觀點，嚇阻之所以失敗的主要原因在於，發動衝突升高的國家相信他們行動的風險是可以計算的，以及他們相信可以控制和避免行動中不可接受的風險；[25] 既然在敏感的時刻，美國總統仍然從書信中給中國作重要的確信和保證，所以中國對台灣採取進一步的行動，所可能導致的美國反應（例如對中政策徹底改變，以圍堵取代交往等）風險應該可以控制或避免。換言之，柯林頓政府這時候的低調回應等於是「邀約」中國對台灣進一步的施壓。於是，1995 年 11 月 15 日起，共軍在福建南方的東山島進行十天的「史上最大的一次兩棲作戰演習」。

1995 年下半年美國對於中國上述舉措的回應只是低調，不是沒有回應。12 月 19 日，航空母艦尼米茲號率領一支戰鬥群，捨原定的台灣東部航行路線，穿過台灣海峽前往香港，**據說這是十七年來第一次駛過台灣海峽**。顯然這不會是單純為了迴避惡劣的天候，而是至少在提醒中國，〈台灣關係法〉規定美軍要密切注意台海的情勢發展。不過，事實證明這個動作「太小、太晚」了，[26] 因為中國已經做了進一步軍事演習的

24　錢其琛，《外交十記》，頁 278。

25　Alexander L. George and Richard Smoke, *Deterrence in American Foreign Policy: Theory and Practice*. New York: Columbia University Press, 1974, pp.529.

26　唐耐心（Nancy Bernkopf Tucker）著，林添貴譯，《1949 年後的海峽風雲實錄：美中台三邊互動關係大揭秘》，頁 309。

準備。

圖 9-5　尼米茲號在聖地牙哥附近海域行駛，2009 年 7 月
（維基百科‧公有領域）

　　1996 年 3 月 8 日至 15 日，共軍在離台灣南部城市高雄 32 海浬以及基隆東北 22 海浬的地方再度試射飛彈。儘管 3 月 7 日（北京時間 3 月 8 日）白宮終於對中國提出嚴重警告，謂中國的軍事行動「衝動魯莽、具有挑釁性」，國防部長裴利也對剛好來到華府訪問的中國副外長劉華秋說，「朝向台灣的侵略性軍事行動，會被視為對美國利益的威脅。」[27] 中國不理會的結果，就是柯林頓政府於 3 月 8 日宣布派遣獨立號航空母艦戰鬥群（從日本的母港過來）到台灣鄰近的公海，3 月 11 日又宣布派遣尼米茲號航空母艦戰鬥群（從波斯灣過來），此外，裝備神盾雷達系統的美國軍艦班克山號（USS Bunker Hill）也部署在台灣海峽南端。「**若美軍僅派遣一艘航空母艦，可能對台灣只是象徵性地支援，**

27　唐耐心（Nancy Bernkopf Tucker）著，林添貴譯，《1949 年後的海峽風雲實錄：美中台三邊互動關係大揭秘》，頁 310。

但是派遣兩艘，就是準備作戰的更強烈的訊息。」[28] 美國自艾森豪時代以來即遵行「戰略模糊政策」，如今這個重大（改變？）行動的決策如何形成，令人好奇。唐耐心說：

> 美國軍方對中國的軍事演習和威脅愈來愈感到不安，二月間在一次會議中列舉種種可能觸發美、中近期內爆發核子戰爭的狀況，把柯林頓也嚇壞了。參謀首長聯席會議主席夏利卡希維利（John Shalikashvili）將軍向柯林頓、雷克（Tony Lake）、柏格、克里斯多福和裴利明白表示，……對峙的結果可能爆發核子戰爭。
>
> 三月八日上午，裴利（William Perry）在五角大廈和雷克、克里斯多福、夏利卡希維利、羅德（Winston Lord），以及中央情報局局長德意奇（John M.Deutch）開會時，提議美國應派出兩個航空母艦戰鬥群來逼迫中國後退，並恢復台灣及該區域其他友邦的信心。雖然夏利卡希維利和太平洋美軍總司令普理赫（Joseph Prueher）認為一個戰鬥群已經足以向北京發出訊號，裴利堅持要有更強硬更預料不到的舉動。

　　美國的強力反應顯然發揮了效果，中國在此之後只又發射一次飛彈。有學者強調決策小組（decision unit）研究途徑對於理解美國外交政策的重要，[29] 那麼，上述派出兩個航母戰鬥群的決策，除了柯林頓總統本人之外，國防部長裴利、參謀首長聯席會議主席夏利卡希維利、國務卿克里斯多福、國家安全顧問雷克、助理國務卿羅德，都是值得注意的成員。

28　Denny Roy, *Taiwan: a Political History*, p. 200.
29　陳文賢，《柯林頓及布希政府的中、台政策：決策小組之研究途徑》，頁 23-29。

圖 9-6　克里斯多福（維基百科・公有領域）　　圖 9-7　羅德（維基百科・公有領域）

四、大選結果與各方得失評估（代結論）

3 月 23 日台灣完成首次總統民選，中國在 25 日宣布結束在台灣海峽北部為期八天的軍演，美國駐日海軍當局隨後發表聲明表示，獨立號航母戰鬥群將在 3 月 28 日回到日本橫須賀基地，尼米茲號航母戰鬥群繼續在西太平洋執行例行任務，直到接獲新命令為止。[30]

1996 年 3 月 23 日舉行的中華民國第九任總統副總統選舉，在台海飛彈危機的衝擊之下，投票率高達 76.04%，被北京政府設定為打擊目標的中國國民黨候選人李登輝（與連戰搭配）得到 54% 選票，其次是民進黨提名的候選人彭明敏（與謝長廷搭配）得到 21.1% 選票，再次是新黨所支持的前司法院長林洋港（與郝柏村搭配）得到 14.9% 選票，最後是前監察院長陳履安（與王清峰搭配）得到 9.98% 選票。後面兩組候選人的立場反對台獨、與北京論調接近，譴責美國海軍的舉動是「外力干涉」，而前面兩組候選人則是對於美軍的支援表示歡迎。換句話說，

---

30 徐子軒，〈不理性的平衡？：重新審視美國在 1995-96 年間台海危機的軍事干預行為〉，《東吳政治學報》，第 27 卷第 1 期（2009 年 3 月），頁 184。

選舉結果顯示，反對北京打壓的台灣民意高達 75% 以上。就北京原來要遏制台獨、壓低李登輝的得票而言，其失敗、失策顯而易見。

但也毋庸諱言台灣社會受到了驚嚇，股票市場從 1995 年年中至危機結束共跌了 17%，政府動用了十八億元來拯救股市，房地產和新台幣價格直直落，申請護照及外國簽證的人暴增。為了安定民心，李登輝告訴民眾對岸打來的飛彈是啞巴彈，並無攜帶核子彈頭（意思是即使被它打到，破壞也十分有限）；據說此一舉措暴露了一個高階的諜報網，其成員遭到中國處決。[31] 所幸整體而言，李登輝政府的危機處理得宜，基本上貫徹了穩定股匯市（成立股市穩定基金、央行介入匯市與房市）、避免軍事擦槍走火、加強國際聯繫、做好形象管理等危機處理目標，[32] 選舉畢竟沒有延期、李登輝沒有退出選舉、李登輝的得票率不減反增，選舉結果更鞏固了李登輝的領導地位。

長期在美國政府中擔任對中、對台政策有關官職的卜睿哲（Richard C. Bush）說，21 世紀若有強權間的戰爭，最可能發生的將是美國與中國為了台灣問題而導致的戰爭，而且「非常可能升級到恐怖的局面」；他認為要管理海峽兩岸關係並避免危機的最好方法，就是實施「雙重嚇阻」：

> 華府警告北京不可以使用武力對付台灣，但是向中國保證，美國不會支持台灣獨立。同時，華府警告台北要避免出現挑釁行為，以免造成北京使用武力，但是同時向台灣保證，美國不會犧牲台灣的自由。在這些警告與保證的交互運用下，其潛藏的意義，就是美國將威脅使用武力，以阻止中國師出無名地攻打台灣；而如果是台灣採取不必要的魯莽行動，美國也威脅將不

---

31 唐耐心（Nancy Bernkopf Tucker）著，林添貴譯，《1949 年後的海峽風雲實錄：美中台三邊互動關係大揭秘》，頁 311。
32 鄒景雯、陳明通，〈國家安全危機處理機制：以 1996 年台海危機個案為例〉，頁 187-190。

會協防台灣。美國在任何時間都會視某一方的行為來決定，到底是警告重於保證，或者保證多於警告。[33]

就美國對台政策而論，李登輝政府透過美國國會施壓，固然得到柯林頓總統讓步給予簽證，得以在康乃爾大學的公開演說吐露台灣人的心聲，但是事後為了讓北京政府放心，同年 8 月由國務卿克里斯多福在汶萊轉交錢其琛、即柯林頓寫給江澤民的信中，所做的有關反對（或不支持）台灣這個那個的說法，對台灣的未來頗多框限。有學者認為，李登輝的康乃爾之行的負面連鎖效應不止於此，還包括後來的共軍演習、台海危機，即便美國出動兩個航母戰鬥群的反應強度出乎北京政府的意料之外，但是柯林頓為了「彌補虧欠」，1998 年訪問中國時，在上海公開宣示「三不政策」：不支持台灣獨立、不承認兩個中國、不贊成台灣加入聯合國等國際組織。這是美國總統首度在公開場合中如此大力地靠向中國版的「一個中國」原則。從這個角度說，李登輝的康乃爾之行「不但無助於和平解決台灣問題，反而加劇了美、中之間的軍事對立。」「在美國心目中，李登輝不再是個民主自由的推動者，而只是個『麻煩製造者』。」[34]

可見，一個政治家在國內政治方面的成功，在國際政治方面不見得受到同樣的肯定。不過，以 1996 年的台海危機而言，在台灣舉行總統大選期間，中國方面製造的軍事威脅，一方面塑造了自己蠻橫黷武的不良形象，得不到大多數台灣人民的好感，一方面也意外受到美方展示強大的武力予以嚇阻，這至少是 1979 年台灣關係法施行以來，美國宣稱嚴重關切台海問題之「和平方式解決」的口惠以外，一次具體而有效的行動介入，不啻為台、中關係畫了一條紅線，也為所謂的戰略模糊、雙重嚇阻，做了一個積極的註腳。

---

33 卜睿哲（Richard C. Bush）、歐漢龍（Michael E. O'Hanlon）著，《不一樣的戰爭》（台北：博雅書屋，2010 年），頁 196。

34 柯義耕（Richard C. Kagan）著，蕭寶森譯，張炎憲校訂，《台灣政治家：李登輝》（台北：前衛出版社，2008 年），頁 239-240。

第十章
台美人與台灣民主化──兼論台灣民主化過程中的「美國因素」

一、前言

　　2020 年 11 月，國立政治大學舉辦「海外台灣政治運動」研討會暨座談會中，應邀講話的艾琳達（Linda Gail Arrigo）女士說到她的某種尷尬矛盾心情，就是她來自美國，身受 1960 年代反戰運動的影響，來台灣後與施明德結婚、參加過 1979 年的美麗島運動，被認為是反國民黨的、黨外（民進黨）的支持者，其實她長久以來對美國政府「在世界各地支持獨裁者」不以為然，從而對當年眾多海外台獨人士的親美作風、乃至現在民進黨政府的親美外交政策，皆不以為然。筆者作為該場座談會的主持人，為了平衡，就引述另一位主講人張維嘉先生的話說，海外台灣人運動一直存在路線之爭，但經過回顧、總結經驗可知：運動不能只從某某主義的意識型態立場出發，而是必須配合島內政治發展的條件、需要，才能做出成績。張先生是從運動的倫理或理性抉擇的角度說話，至於美國政府是否始終「在世界各地支持獨裁者」，是另一個可以客觀檢視的問題，至少就戰後台灣與美國的關係而言，筆者是採取「半肯半不肯」的態度。

　　一個明顯的事實是，1996 年台灣舉行首次民選總統之際，北京政府發動文攻武嚇、試射飛彈，台灣股市暴跌，若非美國總統兩度下令航空母艦戰鬥群前來劃定紅線、安定民心，台灣恐難平順度過此一民主化

的關卡。[1]

另外一個極端的說法，是曾在戒嚴時代參贊黨國機要的關中認為，美麗島事件未能及時阻止，最大原因就是美國的鼓勵：

> 美國就是黨外的靠山，美國那時也非常積極地介入美麗島事件，希望讓國民黨民主化、實施多黨政治、認為國民黨壓制台灣在野力量，美國對其他國家也是如此，以扶植反對黨來牽制執政黨。[2]

所謂美國總是「以扶植反對黨來牽制執政黨」，與上述艾琳達的觀察剛好相反，在此筆者的回答一樣是「半肯半不肯」。迄今筆者沒有見過美國曾經「積極介入」美麗島事件的證據，應該說 1970 年代台灣的人權問題比過去更受到美國關注，1980 年代台灣的黨外政團已經透過選舉取得相當的民意基礎，加上國民黨政府接連爆發著名的侵害人權事件，此時美國的台灣人團體發揮有效的遊說力量，美國國會議員和政府官員才會向蔣經國總統施加壓力，蔣經國晚年之所以走向開放，這樣的「美國因素」確實不可忽視。本文受限於美國官方檔案資料猶有不足，特以台美人扮演的角色為主題，再「兼論」當時美國政府對台政策的發展，期能稍微彌補過去有關台灣民主化「促成因素」研究之不足。

關於「美國因素」的討論，筆者於 2014 年在一場「〈台灣人民自救宣言〉五十週年紀念」研討會，曾經發表〈從彭案的救援看美國對台獨選項的態度〉，[3]文中提到 1964 年彭明敏師生被捕以後，不但美國著名

---

1 詳見陳儀深，〈第三次台海危機與首次台灣總統民選〉，收入戴寶村主編，《總統直選 20 週年學術研討會論文集》（台北：吳三連台灣史料基金會，2016 年），頁 27-42。

2 關中口述，張景為撰，《明天會更好：關中傳奇》（台北：時報文化公司，2020 年），頁 76。

3 陳儀深，〈從彭案的救援看美國對台獨選項的態度〉，收入陳儀深、許文堂主編，《傳承與超越：台灣人民自救運動宣言五十週年紀念論文集》（台北：財團法人彭明敏文教基金會，2016 年），頁 337-367。

教授費正清（John K.Fairbank）、季辛吉（Henry Kissinger）等等或寫信給國務院官員、或在報端公開聲援，國際特赦組織亦函請蔣介石總統寬免，中華民國外交部長沈昌煥、駐美大使蔣廷黻皆感受到國際壓力，紛請相關單位「查明賜覆」、或請政府「早日依法審理」，蔣廷黻甚至在10月30日密向台北建議「將彭魏等釋放」，以免擴大「此間之不良反應」；美國大使館主管政治事務的參事林貴士（Robert S.Lindquist）除了在10月1日就向北美司司長蔡維屏邀約午餐、探詢彭案，11月16日又向蔡司長面交一份機密文件，轉達國務院的關切。有理由相信，來自美國的救援壓力是促使蔣介石總統不得不在翌（1965）年特赦彭明敏的主要原因。不過，中華民國政府畢竟還是美國的盟友，當1970年初彭明敏成功出逃瑞典以後，海外台灣人期待他早日前往美國發展，卻因中華民國政府「不斷表示堅決反對」而延宕，9月30日才發給他「一年有效之非移民性質簽證」。

　　筆者對此的評論是：儘管蔣介石在1964年日記的「本年總反省錄」有抱怨美國「其謀求台灣獨立以消滅我政府之行動無時或已」，但從1964或1970年美國外交檔案實看不出美國政府有支持或同情台獨的立場，其關切彭案主要是在學界、輿論的壓力下，從人身自由的價值而然，彭案本身的性質或強度還不足以撼動《舊金山和約》以來所確立的東亞冷戰國際秩序。[4]

　　上述的「評論」，與2019年陳翠蓮教授發表的論文〈地方選舉、省籍關係與反對黨：美國政府對1950-1960台灣政治發展的主張〉結論是一致的，陳教授引述莊萊德（Everett Francis Drumright）大使的報告謂：國民黨政府已經用「精密巧妙的手段」控制台灣社會，而不是訴諸粗暴的警力（與南韓李承晚政府不同），台灣人的「台灣獨立」主張不比國民黨的反共承諾對美國來得有利，為了美國在太平洋的戰略利益，

4　陳儀深，〈從彭案的救援看美國對台獨選項的態度〉，《傳承與超越：台灣人民自救運動宣言五十週年紀念論文集》，頁362、363。

只能繼續與國民黨政府合作；對美國而言，台灣的安定與安全，比政治改革、自由民主更重要，成立反對黨或過快的自由化，不利於台灣的安定，所以陳翠蓮在結論中說：「從美方的角度看，他人的自由民主沒有迫切感，（諸如外省人、萬年國會的問題——筆者按）交給時間即可。」[5]

　　以上的情事發生在 1950 至 1970 年之間，但是 1970 年代接連有聯合國中國代表權「易主」，海外台灣人運動日趨蓬勃，美國與中華人民共和國建交，美國與中華民國斷交、廢約、撤軍，以及 1979 年以《台灣關係法》規範美台關係等狀況，尤其 1980 年代發生的陳文成案、江南案是那樣具體，夠不夠「粗暴」？台灣的自由民主問題夠不夠「迫切」？答案是肯定的。要之，本文認為來自美國方面的加持不會從天而降，而是先有台灣黨外人士的努力和犧牲，以及在美台灣人團體的聲援、抗議、遊說，然後才有美國政府的關切與協助。

二、海外台灣人運動的重心由日本轉向美國

　　研究台灣史的學者一般認為 1947 年二二八事件是 20 世紀台灣民族主義的起源，當時被通緝的廖文毅、廖文魁兄弟不久流亡日本，成立「台灣民主獨立黨」（1952 年）、「台灣共和國臨時政府」（1956 年），可說是第一代的海外台獨運動者。隨後以王育德為中心的留日台灣青年，於 1960 年組織台灣青年社（1963 年改組為台灣青年會）並出版《台灣青年》，這份刊物的編委、撰稿人包括王育德、許世楷、周英明、金美齡、宗像隆幸、戴天昭、林啟旭等，思想比較活潑、志慮比較清純，「長久負起建立台灣獨立理論的基礎」。[6] 但一方面因日本政府與國民黨

5　陳翠蓮，〈地方選舉、省籍關係與反對黨：美國政府對 1950-1960 臺灣政治發展的主張〉，收入吳淑鳳等執行編輯，《「臺灣歷史上的選舉」學術討論會論文集》（台北：國史館，2020 年），頁 71-101。

6　陳銘城、施正鋒編，《台灣獨立建國聯盟的故事》（台北：前衛出版社，2000 年），頁 13。

政府之間的友誼關係有時會配合打壓台獨,一方面因國民黨特務統治使一般在日台灣人擔心成為「黑名單」、或顧慮回國後的人身安全,不敢加入、甚至不敢支持台獨,以致日本的台獨運動發展相當受限。

美國方面最早的台獨組織,是 1956 年 1 月 1 日由盧主義、陳以德等人於費城成立的 3F(Formosans' Free Formosa),不久因與廖文毅聯繫、向聯合國陳情,而受到 FBI 的關切、調查,乃於 1958 年把組織改名為台獨聯盟(United Formosans for Independence,簡稱 UFI)。1961 年 2 月 28 日 UFI 終於公開活動,並於同年 8 月到紐約聯合國大會前,向來美訪問的行政院院長陳誠示威;1964 年 9 月國內發生彭明敏師生被捕事件,1965 年〈台灣自救宣言〉稿本流至日本、美國,同年又發生廖文毅回台投降事件,海外台灣人運動團體意識到大家必須團結,就由威斯康辛大學麥迪遜校區周斌明為代表的「台灣問題研究會」籌備,於 1965 年 10 月 29 日召開為期兩天、不公開的「留美台灣同胞結盟大會」(實際上也有來自日本、加拿大的團體代表參加),1966 年 7 月以陳以德為代表的 UFI 與威斯康辛大學麥迪遜校區周斌明為代表的「台灣問題研究會」合併起來,在費城成立「全美台灣獨立聯盟」(The United Formosans in America for Independence,簡稱 UFAI),他們合併後的第一件大事就是花費大約 4,000 美元在《紐約時報》刊登標題為 "Formosa for Formosans" 的半版廣告;[7] 當時負責 UFAI 海外聯絡的蔡同榮,也在同年的耶誕節前夕,把〈台灣自救宣言〉夾在耶誕卡內,郵寄兩千份進入台灣。[8]

蔡同榮在 1969 年 7 月被選為 UFAI 的主席時,日本的《台灣青年》月刊已經成為日本台灣青年獨立聯盟、加拿大台灣人權委員會、歐洲台灣獨立聯盟以及全美台灣獨立聯盟等四個團體的共同機關刊物,蔡

---

7 詳見陳儀深訪問,潘彥蓉紀錄,〈周斌明先生與吳秀惠女士訪問紀錄〉,收入陳儀深訪問,簡佳慧等紀錄,《海外台獨運動相關人物口述史》(台北:中央研究院近代史研究所,2009 年),頁 147-176。

8 蔡同榮,《我要回去》(台北:公民投票雜誌社,1992 年),第 4 版,頁 59。

同榮上台後,更透過昔日台大、嘉中、南一中同學朋友的人際關係(如羅福全、張燦鍙、侯榮邦、陳榮成等等)來促成世界性的組織,於是1969年9月20日上述各團體的幹部齊聚紐約市開會,同意成立世界性的「台灣獨立聯盟」(World United Formosans for Independence,簡稱 WUFI),並選在1970年元旦向外正式公布。世界性台獨聯盟成立以後,總本部設在紐約(而不是東京),乃因留美學生和在美台灣人同鄉愈來愈多,以及聯合國位於紐約(為了宣傳方便)的緣故。這意味著台獨運動的重心,已經從日本轉到美國。

　　政治運動除了需要組織者如蔡同榮、張燦鍙,也需要理論家如陳隆志。陳隆志出生於台南縣麻豆鎮,1958年台大法律系畢業,1964年獲得耶魯大學法學博士,1967年9月即在紐約 St. Martin's Press 出版他和世界知名的教授拉斯威爾(H. D. Lasswell)合著的《*Formosa, China and the United Nations: Formosa in the World Community*(台灣、中國與聯合國:世界社群中的台灣)》,該書從「一台一中」立論,強調台灣人民的自決權,遂引起國民黨當局的注意,把他列入「黑名單」。[9]陳隆志在1969年加入「全美台灣獨立聯盟」並擔任副主席,WUFI成立以後亦負責聯盟的外交工作三、四年;[10]他在1971年1月出版中文的《台灣的獨立與建國》一書,旋即以精良薄紙印刷、可隨身攜帶的尺寸流入島內,不久也在美國、日本、歐洲等地發行流傳。該書開宗明義的章名

---

[9]　國民黨政府的情治機構如國安局、警備總司令部、國民黨海工會等,直接或間接透過海外情治人員(包括線民、職業學生)收集台灣留學生的言行資料,建立所謂黑名單,駐外單位不給返台加簽,或即使回鄉亦受到偵訊、逮捕。詳見陳重信,〈台灣門(Taiwangate):黑名單政策與人權〉,收入張炎憲、曾秋美、陳朝海編,《自覺與認同:1950-1990年海外台灣人運動專輯》(台北:吳三連台灣史料基金會,2005年),頁555-571。

[10]　1970年刺蔣事件發生之後,獨盟內部產生路線爭議,主張回台灣去「衝」,去做地下工作的人聲音特別大,陳隆志自認不是這種材料,在盟員重新登記的時候,就沒去登記。陳儀深訪問,周維朋紀錄,〈陳隆志先生訪問記錄〉,收入陳儀深訪問,林東璟等紀錄,《海外台獨運動相關人物口述史(續篇)》(台北:中央研究院近代史研究所,2012年),頁156-157。

是「台灣人是無國家、無政府之民」,「台灣不是中國的一部分、台灣的將來應由台灣人決定」,由於作者的國際法專業自是滔滔雄辯,為什麼「台灣獨立建國的 1970 年代已經來到」?除了國際情勢因素,就是「蔣政權的壓迫統治造成台灣島內一觸即發的革命情勢」。此外,對於建國的目標、原則,以及新憲政體制應有的內容都有涵蓋,[11] 堪稱一本完備的獨立建國手冊。

1970 年 4 月 24 日發生的刺蔣案,由於是留美的台灣青年公然對美國政府的客人(中華民國政府的行政院副院長、蔣介石的兒子蔣經國)開槍,黃文雄、鄭自才被捕之後,經過法院訴訟而後交保、棄保脫逃,美國社會透過這個新聞事件可以比較具體地知道「台獨」這回事。但是台獨聯盟一方面必須推動救援,一方面為了日後在美國的存續必須避免被認定為「恐怖組織」、從而要與此一行動撇清關係,可說是進退兩難:同時得罪了激進派與保守派。這事情對獨盟的衝擊很大,據當時負責組織訓練的楊宗昌說:

> 本來我們有將近四百位盟員,重新登記的人數差不多一百四十多個,過一兩年後有新人加入,又恢復到四百人。……1973、74 年美國展開反越戰的學生運動,我們將它和台獨聯盟要打倒蔣介石的運動,兩者結合在一起。學生在示威反戰的時候,我們就去幫忙穿衣服、拿旗子,我們在示威台灣的不正義、不公平的時候,那些美國學生也過來幫忙搖旗吶喊。
>
> ……那是在 1970 年的 6 月,大概是刺蔣案發生後三個月的事。我回來時看到兩個人在敲門,我未進門就看到兩個白人在外面,坐在車裡,那時候我們還未接受過訓練,就讓他們進來坐在我們的地下室。FBI 自那次跟我接觸之後,在十四年間,一共找了我二十四次,我還曾經為此寫了一篇 FBI 和台獨聯盟

---

11 1987 年鄭南榕曾經把書名改為《台灣獨立的展望》在台出版,後來正式在台灣發行仍恢復原名《台灣的獨立與建國》(台北:月旦出版社,1993 年)。

互動的故事。[12]

　　不過，1970 年 9 月彭明敏到達美國以後，台灣同鄉咸感振奮、對他期待甚殷，1971 年他正式成立 Formosan Studies（台灣問題研究所），並決定於 9 月 18 日在紐約舉行「台灣民眾大會」，當時外交部要求駐紐約總領事館「密洽當地工作小組商討對策發動愛國僑胞遏阻，並設法取得全部出席人員名單」，[13] 但是據統計出席大會者高達 1 千餘人，名單的事只能不了了之。

　　1970 年代美國政府與北京政府逐漸「關係正常化」，在美台灣人舉辦多次的「民眾大會」表達心聲，如 1972 年尼克森訪中之後，4 月 1 日台灣人在華府舉行民眾大會；1975 年蔣介石去世以後，北美洲台灣人舉行一連串台灣民眾大會主張人民自決，即包括芝加哥、洛杉磯、休士頓、華府等地，人數從五百多人到一千多人不等；1975 年 11 月美國總統福特出訪中國前夕，在紐約舉行台灣民眾示威遊行；又如 1978 年鄧小平訪美、1984 年趙紫陽訪美，都是台灣民眾大會的時機。[14]

三、世台會、北美洲台灣人教授協會等團體　　聲援台灣「黨外運動」

　　1974 年結合美國、日本、巴西、歐洲、加拿大等地的同鄉會，在奧地利維也納成立「世界台灣同鄉會」（簡稱「世台會」），5 個地區各推派 2 名理事組成理事會，再由理事會推選主席，每任主席任期兩年。

---

12 陳儀深訪問，簡佳慧紀錄，〈楊宗昌先生訪問紀錄〉，《海外台獨運動相關人物口述史》，頁 208-209。

13 「外交部致駐紐約總領事館去電抄件」（1971 年 9 月 7 日），〈彭明敏案〉，第五冊，《外交部》，檔案管理局館藏，檔號：0060/406/0100。

14 陳儀深訪問，彭孟濤記錄，〈李界木先生訪問紀錄〉，2020 年 9 月 13 日於宜蘭市，未刊稿。

第一、二、三任主席是郭榮桔，[15] 第四、五任主席是陳唐山。[16] 由於當時國民黨政府指控世台會被台獨聯盟把持，所以警告黨外公職人員若參加世台會活動，政府將「依法處理」，這樣的禁令反而加強了黨外與世台會雙方想要「突破」的使命感，例如 1982 年世台會在美國休斯頓召開第九屆年會，當時黨外人士康寧祥、黃煌雄、張德銘、尤清正在美國訪問，陳唐山就邀請康寧祥等人在世台會議場樓下的咖啡廳發表演講，而在樓上開會的世台會成員則「剛好下樓巧遇」，雙方完成了一次技巧性的接觸。不僅如此，康寧祥等人還進一步與全美 24 個台灣同鄉會發表共同聲明，主張「台灣前途應由台灣一千八百萬人共同決定」，這個大膽行動讓島內外反對勢力有了進一步的合作空間，持續推動一波波的政治訴求。用陳唐山的話說：「雖然世台會是同鄉會型態的組織，但是當年的世台會已隱然成為海外台灣同鄉的政治據點，島內外政治能量匯集的平台。」[17]

　　上述 1982 年第九屆世台會必須讓台灣來的黨外公職以「下樓巧遇」的方式進行演講，1983 年第十屆年會在加州 Davis 舉行，陳都先生說他為了突破禁忌故意邀請周清玉、許榮淑兩位女士以美麗島事件受難者家屬身分來美國開會，而張富美女士鑑於事涉敏感所以另外發傳單，宣傳同在 U.C. Davis、只是不同單位在不同會場為兩位來賓舉辦演講，儘管現場確實有不明人士拿一封信來警告周、許兩人不可參加世台會的活

15 郭榮桔，1921 年出生於台南州麻豆街，州立台南二中畢業後，負笈日本，就讀久留米醫專。1950 年開始先後從事洗衣連鎖店的開設，不動產買賣，食堂經營等等，後來也以胎盤為原料製造含綠胚的健康食品銷售全日本。曾任「在日台灣同鄉會」會長、「世界台灣同鄉會聯合會」理事長。參見〈追思獨立運動的先達 郭榮桔先生〉，「台灣獨立建國聯盟」：https://reurl.cc/kZR8zd（2021/10/18 點閱）。
16 陳唐山，1935 年出生於台南州新營郡塩水街，台灣大學畢業，1964 年留學美國，獲普渡大學地球物理學博士，曾任世台會、FAPA 會長。1992 年黑名單解禁返國投入政壇，歷任三屆立法委員、兩任台南縣長，2000 年政黨輪替以後，擔任外交部長、總統府秘書長、國安會秘書長等職。詳見陳唐山，《黑名單與外交部長：陳唐山回憶錄》（台北：前衛出版社，2016 年）。
17 陳唐山，《黑名單與外交部長：陳唐山回憶錄》，頁 64-65。

動，陳都仍認為不必屈服於國民黨的壓力，張富美的處理方式是多餘的、不必要的讓步。陳都說他在 1983 年當選世台會會長之後，1984 年在德國海德堡舉辦的第十一屆年會，來自台灣的黨外人士只有劉守成，所以「並沒有甚麼突破」；但 1985 年在日本靜岡縣召開的第十二屆年會，他正式邀請尤清、許榮淑、周清玉等人來參加，他們回台灣「竟然沒被抓」；1986 年在美國聖地牙哥舉辦的年會，從台灣來參加的黨外人士回去也沒被抓，「以後台灣來的人就慢慢多了」，陳都的結論是：「從事政治運動不能退縮，台灣人的運動一定要找到突破的地方，我們能為台灣民主化做出貢獻的就是這一點。」[18]

　　黨外人士與海外台獨的接觸，從禁忌而漸漸不是禁忌，原因不一定如陳都所認知的「一方勇敢邀請、一方勇敢參加」就能達成突破，而是「別的事」已經發生或正在發生。例如，1980 年北美洲台灣人教授協會（North America Taiwanese Professors' Association，簡稱 NATPA）成立，廖述宗擔任會長，賴義雄是組織章程起草人、並負責出版季刊持續 3 年；賴義雄因 1982 年 3 月底母喪返國，4 月初在康寧祥家吃飯，得知康委員正想要組團訪美、要他在美國幫忙安排行程，這就是「黨外四人行」（立法委員康寧祥、張德銘、黃煌雄和監委尤清）訪美的由來；行程中美國國務院竟主動打電話來表示要贊助經費，所以黨外四人行在華盛頓 D.C. 七天活動的「零用錢」，就是國務院贊助的。[19] 試想，在這種

18　陳儀深訪問，周維朋紀錄，〈陳都先生訪問紀錄〉，《海外台獨運動相關人物口述史》，頁 290-292。

19　1970 至 1980 年任教於威斯康辛大學密爾瓦基分校的基隆人賴義雄教授，1975 年成為美國公民並且獲邀回國參加國建會，和當時的教育部長蔣彥士、青輔會主委潘振球、救國團主任李煥有一些言詞交鋒或溝通，他也在這次返國認識了康寧祥，從而成為《台灣政論》的海外總代表，他回美以後把美國分成 15 個區、每區都有代表，不到兩個月就有 4、5 百人訂閱；不料同年 12 月《台灣政論》就被停刊，於是蔡同榮在華府發起抗議，賴義雄也飛去華府參加，並找一些思想比較開放的外省人如黃默、阮大年和張系國等來共同發起連署，主張民主開放，最後有兩千多人簽名，連署書寄給蔣經國。陳儀深訪問，林東璟紀錄，〈賴義雄先生訪問紀錄〉，《海外台獨運動相關人物口述史（續篇）》，頁 385-429。

情況下，他們四人順便飛去休斯頓參加第九屆世台會年會，怎麼會「有事」呢？

圖 10-1 　總統蔣經國接見美國在臺協會臺北辦事處長李潔明
（1984 年 5 月 20 日）

來源：〈蔣經國行誼選輯—民國七十三年〉，《蔣經國總統文物》，國史館藏，數位典藏號：005-030208-00001-010

以上是從賴義雄教授的角度看，若從主角康寧祥的角度看就更全面了。康寧祥在回憶錄中做了重要的補充，一是既然當局已認定世台會被台獨分子把持、「凡我公職人員」不應參加其年會，他們就主動接洽新成立、比較沒有政治色彩的「北美洲台灣人教授協會」出函邀請，其間自然有該會副會長賴義雄的協助；其次，出發前他們去拜會 AIT 處長李潔明（James R. Lilley），李潔明建議他們不要向美國官員、議員談論台灣人自決（self-determination），談 free choice 就好，以免嚇到對方、談不下去，更重要的是，李潔明承諾幫忙聯繫美國國務院官員和他們談話、並且會派人沿路提供翻譯及行程安排協助。事後康寧祥的感想是：「沒想到因為他的安排，讓我們在華府見了雷根（Ronald Wilson

Reagan）政府處理美中台關係的關鍵人物，也讓我們那趟『四人行』直接碰觸到美中台風雲詭譎的新變局。」[20]

康寧祥對於 1982 年「黨外四人行」的重要成果做了歸納：

> 我們四人歷經三十天參訪旅行，舉辦八場主要演講，跟五千名同鄉面對面溝通所造成的聲勢，在離美前夕（洛杉磯的千人餐會——筆者按）統統湧現出來，一路追著我們跑的香港《百姓》月刊陸鏗先生跟我開玩笑說，我們四個人這趟美國行，台灣同鄉就像做大拜拜一樣。他還把我們比喻做「四大名旦」，……其實「四人行」除了在台灣同鄉之間引起熱潮之外，更重要的是把海內外台灣人關懷故鄉的共識與心情串聯起來。就在洛杉磯那場盛會，旅美同鄉在世台會的引領之下，……發表了一項旅美台灣同鄉的共同聲明，……這份共同聲明，有三點訴求後來在 1982 年 9 月 28 日黨外人士盛大集結的「九二八中山堂會議」「共同主張」中，再度呈現出來，包括「台灣的前途，應由台灣一千八百萬人民共同決定」、「解除戒嚴令，並重組國會，開放黨禁報禁」、「釋放政治犯」，而有關組黨的議題，黨外立委更列為 1982 年 10 月總質詢的重點，跟孫運璿的內閣展開黨禁問題大辯論。[21]

其實在「四人行」之前，台灣同鄉在美國社會的影響力已經浮現，例如眾議院亞太小組主席索拉茲（Stephen Solarz），在洛杉磯台灣同鄉會的活動中，一個晚上可以募到 5、6 萬美金；參議員愛德華甘迺迪（Edward Kennedy）爭取美國總統的提名時，在洛杉磯台灣同鄉會做一場演講也可以募到 10 萬美金，台灣同鄉就曾運用這種影響力展開遊

---

20 康寧祥論述，陳政農編撰，《台灣，打拚——康寧祥回憶錄》（台北：允晨文化公司，2013 年），頁 337-338。
21 康寧祥論述，陳政農編撰，《台灣，打拚——康寧祥回憶錄》，頁 346。

說，促成美國政府單獨分配給台灣每年 2 萬名移民配額。[22] 當 1983 年 8 月中旬索拉茲準備來台訪問之前，先請 AIT 的官員面交一封信給康寧祥，指明此次台灣之行要「向您和您的一些同僚演講」、「一切必要的安排就有勞您了」；過去美國政要來台訪問若要跟黨外人士見面，通常只能私底下、少數人為之，這次則是黨外第一次做主人公開宴請美國貴賓，康寧祥說，這不僅考驗黨外處理國際事務的能力，而且「也探測國民黨的態度和度量」，起先國民黨方面斤斤於黨外出席人數以及由誰具名邀請，因談不攏就乾脆由黨外自己主辦，「國民黨顯然比黨外還不能適應這樣的新情勢，以至於過程安排一波三折。」[23] 8 月 16 日中午，終於在台北國賓飯店舉辦百人歡迎餐會，索拉茲以〈民主政治和台灣的未來〉為題發表專題演講。康寧祥發行的《亞洲人》隨後有生動的記述：「以往，黨外常常被批評為草莽氣息太濃厚、不夠文雅、不夠莊重……事實上，黨外人士個個來自民間鄉野，……求生存已經不易，如何紳士得起來？……但是在索拉茲的歡迎餐會上，證明了即使草莽的黨外人士，一旦打起領帶，穿上西裝，也是風度翩翩，迷煞人的。」[24]

四、人權議題引起美國關切

戒嚴體制、白色恐怖統治下的台灣，人身自由常受侵害，流亡海外的台灣人感同身受。早在 1961 年「蘇東啟政治案」發生時，[25] 日本的台灣青年會（台獨聯盟的前身）就開始以英文信函向美國國會議員、聯合國的各國外交官員尋求援助，黃昭堂說「這是我們第一次救援政

---

22 陳儀深訪問，周維朋紀錄，〈蔡同榮先生訪問紀錄〉，《海外台獨運動相關人物口述史（續篇）》，頁 197。

23 康寧祥論述，陳政農編撰，《台灣，打拚——康寧祥回憶錄》，頁 351。

24 康寧祥論述，陳政農編撰，《台灣，打拚——康寧祥回憶錄》，頁 353-355。

25 詳見陳儀深，〈台獨叛亂的虛擬與真實：一九六一年蘇東啟政治案件研究〉，《臺灣史研究》，第 10 卷第 1 期（2003 年 6 月），頁 141-172。

治犯」。[26] 美國的台獨聯盟成員陳都回憶說：「台灣人權會一開始是盧千惠（許世楷夫人）在日本推動的，大概在 1973 年或 1974 年她來這裡演講，希望大家一起關心台灣的人權……我們也常寄錢回台灣給政治犯家屬，但很多人都不敢拿，又退回來，因為國民黨處處在監視……。人權會的人跟協志會[27] 成員大部分是重疊的，因為人權會實在沒人，事情都是協志會在做。」[28] 雖然成員重疊，但是海外台灣同鄉懂得從人權這個普世價值切入，訴求國際公評，讓國民黨難以躲閃，應是明智的策略。

　　當時在國民黨統治下台灣第一本由本土精英創辦並主導的異議性刊物《台灣政論》，1975 年 8 月至 12 月只出了 5 期，即因刊登邱垂亮的〈兩種心向——和傅聰、柳教授一夕談〉，被當局認為觸犯內亂罪及煽動他人觸犯內亂罪，依出版法予以停刊 1 年的行政處分，甚至傳出當局準備抓人，但如前所述——因美國的台灣人教授賴義雄發起簽名運動，以及留學生在美國 5 個城市舉行示威，國民黨政府很可能顧慮到抓人的政治後果，所以《台灣政論》的主要人物黃信介、康寧祥、張俊宏、姚嘉文均平安無事，但有案底的黃華仍於 1976 年 7 月遭到逮捕，被以軍法審判、處有期徒刑 10 年。[29]

　　長期擔任「（全美）台灣人權協會」（Formosan Association for Human Rights，簡稱 FAHR）華府分會會長的李界木說，《台灣政論》被停刊這件事喚起海外各地台灣人的覺醒，各地紛紛成立（類似國際特赦組織的）台灣人權會，1976 年 9 月正式向美國政府登記成立的「（全

26　陳儀深訪問，鄭毓嫻、吳佩謙紀錄，〈黃昭堂先生訪問紀錄〉，《海外台獨運動相關人物口述史（續篇）》，頁 111。

27　協志會是舊金山灣區很重要的台灣人團體，可參閱：何義麟訪問、紀錄，〈台灣協志會石清正先生口述訪談紀錄〉，《臺灣風物》，第 67 卷第 2 期（2017 年 6 月），頁 133-170。

28　陳儀深訪問，周維朋紀錄，〈陳都先生訪問紀錄〉，《海外台獨運動相關人物口述史》，頁 289-290。

29　詳見許瑞浩，〈《臺灣政論》的初步分析——以「自由化」、「民主化」和「本土化」為中心〉，《國史館學術集刊》，第 2 期（2002 年 12 月），頁 255-308。

美）台灣人權協會」，就是統合 1975 年各地已經成立——如華府、費城、紐約、南加州、舊金山、芝加哥、休斯頓等地的人權會而來，成立之際李界木他們夫妻已經在為陳明忠案、王幸男案奔走。以陳明忠案為例，1976 年 6 月被捕初期是由在美家屬挺身營救（陳明忠的夫人馮守娥，是李界木夫人馮昭卿的姊姊），他們從明尼蘇達飛去華府開記者會，同時拜訪（將被提名為副總統候選人的）民主黨參議員韓福瑞（Hubert Humphrey），以及國際特赦協會美國分會會長司馬晉（James Seymour）；國民黨政府很快向韓福瑞表示本案尚未審結，而且很快從死刑改判為 15 年有期徒刑，「改判時陳明忠夫人及其委託律師均不知情，我們由韓福瑞辦公室告知，再轉知台灣家屬（當時由新聞局長陸以正通知韓福瑞辦公室）。初期營救的功勞應歸於韓福瑞的協助及司馬晉的遊說奏效。」[30]

　　美國台灣人運動的社團已經是美國社會的一部分，但要如何使更多美國人、尤其更多國會議員知道台灣的人權狀況，以便在重要時刻出手相救？「（全美）台灣人權協會」的工作成果之一就是與亞洲資源中心合作，共同出版《*Martial Law in Taiwan*（戒嚴下的台灣）》、《*Taiwan at the Crossroads*（十字路口的台灣）》；此外如參與〈台灣關係法〉的聽證會、促成國會人權聽證會（計有 3 次，即明尼蘇達州選出的眾院議員 Donald M.Fraser 於 1977 年 1 次，和後來眾議員 Stephen Solarz 為了 1981 年陳文成事件和 1984 年江南事件 2 次）等等，都是重要成績。

　　在島內的政治發展方面，1969 年舉行的「中華民國自由地區中央公職人員增選補選」，當選的 11 席立委中有 8 席國民黨籍，3 席無黨籍是洪炎秋、黃信介、郭國基，其中黃信介就是隨後捲起「黨外運動」的關鍵人物。1972 年更有康寧祥、許世賢、黃順興等當選立法委員，黃天福、張春男等當選國大代表，此後這些「增額中央民意代表」定期改選，等於讓各地台灣地方菁英「與聞國政」，透過「選舉假期」放言高

---

30 李界木，《一粒麥籽落土》（台北：前衛出版社，2009 年），頁 123。

論、衝擊黨國體系。1975、1977 年兩次選舉,「黨外」候選人互相呼應並大有斬獲,乃形成以黨外政團為核心的政治反對運動;1978 年的增額中央民代改選,黨外人士組成助選團並首度提出「十二大政治建設」作為共同政見,它就是以人權作為核心訴求:

> 我們認為人權是人類最神聖不可侵犯的基本權利。國家和政府的存在價值,就在於促進與保障人權。我們深信:民主自由是我們不容剝奪的**政治人權**;免於剝削、免於匱乏是我們務必享有的**經濟人權**;而人格尊嚴、公眾福利是我們應該擁有的**社會人權**。我們堅信伸張人權是我們救國自救的唯一方向。
> 為了追求我們的政治人權、經濟人權、社會人權,我們主張聯合所有愛鄉愛國的同胞,共同致力於「十二大建設」。[31]

相對於國民黨偏重經濟發展的「十大建設」,黨外人士提出以人權為核心的國家目標,「儼然一份人權清單」。[32] 1979 年著名的《美麗島》雜誌雖然只出了 4 期即遭到查禁停刊,但第四期有尤清撰寫的〈淺談法治與人權保障〉,該文除了介紹憲法所保障的人民權利包括「消極權」(免於國家機關侵害)、「參與權」(參與國家政策以及國家意志的形成)、「積極權」(要求國家提供人民生存以及自由發展、平等競爭的條件)等三類,還意有所指地宣稱在國家的實定法之上,還有訴諸理性、發乎自然、維護人性尊嚴及人類生存的自然法及理性法;「國家的實定法,假如不追求正義,並且違反公平,那麼這種法律不但是一個『不正的法』,而且失去了作為法律的資格。」[33] 尤清是留學德國的博士,在黨

---

31 黨外助選團(1978-10-31),台灣黨外人士共同政見。收錄於周琇環、陳世宏主編,《戰後臺灣民主運動史料彙編(二):組黨運動》(台北:國史館,2000 年),頁 150-152。

32 王興中,〈書寫台灣人權運動史:普世人權的本土歷程〉,《台灣人權學刊》,第 1 卷第 3 期(2012 年 12 月),頁 205-219。

33 尤清,〈淺談法治與人權保障〉,《美麗島》,第 1 卷第 4 期(1979 年 11 月),頁 40-41。同一期還有兩篇介紹「國際特赦組織」的文章,分別刊登在頁 42、頁 43。

外雜誌闡述這類的觀念，企圖對於戒嚴時期黨國體制下的民眾，造成「權利意識」覺醒，冀有震聾發聵、鼓勵反抗的作用。

由於美麗島政團的特色是「以群眾運動挑戰戒嚴體制」，[34] 1978 年的競選訴求以人權作為核心，其宣傳標誌「握拳」（按，「拳」和「權」的華語同音）原是表示權利並非天生、必須團結奮鬥爭取，卻被當時的極右派《疾風》雜誌醜化為崇尚暴力的「黑拳幫」。不論《疾風》背後有沒有當局的影子，其與《美麗島》的針鋒相對、劍拔弩張已經顯示山雨欲來的徵兆。

1979 年 12 月 10 日爆發的高雄事件，起因正是「國際人權日」大遊行，所造成的大規模警民衝突，事後在美國的壓力下，當局仍以涉嫌叛亂罪名、以軍事審判制度起訴 8 名平民被告，以一般司法審判處理另外 33 名被告。1980 年美麗島案被告偵訊期間，2 月 28 日發生林義雄母親與兩位稚女被殺的慘案，3 月的軍法大審過程與內容公開，所引起的社會震撼，以及隨後的受難家屬參選、辯護律師從政，都獲得民眾高度支持；此外，1980 年代黨外雜誌前仆後繼傳播理念、實踐言論自由，黨外政團的這些努力和犧牲，應是 1986 年終於能突破黨禁、讓台灣民主「起飛」的因素之一。

對海外的台灣人運動團體而言，已經有了上述對美國政府的遊說以及對台灣黨外人士連結的經驗，當 1979 年 12 月發生高雄事件的時候，除了像紐約和加州灣區「台灣之音」的即時傳播動員，李界木對於台灣人權協會的「動能」有生動的描述：

> 1979 年 12 月 13 日台灣人權協會對高雄市件發表聲明，並通令各分會救援，當時會長范清亮發動連署抗議信寄給美國政府，並到 shopping center、海灘、超級市場設攤請人連署，華府及南加州都努力進行，全美很快收集近六萬多名連署信件，

---

34 詳見陳儀深，《認同的代價與力量——戒嚴時期台獨四大案件探微》（台北：中央研究院近代史研究所，2019 年），頁 219-265。

由本人親自送往白宮的收發室。捧著高至鼻尖的整疊簽名紙，
由停車場步行到收發室，雙手痠麻、汗流滿面，承辦人員從
未見過這麼一大疊的文件，不禁驚呼一聲。當本人在收發簿上
簽下名字、地址即是由後，承辦人員對我說：Lots of work, a
good job！……同時參議員甘迺迪也收到八千多封信件，使他
感動，事後他曾說，除了以色列（猶太人）以外，這是第二個
最有組織的社團！[35]

資料來源：《Repression in Taiwan》，Nov. 1980, FAHR & The Asian Center

圖 10-2　台灣人權協會（FAHR）與亞洲資源中心合作的出版品
來源：李界木，《一粒麥籽落土》（台北：前衛出版社，2009 年），頁 246

---

35 李界木，《一粒麥籽落土》，頁 242。

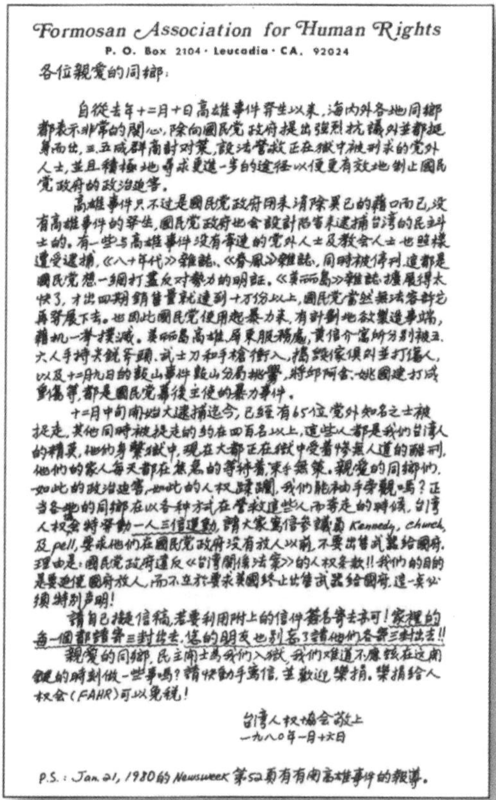

Formosan Association for Human Rights
P. O. Box 2104 · Leucadia · CA. 92024

各位親愛的同鄉：

自從去年十二月十日高雄事件發生以來，海內外各地同鄉都表示非常的關心，除向國民党政府提出強烈抗議外並都挺身而出，三五成群商討對策，設法營救正在獄中被刑求的党外人士，並且積極地尋求更進一步的途徑以便更有效地制止國民党政府的政治迫害。

高雄事件只不過是國民党政府用來消除異己的藉口而已，沒有高雄事件的發生，國民党政府也會設計陷害來逮捕台湾的民主鬥士的。有一些与高雄事件沒有牽連的党外人士及教会人士也照樣遭受逮捕，《八十年代》雜誌、《春風》雜誌，同時被停刊，這都是國民党想一網打盡反对勢力的明証。《美麗島》雜誌擴展得太快了，才出四期銷售量就達到十万份以上，國民党當然無法容許它再發展下去。也因此國民党使用起暴力來，有計劃地欲製造事端，藉机一舉撲滅。美麗島高雄屏東服務處，黃信介寓所分別被五、六人手持尖銳斧頭、武士刀和手槍衝入，搗毀傢俱並打傷人，以及十二月九日的鼓山事件鼓山分局拘警，將邱阿舍、姚國建打成重傷等，都是國民党幕後主使的暴力事件。

十二月中旬開始大逮捕迄今，已經有65位党外知名之士被捉走，其他同時被捉走的約在四百名以上，這些人都是我們台湾人的精英，他們身繫獄中，現在大都正在獄中受着慘無人道的酷刑，他們的家人每天都在焦急的等待着，束手無策。親愛的同鄉們，如此的政治迫害，如此的人权蹂躪，我們能袖手旁觀嗎？正當各地的同鄉在以各种方式在營救這些人而奔走的時候，台湾人权会特發動一人三信運動，請大家寫信參議員 Kennedy, church, 及 pell，要求他們在國民党政府沒有放人以前，不要出售武器給國府，理由是：國民党政府違反《台湾關係法案》的人权条款!! 我們的目的是要迫使國府放人，而不在於要求美國終止出售武器給國府，這一点必須特別声明！

請自己擬信稿，若要利用附上的信件簽名寄去亦可！家裡的每一個都請寄三封出去，您的朋友也別忘了請他們各寄三封出去!!

親愛的同鄉，民主鬥士為我們入獄，我們難道不應該在這關鍵的時刻做一些事嗎？請快動手寫信，並歡迎樂捐。樂捐給人权会（FAHR）可以免稅！

台湾人权協会敬上
一九八〇年一月十六日

P.S.: Jan. 21, 1980 的 Newsweek 第52頁有有關高雄事件的報導。

圖 10-3　台灣人權協會（FAHR）救援高雄事件政治犯的公開信

來源：李界木，《一粒麥籽落土》（台北：前衛出版社，2009 年），頁 256

除了連署活動之外，也有比較激烈的抗議方式。當時華府的台灣人權協會，每週六上午十時至下午一時例行到北美協調會抗議示威，持續 3 個月之久；12 月 22 日日本人渡田正宗被發現攜帶和施明德有關資料而被捕，各地傳出示威遊行和爆炸事件（如 1980 年 7 月於美國國會聽證會出席作證的王玉雲，其親人的加州寓所被炸）。[36] 所謂的爆炸事件並非空穴來風，尤其在 1980 年 2 月 28 日發生林宅血案之後，海外台灣人悲憤莫名，楊宗昌先生就說，對於國民黨刻意製造的恐怖事件，台灣

---

36 李界木，《一粒麥籽落土》，頁 243。

人不能沒有立即的反應，而且要有足夠強烈的反應：

> 為了制止國民黨繼續殘害台灣人民，必須給予猛烈反擊。對於
> 一個連老婦和幼女都忍心屠殺、喪盡天良的政權，任何手段的
> 制壓與報復行動，都是最大的人道與慈悲。我們無日無夜，盡
> 量搜尋可能的目標與時機，炸炸炸炸炸！[37]

有一次，楊宗昌和 3 個盟員要去機場某航空公司的櫃台放置炸彈，開車途中炸彈不慎掉落、爆炸，他的「右邊臉頰嚴重灼傷、頭髮幾乎全部燒光」；這種傷不能去醫院以免留下病歷資料，只好去朋友家的地下室治療，楊宗昌向公司請假兩個禮拜，足不出戶，「傷好了，繼續炸。」[38]

海外台灣人尤其是在美國的台灣人，因高雄事件／美麗島案以及相關的林宅血案、陳文成案而憤怒而集結，一方面有像楊宗昌等「訴諸炸彈」的激進方式，另一方面也有如 1982 年成立的 FAPA（Formosan Association of Public Affairs, 台灣人公共事務協會）致力於國會遊說，持續關懷的已經不只人權事件，而是更進一步的民主化了。

關於高雄事件，根據行政院新聞局於 1980 年元月所做的「『高雄暴力事件』有關反應彙報表」，從 1979 年 12 月 12 日迄 1980 年 1 月 25 日的外國媒體報導「頗受台獨分子影響」，對政府不利，相較於國內報紙一面倒的譴責「暴徒」，可謂霄壤之別。同樣在 1980 年元月，新聞局另一份致國安局的函，就是「檢送本局宋局長就『美麗島高雄暴力事件』所作專題報告暨『美麗島雜誌策動高雄暴亂事件始末』中英文說帖

---

37 林雙不著，《南屯樸麗澗：現身說法楊宗昌》（台中：晨星出版公司，2000 年），頁163。

38 林雙不著，《南屯樸麗澗：現身說法楊宗昌》，頁164。林雙不寫的「安安靜靜台灣人」系列，自稱是根據事實發展的小說，有歷史也有文學。雖然不是口述歷史的處理方式，引用必須小心，不過這一段放置炸彈的故事，筆者向楊先生查證過，是真的。

各乙份，請查照參用。」說明中指出，該份專題報告係宋楚瑜在 1979 年 12 月 28 日即中國國民黨台灣省第十一次代表大會中，就美麗島高雄暴力事件所作的報告，[39]而中英文說帖則是「分別寄送本局所有駐外單位參用，俾對詢問及歪曲事實之言論，主動據以說明或駁斥。」[40]

圖 10-4　前排左一蔡同榮、左二陳唐山，站立者右二彭明敏、右四賴義雄、右五甘迺迪參議員（賴義雄提供）

　　然而國際間的人權觀念自有一定標準，當政府發動大逮捕的第一時間，即 1979 年 12 月 14 日，國際特赦組織（AI）倫敦總會副祕書長奧斯汀（Dick Ossting）立即發出電文給蔣經國總統，詢問因高雄示威遊行而被捕的張俊宏等 21 人的案情；[41]翌年 1 月 11 日，該組織即發出緊

39　這篇報告早已見諸國內報紙，即〈揭發美麗島雜誌製造暴亂陰謀　新聞局長宋楚瑜提出專題報告〉，《中國時報》，台北，1979 年 12 月 29 日，第 3 版。

40　〈高雄事件（含審判經過）〉，《外交部》，檔案管理局藏，檔號：A303000000B/0069/406/0061。

41　〈外國人士函請赦免美麗島事件首要刑犯〉，《總統府》，檔案管理局藏，檔號：A20

急行動（urgent action）通告，內稱台灣當局集體逮捕美麗島人士，將控以叛亂等罪名，且有虐待情事，乃呼籲其成員以各種通信方式請求台灣黨政領袖立即予以釋放，同時要求成員透過律師、記者以及議員盡力協助，事實上在此之前早有在美國的台灣人團體開始奔走遊說，例如新墨西哥州的 Albuquerque AI101 小組中有一位台灣人張希典，已經印製卡片寄到各地讓大家簽名，因為「若不立刻著手，這些人馬上就會被執行死刑，等到總部調查結果出來，就太遲了」。因此 AI 總部等於是被逼著非調查此案不可，「這也是為什麼在美麗島事件的審判過程中，AI 都有派代表來台灣的原因。」[42] 此外，美國許多著名大學的 54 位法律學者，包括呂秀蓮在哈佛大學法學院的老師孔傑榮（Jerome A. Cohen），聯名致函蔣經國總統，表達對台灣大舉逮捕反對人士的嚴重關切，函中指出，台灣當局對於具正當性人權活動的壓制，乃「台灣關係法」所關切者，他們要求台灣當局不應以實施超過 30 年的戒嚴為藉口，應保障這些人的人權並儘速交付司法審判。[43]

　　斷交以後負責處理美、台關係事務的美國在台協會（AIT），在美麗島事件發生後收到大量從美國各地寄來的信件，許多同情與支持被告者要求，在台灣人權改善之前，美國應停止對台軍售；此時美、台之間沒有外交關係，美國在台協會表面上不是官方機構、不便介入此事，但是在人權政策的大旗下，「美國在台協會扮白臉，美國國會扮黑臉，不斷向蔣經國傳達美方觀點。」[44]

0000000A/0067/3150901/1-005/1/004。

42 陳儀深訪問，潘彥蓉紀錄，〈張希典先生訪問紀錄〉，收入中央研究院近代史研究所，《口述歷史：泰源事件專輯》，第 11 期（2002 年 8 月），頁 323、324。

43 〈外國人士函請赦免美麗島事件首要刑犯〉，《總統府》，檔案管理局藏，檔號：A20 0000000A/0067/3150901/1-005/1/012。

44 詳見王景弘，〈「進兩步，退一步」—美國政府及媒體看高雄事件〉，收入張炎憲、陳朝海編，《美麗島事件 30 週年研究論文集》（台北：吳三連台灣史料基金會，2010 年），頁 180-183。王景弘此篇論文係參考 1980-81 年美國國務院眾院外交委員會亞太事務小組有關「台灣關係法」執行聽證的紀錄，筆者於 2018 年夏天造訪華府國家檔案館，可以看到 1979 年 12 月 31 日為止的（解密的）美台關係檔

圖 10-5 1980 年 1 月 31 日美國各大學法學院教師（授）54 人聯名致總統電，提到《台灣關係法》對台灣人權的關切

來源：〈外國人士函請赦免美麗島事件首要刑犯〉，《總統府》，檔案管理局藏，檔號：A20
0000000A/0067/3150901/1-005/1/012

　　如上所述，來自美國的關切信函有提到剛上路不久的《台灣關係
法》，應該可以打到國民黨政府的痛處。此外，根據行政院新聞局的統
計，1980 年 2 月中旬來自世界各地的函件，扣除「對態度友善及有地
位有影響力者之來函，作選擇性之答覆」以外，不予答覆之函件就有
1,036 封。[45]

案，標示 Sheryl P. Walter Declassified/Released US Department of State EO Systematic
Review 20 Mar 2014，包括台北 AIT 給華府以及華府給台北 AIT 的電報，內容與國
會聽證會的記述相近。

[45] 行政院新聞局整理，「世界各地來函查詢高雄暴力事件之綜合報告（1980 年 5
月）」，所有來函時間均在 2 月中旬，距離 3 月軍法大審日期約 1 個月；據稱來函
內容大同小異，尤其法國（501 封）、比利時（97 封）兩國所寄之信函、郵票或郵
簡均為同一格式，「顯然是當地少數台獨分子企圖利用外國人士以信函攻勢影響我
軍事審判」。來自美國有 198 封，占 20%。〈黃信介等叛亂嫌疑（一）〉，《國防部後
備司令部》，檔案管理局藏，檔號：A305440000C/0068/1571/207/34/001。

　　至於來自美國參眾兩院的關切，國民黨政府當然不敢忽視，茲將外交部整理的名單表列如下：[46]

　　美國國會議員就高雄事件案犯高俊明及林義雄之有關發言、聲明、來函等一覽表（依英文字母順序排列）

一、參議員部分

姓名	日期	方式	內容要點	備註
克蘭斯頓 （Alen Cranston, D-Calif.）	69.7.30	復台灣同鄉聯誼會前會長函	我當局對高雄事件案犯之判決，渠表示失望；並要求對高俊明予以減刑。	
葛倫 （John Glenn, D-Ohio）	72.10	致駐美代表處函	洽詢林義雄近況。	
哈特斐德 （Mark Hatfield, R-Ore.）	72.5.9	致美國在台協會台北辦事處函	盼林義雄受到公平及人道之待遇，並洽詢林犯健康及生活狀況。	
卡里斯基 （Jan Kalicki） （參議員甘迺迪之前外交助理）	70.8.12	拜會馬前祕書長紀壯及汪前總司令敬煦	甘迺迪參議員盼於雙十節特赦高俊明及林義雄。	
	71.5.11	與駐美人員餐敘	甘迺迪議員要求提前釋放高俊明及林義雄或酌予減刑。	
	72.12.21	致北美司章司長函	甘氏私下盼我釋放高雄事件案犯，特別是高俊明及林義雄。	
甘迺迪 （Edward Kennedy, D-Mass.）	69.5.24	洛杉磯台灣同鄉會專題演講	要求我政府釋放所有高雄事件案犯，特別是高俊明。	
	70.8.1	上 總統函	要求釋放高俊明等窩藏施明德之案犯，並赦免林義雄。	
	71.5.20	就台灣戒嚴法所舉行之記者招待會	盼釋放高俊明、林義雄等所有案犯。	
	73.5.24	上 總統函	盼值我新閣行將成立之時，特別考慮從寬處理高俊明及林義雄。	
	73.6.28	國會紀錄	要求釋放政治及宗教犯如高俊明、林義雄等。	

---

46 〈高雄事件〉，《外交部》，檔案管理局藏，檔號：A303000000B/0073/409/0197。

姓名	日期	方式	內容要點	備註
派爾 （Claibrone Pell, D-R.I.）	69.6.5	致汪前總司令敬煦函	請求從寬處理林文珍等十位窩藏施明德之案犯（包括高俊明）。	
	71.8.24	上 總統函	亟盼我於雙十國慶時釋放高俊明。	
斐西 （Charles Percy, R-Ill.）	72.4.11	上孫前院長函	盼知高俊明是否可予減刑。	
	72.4.18	致錢前次長函	要求對高俊明予以減刑，並從寬處理林義雄。	

二、眾議員部分

姓名	日期	方式	內容要點	備註
巴恩斯 （Michael D. Barnes, D-MD）	69.10.28	上 總統函	要求特赦高俊明及其他政治犯。	
佛娜蘿 （Geraldine A. Ferraro, D-NY）	73.5.16	致錢代表函	就高雄事件受刑人及彼等家屬絕食事件要求我特赦政治犯，並特別籲我從優考慮予高俊明與林義雄特赦。	
高爾 （Albert Gore, Jr. D-TN）	73.6.28	致錢代表函	洽詢高俊明目前情況並盼獲知其提早獲釋之消息。	
李奇 （Jim Leach, R-IA）	69.4.29	上 總統函	謂八名「高雄事件」案犯被判重刑有礙我政治自由化，請我釋放高俊明與從輕發落黃信介等八人。	
	71.3.25	上 總統函	要求我適時特赦高俊明等政治犯或准彼等保外就醫，俾藉資增中美關係。	
	72.2.14	與洛杉磯台灣同鄉座談	籲我特赦高俊明、林義雄等政治犯。	
	72.2.上旬	與錢代表會晤	盼我能釋放高俊明，俾免類似之小問題引發大案件。	
索拉茲 （Stephen Solarz, D-NY）	72.5.20	在美國會籲我解嚴之記者會	促我解嚴及釋放林義雄。	
	72.8.15	與內政部林前部長洋港會談	盼我考慮予高雄事件案犯減刑或保外就醫，其中曾特別論及林義雄案。	
史塔克 （Fortney Stark, D-CA）	69.6.27	國會紀錄	該議員就「高雄事件」發表書面聲明，旨在籲美政府售我任何武器前先考慮我人權狀況，其中曾特別論及高俊明與林義雄案，認我應即早釋放之。	

　　以上表格有幾個特色，首先不論參議員或眾議員，對高雄事件「詢問度」最高的對象是高俊明牧師和林義雄，因為前者牽涉基督宗教的國際背景、後者因林宅血案太過慘絕人寰，可以理解；其次，他們不會無端寫信給蔣經國或其他要員，而是受台灣人團體遊說的結果；第三，時間跨度從 1980 至 1984 年，關心獄中處遇，乃至要求特赦等等。1984年 6 月 30 日駐美代表處發電給外交部謂，參議員甘迺迪於 28 日在國會發言「要求我釋放政治及宗教犯……增加島民對政府部門之參與，並且終止戒嚴法及有關緊急條款。」這已經是關切台灣的民主化，而不只是人權問題。同年 8 月中旬針對我政府終於假釋高俊明、林義雄等人表示歡迎，即 8 月 16 日駐美代表處致電外交部所說的：甘迺迪參議員本日就高俊明等獲假釋案發表聲明，稱歡迎此一措施，譽為促進台灣基本人權之重要一步，但仍盼我繼續釋放其餘類似刑犯。同日駐美代表處轉達的還有眾議員李奇的類似電報。美國國會議員這樣的關切，算是有始有終了。

圖 10-6　總統蔣經國接見美國聯邦眾議員索拉茲（1981 年 1 月 10 日）
〈蔣經國行誼選輯―民國七十年（二）〉，《蔣經國總統文物》，國史館藏，數位典藏號：
005-030207-00006-003

五、台美關係的基石：台灣關係法與雷根總統「六項保證」

　　1975 年 4 月蔣介石去世，1976 年 9 月毛澤東亦相繼去世，不過毛澤東在世時所簽定的〈上海公報〉代表中國對美政策重大轉變、所確立的關係架構仍然發揮作用，包括美軍從台灣逐漸撤出，美方軍援於 1974 年 6 月終止以後，是以軍售的方式助台建立某種程度的自衛能力，同年 10 月 18 日美國國會投票廢除 1955 年（授權美國總統為保衛台澎「及該地區有關陣地和領土的安全」可以使用美國武裝部隊）的〈台灣決議案〉。

　　1976 年 11 月美國民主黨的卡特當選總統，卡特上任不久即以對中關係正常化做為政府的重要目標，並把對中政策交由國家安全顧問布里辛斯基（Zbigniew Kazimierz Brzezinski, 1928-2017）主管。1977 年春，布里辛斯基建議卡特遵行尼克森對中政策以便推動建交，其中包括美國認定「只有一個中國，台灣是其中一部分」；且今後絕不再提台灣地位未定；「美國將不支持台灣獨立運動」等等。儘管美國方面要求中共明示或暗示不對台動用武力，旋遭拒絕，但為了反制蘇聯在非洲、中東勢力的擴張而需要強化對中關係，已漸成為美國政府的共識。中共方面則鑑於蘇聯勢力伸入越南

　　1978 年 12 月，關於「中共承諾不對台用武，但美須停止對台軍售」或「美可對台軍售，但中共不承諾和平解決台灣問題」二者之間的抉擇，由鄧小平出面拍板採取後者。12 月 15 日上午 9 時，美國與中華人民共和國發表建交公報，其內涵大致延續上海公報的原則，值得注意的是，美國一方面承認（recognize）中華人民共和國政府是中國唯一合法的政府，另一方面則認知（acknowledge）中國的立場「只有一個中國，台灣是中國的一部分」。[47]

---

47 薛化元編著，《台灣地位關係文書》（台北：日創社文化公司，2007 年），頁 167-170。

〈上海公報〉刻意迴避的共同防禦條約，此時卡特政府宣布將予終止，依條約規定將於通知 1 年後失效。而斷交，則是在建交公報發表的 7 小時以前，即台灣時間半夜兩點令駐華大使安克志，透過新聞局副局長宋楚瑜通知蔣經國。接下來就是派遣副國務卿克里斯多福（Warren Minor Christopher, 1925-2011）率團來台談判今後雙方關係的安排。1978 年 12 月 27 日晚間十時代表團飛抵台北，在松山軍用機場簡單記者會之後，一出機場代表團的車輛即被民眾包圍、受到竹竿木棍襲擊、有人受傷，克里斯多福盛怒之下差一點立刻要返回華府。[48] 接下來的 3 次談判並不順遂，其間蔣經國總統提出五項原則：持續不變、事實基礎、安全保障、委定法律和政府關係，希作為未來雙方關係的基礎。但華府的助理國務卿郝爾布魯克（Richard Charles Albert Holbrooke, 1941-2010）立即約見當時在美的楊西崑次長，堅稱美方絕不可能給予我方傳統的法律承認，他認為我方應立刻同意美方的主張，雙方合設民間機構，以便美方早日提出綜合法案；但此項談判今後將在華府進行，美方將不再派員赴台北。蔣經國原擬派外交部常務次長錢復前往美國主談，竟被美方拒絕，美方認為楊西崑次長在美已經足夠。後來錢復回憶此事時還忿忿地說：「這是我首次經歷到兩國談判時，由對方政府指定我們的談判代表，且不同意對方政府派人協助。」[49]

美國政府一心想與中共建交，好在美國國會——或曰美國的民主制度具有自我矯正的功能。卡特政府所擬的「綜合法案」於 1979 年 1 月 26 日向國會提出，2 月時參、眾兩院紛紛舉辦聽證會邀請朝野各方作證

---

48 當時擔任國立政治大學訓導長的閻沁恆教授，日後受訪時坦承：各校都被分配動員抗議名額，政大也被分配了 20 餘部遊覽車，也就是 1 千多位同學到機場出口排隊抗議，兩個月後教育部還為此犒賞相關人員去日、韓兩國旅遊十幾天。陳儀深訪問，林志晟、彭孟濤紀錄，〈政大歲月 學院人生：閻沁恆先生訪問紀錄〉，中央研究院近代史研究所，《口述歷史》，第 14 期（2016 年 10 月），頁 106。
49 錢復，《錢復回憶錄》，卷一：外交風雲動（台北：天下遠見出版公司，2005 年），頁 420。

（包括來自台灣的彭明敏與陳唐山），[50] 經過 3 月分參、眾兩院聯席會議
將法案合併，結果眾院於 3 月 28 日、參院於 3 月 29 日皆以壓倒性多數
通過，卡特遂在 4 月 10 日簽署、《台灣關係法》於焉誕生。這項法律最
重要的是關切台灣安全：「任何企圖以和平以外的方式決定台灣未來的
動作，包括抵制、禁運等方式，都將被視為對西太平洋地區和平與安全
的一項威脅，也是美國嚴重關切之事。」其次是關切台灣的人權：「本
法中的任何規定，在人權方面都不能與美國的利益相牴觸，特別是有關
一千八百萬台灣居民的人權方面。本法特重申維護與提高台灣所有人民
的人權，為美國的目標。」[51] 此外包括提供足夠的防衛性武器給台灣，也
明定在《台灣關係法》。

　　《台灣關係法》的適用範圍僅及於台灣、澎湖群島，與 1954 年訂定
的共同防禦條約的適用範圍相同，但本質有極大差異，誠如旅日學者戴
天昭所指出的：

> 由於台灣關係法的成立，原本虛構的「中華民國」完全幽靈
> 化，台灣回復其原本應有的狀況。台灣既非中國，亦非中華民
> 國。台灣就是台灣。台灣住民愛好和平，希望成為自由、民
> 主、獨立的主權國家。同時，當此願望實現之日，台灣人的新
> 政權仍將依此條約繼續適用「台灣關係法」。[52]

　　美國透過〈上海公報〉定位了中華人民共和國，且於 1978 年 12 月
雙方建交、進行了美中關係正常化，可是美國如何定位台灣？如何在美
中建交之後維持一個不屬中國的台灣？就是靠 1979 年 4 月公布的《台
灣關係法》。《台灣關係法》的設計是先保住現狀，不再一味遷就中國，

---

50 時任 FAPA 會長的陳唐山，出席 2 月 6 日參院的公聽會，彭明敏教授則是出席 2
　月 15 日的公聽會。詳見戴天昭著，李明峻譯，《台灣國際政治史》（完整版）（台
　北：前衛出版社，2002 年），頁 645-646。

51 薛化元編著，《台灣地位關係文書》，頁 173。

52 戴天昭著，李明峻譯，《台灣國際政治史》（完整版），頁 651。

從本文上述諸多美國國會議員的反應，可知其關切台灣人權的條文在1980年代甚至成為救援美麗島事件受刑人的依據。

1980年美國總統大選，共和黨的雷根打敗了民主黨尋求連任的卡特，共和黨且贏得26年來在參議院首次過半的席次，不過雷根所任命的國務卿海格（Alexander Meigs "Al"Haig Jr., 1924-2010）主張聯中制蘇、推動親中政策，1982年對台灣甚為不利的〈八一七公報〉就是其代表作，該公報聲明美國對台軍售武器「在性能和數量上」將不超過中美建交後近幾年供應的水準，它準備逐步減少對台軍售、「並經過一段時間導致最後的解決」。[53] 好在雷根總統在〈八一七公報〉簽署前1個月，就派AIT台北辦事處處長李潔明（James R.Lilley, 1928-2009）到七海官邸當面向蔣經國總統口述「六項保證」，主要是闡述所謂逐步減少對台軍售，是以中華人民共和國持續承諾「和平解決」兩岸分歧為前提，「倘若中華人民共和國採取更為敵對的態度，則美國將增加對台軍售。」[54]

在第一時間銜命向蔣經國總統傳達「六項保證」的李潔明，在他的回憶錄裡特別強調雷根總統在簽署〈八一七公報〉之後，還口述一份總統指令，對公報做出擴大解釋，甚至「取代公報成為決定美國對台軍售政策的原則」，其中的重要措辭是「任何減少對台軍售要以台灣海峽和平，及中國維持其尋求和平解決台灣問題之基本政策為前提」，「供給台灣的武器之質與量，完全要視中華人民共和國構成的威脅而定。」李潔明還說，這份指令／聲明是由國務卿舒茲（George Pratt Shultz, 1920-2021）和國防部長溫柏格（Caspar Willard Weinberger, 1917-2006）會簽

53　薛化元編著，《台灣地位關係文書》，頁199。

54　美國在台協會於2020年8月31日煞有介事在官方網站公布當年國務院電報的歷史解密檔案，並發布新聞稿〈1982年解密電報：對台軍售 & 對台各項保證〉，展現其堅定支持台灣的態度。https://www.ait.org.tw/zhtw/our-relationship-zh/policy-history-zh/key-u-s-foreign-policy-documents-region-zh/six-assurances-1982-zh/（2021/10/18點閱）。

之後，擺進國家安全會議的保險箱裡，以後每當對台軍售問題冒出來，美國官員常會把這份備忘錄從保險箱取出來，互相提醒這才是雷根總統簽署〈八一七公報〉的真意。[55]

圖 10-7　副總統兼行政院長嚴家淦迎接並午宴美國總統特使加州州長 Ronald W. Reagan（雷根）夫婦訪華（1971 年 10 月 9 日）
來源：〈民國六十年嚴家淦副總統活動輯（七）〉，《嚴家淦總統文物》，國史館藏，數位典藏號：006-030203-00053-002

　　要之，蔣經國總統任內對外歷經美中建交、美台斷交的衝擊，幸有《台灣關係法》以及雷根總統對台「六項保證」來穩住局面，對內則有美麗島／高雄事件的挑戰，以及緊接而來林宅血案、陳文成命案、江南案所產生的壓力，美國政府與國會議員所認識的台灣，已經不能以國民黨政府為唯一代表，還必須聆聽黨外政團以及在美台灣人團體的聲音了。

55 李潔明（James R. Lilley）著，林添貴譯，《李潔明回憶錄》（台北：時報文化公司，2003 年），頁 228-230。

六、討論與結語

　　從最宏觀的角度說，19 世紀下半葉清帝國走向沒落、明治維新的日本正在興起，牡丹社事件乃至乙未戰爭標誌著日本取代中國而為東亞霸權，但是 20 世紀二次世界大戰後段，日本偷襲珍珠港挑起大東亞戰爭而被美國打敗，美國成為太平洋周邊國家包括東亞地區的獨強，這個過程中的台灣曾被日本統治半個世紀，二戰後因韓戰爆發使台灣被編入美日對抗共產的冷戰前沿，美國第七艦隊（力）藉著台灣地位未定論（理）進出台灣海峽，宜乎 1950 年代、1960 年代在乎台灣（中華民國）的反共承諾甚於在乎台灣人的自由人權。後又因越戰、因中蘇關係改變讓美國進行中美關係正常化，所謂〈上海公報〉（1972）、〈建交公報〉（1978）、〈八一七公報〉（1982）莫不對台灣（中華民國）造成巨大衝擊，好在美國國會於 1979 年通過《台灣關係法》作為雙方關係的基石，直到今日。

　　本文強調美麗島事件造成海外台灣人大團結，成立新社團、結交國會議員、高舉人權大旗援救政治犯，甚至要求解除戒嚴、走向民主，然而此一時刻國民黨政府內部的鷹派也變本加厲，把「黨外（美麗島）人士」和「海外台獨」甚至和「共匪」連結成三合一敵人，指出「海外台獨」以「爭人權為幌子掩飾其陰謀野心」，民主人權的旗幟只是台獨革命手段的改變，「因為世界上很少有人能拒絕『民主人權』這個口號之誘惑……『台獨』才披上了這層美麗的糖衣，預期他將能掩飾部分禍心，得到更多盲目的支持。」[56] 這類文章在美麗島軍法大審前後大量出現，顯然在營造整肅、準備重判的社會氛圍。這時的蔣經國總統在想甚麼呢？2020 年 2 月才在美國史丹佛大學胡佛檔案館開放的蔣經國日記，可以發現他當時也曾經喊打喊殺，例如：

---

56 馬前卒，〈論『台獨』與地域觀念問題〉，原載芝加哥之「美中愛盟通訊」，收入《顯微鏡下談台獨》（台北：顯微鏡雜誌社，1980 年），頁 78-91。

1978 年 12 月 9 日（六）：共匪和美帝分別策動和支持國內的
流氓、反動分子，利用今年的選舉機會，發動運動企圖推翻我
政府，手段陰險惡毒、來勢洶洶。

1979 年 12 月 12 日（三）：（痛下決心處理高雄反動暴亂案）

1979 年 12 月 22（六）、23（日）、24（一）：在四中全會開幕之
夜，反動派所謂「美麗島」暴徒在高雄發動，企圖火燒高雄，
當時情況非常嚴重。情勢平靜後，我即下令將全部禍首拘捕，
暫作處理，一網打盡之後，再做劃造〔草〕除根之事。為黨國
利益見〔現〕不得不下此決心。今後國內之患重於來自國外。

從以上的日記可知，情治單位（警總、調查局、憲兵司令部、警政
署）處理高雄事件的鐵腕，與當時蔣經國的意志應是一致的。

只是，1980 年軍法審判 8 位、司法審判 33 位「高雄暴力事件案
犯」的結果是無人槍決、刑度比預期為輕，在本文的脈絡而言——應是
與 2 月 28 日發生的林宅血案引起海內外的憤怒抗議與救援強度有關。

2020 年 12 月台灣的國史館舉辦「威權鬆動——解嚴前台灣重大
政治案件與政治變遷（1977-1987）」國際學術討論會，多位學者提到
1970 年代後期，蔣經國本人及情治系統對於黨外民主運動那樣敵視、
壓制，包括王昇「劉少康辦公室」的存在可視為指標，但是 1985-86 年
蔣經國為何開始走向改革開放？討論會標題所揭示的「重大政治案件」
所招致的內外壓力，可能是造成政治變遷的原因。這個課題或無法藉由
一次研討會即予釐清，本文以「台美人的角色」作為中介變項，盼有助
於理解「美國因素」如何發揮作用。茲在結論中以示意圖表達如下：

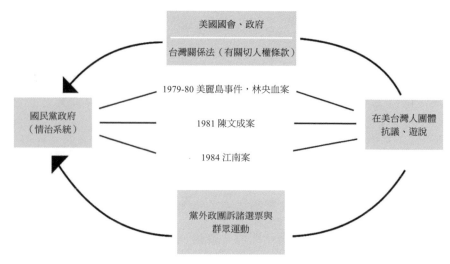

圖 10-8　台美人、美國因素與台灣民主化示意圖（筆者自製）

　　所謂自助人助，如果沒有台灣內部反對運動人士在威權體制下「不畏強禦」的犧牲奮鬥，以及熱心參與街頭抗議、聆聽政見發表會並且小額捐款的、愛好民主自由的民眾，如果沒有美國台灣人社團的抗議和遊說，如果沒有美國國會議員的幫忙以及三權分立制度，不會有 1980 年代來自美國的助力，幫助台灣的「黨外政團」變成「民主進步黨」。

　　台灣人對民主人權的訴求——果真如國民黨政府內的極端派所說——只是包藏禍心的糖衣和口號嗎？如果國民黨政府繼續如 1950 至 1970 年那般只是以「精密巧妙的手段」控制台灣社會，也許海外台灣同鄉的遊說行動不會那麼有力，偏偏在林宅血案之後又有 1981 年的陳文成案、1984 年的江南案，火燎甚至燒到美國的土地、美國的公民身上，粗暴的程度坐實了海外台灣人團體對國民黨之不義統治的指控。當 1986 年 9 月 28 日黨外人士在圓山飯店集會，把公職提名大會轉成新政黨宣布成立的大會，在美國的蔡同榮警覺到國民黨發動逮捕的可能性，隔天一早就電請素有聯絡、早有準備的美國參眾議員甘迺迪、裴爾、索拉茲、李奇，發表台灣人有組黨權利的聲明，向蔣經國傳達不可抓人、

必須開放黨禁的訊息，[57] 歷史之門就這樣打開了。

57 陳儀深訪問，周維朋紀錄，〈蔡同榮先生訪問紀錄〉，《海外台獨運動相關人物口述史（續篇）》，頁 199。

徵引書目

一、檔案

《外交部檔案》（中央研究院近代史研究所檔案館藏）

　　〈日本領土處理辦法研究〉。

　　〈反對將奄美島交與日本〉。

　　〈五二四事件有關機構報告〉。

　　〈台澎地位問題〉

　　〈島案〉。

　　〈康隆報告〉。

　　〈兩個中國問題〉。

　　〈外交部部長周書楷言論〉。

　　〈偽台灣獨立聯合會〉。

　　〈彭明敏等被捕案〉。

　　〈鈞魚台〉。

《外交部檔案》（國家發展委員會檔案管理局藏）

　　〈台灣獨立運動（十七）：應正本小組〉。

　　〈彭明敏案〉

　　〈高雄事件（含審判經過）〉

《總統府檔案》（國家發展委員會檔案管理局藏）

　　〈外國人士函請赦免高雄暴力事件首要刑犯〉。

《國防部後備司令部檔案》（國家發展委員會檔案管理局藏）

　　〈黃信介等叛亂嫌疑（一）〉

《蔣介石日記》（美國史丹佛大學胡佛檔案館藏）

General Records of the Department of State, Record Group 59, 218, 273. The National Archives at College Park, Maryland, USA

Subject Titles of the Office of ROC Affairs. Entry A15412, 250/63/16/7.

Records of the U.S. Joint Chiefs of Staff 1958.

Records of the National Security Council 1958.

Political Affairs, Pol.29, Political Prisoners 1964.

二、史料彙編

中央研究院近代史研究所編印，《二二八事件資料選輯（二）》。台北：中央
　　研究院近代史研究所，1992 年。

中華人民共和國外交部、中共中央文獻研究室編，《周恩來外交文選》。北
　　京：中央文獻出版社，1990 年。

王正華編，《中華民國與聯合國史料彙編——中國代表權》。台北：國史館，
　　2001 年。

外務省特別資料部編，《日本佔領及び管理重要文書集・第二卷・政治、軍
　　事、文化編》。東京都：外務省特別資料部，1949 年。

外務省編纂，《日本外交文書 . サンフランシスコ平和条約準備対策》。東京
　　都：外務省，2006 年。

民主進步黨中國事務部編，《民主進步黨兩岸政策重要文件彙編》。台北：民
　　主進步黨，出版時間不詳。

周琇環等編，《中華民國政府遷臺初期重要史料彙編：台海危機（一）
　　（二）》。台北：國史館，2014 年。

周琇環、陳世宏主編，《戰後台灣民主運動史料彙編（二）：組黨運動》。台
　　北：國史館，2000 年。

梅孜主編，《美台關係重要資料選編（1948.11-1996.4）》。北京：時事出版
　　社，1996 年。

陶文釗主編，《美國對華政策文件集（1949-1972）》，第二卷（上）。北京：
　　世界知識出版社，2004 年。

薛化元編著，《台灣地位關係文書》。台北：日創社文化，2007 年。

Mabon, David W. and Harriet D. Schwar. *Foreign Relations of the United States*,
　　1952-1954, China and Japan, Volume XIV, Part 2. Washington, DC: United
　　States Government Printing Office, 1985.

Schwar, Harriet D. and Louis J. Smith. *Foreign Relations of the United States*,
　　1955-1957, China, Volume III. Washington, DC: United States Government

Printing Office, 1986.

Prescott, Francis C. and others. *Foreign Relations of the United States*, 1949, The Far East: China, Volume IX. Washington, DC: United States Government Printing Office, 1974.

Glennon, John P. *Foreign Relations of the United States*, 1950, Korea, Volume VII. Washington, DC: United States Government Printing Office, 1976.

三、文集、日記、自傳、回憶錄、訪談錄、年譜

中國社會科學院科研局組織編選，《資中筠集》。北京：中國社會科學出版社，2002 年。

中華人民共和國外交部，中共中央文獻研究室編，《周恩來外交文選》。北京：中央文獻出版社，1990 年。

中華人民共和國外交部、中共中央文獻研究室編，《毛澤東外交文選》。北京：中央文獻出版社、世界知識出版社，1994 年。

立法院議政博物館編，《蕭天讚先生訪談錄》。台中：立法院議政博物館出版，2010 年。

何義麟訪問、紀錄，〈台灣協志會石清正先生口述訪談紀錄〉，《臺灣風物》，第 67 卷第 2 期（2017 年 6 月）。

李界木，《一粒麥籽落土》。台北：前衛出版社，2009 年。

李登輝，《經營大台灣》。台北：遠流出版公司，1995 年。

李登輝口述，鄒景雯採訪記錄，《李登輝執政告白實錄》。台北：印刻，2001 年。

李潔明（James R. Lilley）著，林添貴譯，《李潔明回憶錄》。台北：時報文化公司，2003 年。

沈劍虹，《使美八年紀要──沈劍虹回憶錄》。台北：聯經出版社公司，1982 年。

季辛吉（Henry A. Kissinger）著，楊靜予等譯，《白宮歲月──季辛吉回憶錄》。北京：世界知識出版社，1980 年。

胡頌平編著，《胡適之先生年譜長編初稿》。台北：聯經出版公司，1984 年。

康寧祥論述，陳政農編撰，《台灣，打拚──康寧祥回憶錄》。台北：允晨文化公司，2013 年。

張炎憲等訪問，《台灣自救宣言：謝聰敏先生訪談錄》。台北：國史館，2008

年。

陳唐山，《黑名單與外交部長：陳唐山回憶錄》。台北：前衛出版社，2016年。

陳儀深訪問，林志晟、彭孟濤記錄，〈政大歲月 學院人生：閻沁恆先生訪問紀錄〉，中央研究院近代史研究所《口述歷史》第 14 期（2016 年 10月）。

陳儀深訪問，林志晟記錄，〈林孝信先生訪問記錄〉，2013 年 5 月 22 日、29日於世新大學，未刊稿。

陳儀深訪問，林東璟等記錄，《海外台獨運動相關人物口述史（續編）》。台北：中央研究院近代史研究所，2012 年。

陳儀深訪問，彭孟濤記錄，〈李界木先生訪問記錄〉，2020 年 9 月 13 日於宜蘭市，未刊稿。

陳儀深訪問，黃霏比記錄，〈訪羅福全先生談保釣運動〉，2014 年 4 月 6 日下午於台北仁愛路羅宅，未刊稿。

陳儀深訪問，潘彥蓉記錄，〈張希典先生訪問記錄〉，收入中央研究院近代史研究所，《口述歷史》第 11 期：泰源事件專輯（2002 年 8 月）。

陳儀深訪問，簡佳慧等記錄，《海外台獨運動相關人物口述史》。台北：中央研究院近代史研究所，2009 年。

傅正主編，《雷震全集第 39 冊：第一個 10 年，雷震日記（1957-1958 年）》。台北：桂冠圖書公司，1990 年。

彭明敏，《自由的滋味——彭明敏回憶錄》。台北：彭明敏文教基金會，1995年。

彭明敏，《逃亡》。台北：玉山社，2009 年。

曾永賢口述，張炎憲、許瑞浩訪問，許瑞浩、王峙萍記錄整理，《從左到右六十年：曾永賢先生訪談錄》。台北：國史館，2009 年。

資中筠，《資中筠集》。北京：中國社會科學出版社，2002 年。

蔡同榮，《我要回去》。台北：公民投票雜誌社，1992 年。

蔣緯國口述，劉鳳翰整理，《蔣緯國口述自傳》。北京：中國大百科全書出版社，2008 年。

錢其琛，《外交十記》。香港：三聯書店，2004 年。

錢復，《錢復回憶錄》，「卷一：外交風雲動」。台北：天下遠見出版公司，2005 年。

關中口述，張景為撰，《明天會更好：關中傳奇》。台北：時報文化公司，
　　2020 年。

蘇瑤崇主編，《葛超智先生文集（*Collected Papers by George H. Kerr*）》。台
　　北：台北市二二八紀念館，2000 年。

顧維鈞著，中國社會科學院近代史研究所譯，《顧維鈞回憶錄》。北京：中華
　　書局，1993 年。

四、雜誌、報紙、公報

《人民日報》，北京。

《九十年代》，台北。

《大風通訊》，美國柏克萊大學。

《中央日報》，台北。

《中國時報》，台北。

《立法院公報》，台北。

《史耘》，台北。

《自由中國》，台北。

《自由時報》，台北。

《自立晚報》，台北。

《華美日報》，紐約。

《當代》，台北。

《聯合報》，台北。

《戰報》，美國柏克萊大學。

New York Times, New York.

五、專書

Bellocchi, Nat H. *The Path to Taiwan's Democracy: Memories of an American Diplomat*. Bellocchi & company, 2010.

Eastman, Lloyd E. *Seeds of Destruction: Nationalist China in War and Revolution, 1937-1949*. California: Stanford University Press, 1984.

George, Alexander L. and Richard Smoke. *Deterrence in American Foreign Policy: Theory and Practice*. New York: Columbia University Press, 1974.

Kerr, George H. [1965]. *Formosa Betrayed*. Manchester, England: Camphor

Press, 2017.

Mendel, Douglas H. Jr. *The Politics of Formosan Nationalism*. Berkeley and Los Angeles: University of California Press, 1970.

Roy, Denny. *Taiwan: a Political History*. Ithaca and London: Cornell University Press, 2003.

卜睿哲（Richard C. Bush）、歐漢龍（Michael E. O'Hanlon）著，林宗憲譯，《不一樣的戰爭》。台北：博雅書屋，2010 年。

卜睿哲（Richard C. Bush）著，林添貴譯，《台灣的未來》。台北：遠流出版公司，2010 年。

又吉盛清著，魏廷朝譯，《日本殖民下的台灣與沖繩》。台北：前衛出版社，1997 年。

三上絢子，《美國軍政下的奄美・沖繩經濟》。鹿兒島市：南方新社，2013 年。

小熊英二，《〈日本人〉の境界：沖繩・アイヌ・台湾・朝鮮植民地支配から復 運動まで》。東京都：新曜社，1998 年。

王景弘，《強權政治與台灣─從開羅會議到舊金山和約》。台北：玉山社出版公司，2008 年。

王景弘，《採訪歷史：從華府檔案看台灣》。台北：遠流出版社，2000 年。

王景弘編譯，《第三隻眼睛看二二八──美國外交檔案揭密》。台北：玉山社出版公司，2002 年。

丘宏達，《中美關係問題論集》。台北：時報文化出版公司，1979 年。

包宗和，《美國對華政策之轉折──尼克森時期之決策過程與背景》。台北：五南圖書出版公司，2002 年。

台灣教授協會編，《中華民國流亡台灣 60 年暨戰後台灣國際處境》。台北：前衛，2010 年。

任孝琦，《有愛無悔─保釣風雲與愛盟故事》。台北：風雲時代出版公司，1997 年。

任育德，《雷震與台灣民主憲政的發展》。台北：國立政治大學歷史系，1999 年。

朱建民，《美國總統繽紛錄》。台北：台灣商務印書館股份有限公司，1996 年。

西村富明，《奄美群島の近現代史：明治以降の奄美政策》。大阪市：南風

社，1993 年。

西里喜行著，胡連成等譯，《清末中琉日關係史研究》，上冊。北京：社會科學文獻出版社，2010 年。

何思慎，《擺盪在兩岸之間：戰後日本對華政策（1945-1997）》。台北：東大圖書公司，1999 年。

宋重陽（宗像隆幸），《台灣獨立運動私記──三十五年之夢》。台北：前衛出版社，1996 年。

李元平，《八二三金門砲戰秘錄》。台中縣大里鄉：台灣日報社，1988 年。

李福鐘，《國統會與李登輝大陸政策研究》。台北：五南圖書出版公司，2010 年。

沈志華、唐啟華主編，《金門：內戰與冷戰──美、蘇、中檔案解密與研究》。北京：九州出版社，2010 年。

防衛廳防衛研究所戰史部，《沖繩方面陸軍作戰》。東京都：朝雲新聞社，1968 年。

周煦，《冷戰後美國的東亞政策（1989-1997）》。台北：生智文化公司，1999 年。

岡田充著，黃稔惠譯，《釣魚台列嶼問題：領土民族主義的魔力》。台北：聯經出版社，2014 年。

林志昇、何瑞元合著，《美國軍事佔領下的台灣：徹底踢爆謬誤的台灣主權爭議》。台北：林志昇發行，2005 年。

林桶法，《1949 大撤退》。台北：聯經出版社，2009 年。

林雙不，《南屯樸麗潤：現身說法楊宗昌》。台中：晨星出版公司，2000 年。

邵玉銘，《保釣風雲錄：一九七〇年代保衛釣魚台運動知識份子的激情、分裂、抉擇》。台北：聯經出版公司，2013 年。

柯義耕（Richard C. Kagan）著，蕭寶森譯，張炎憲校訂，《台灣政治家：李登輝》。台北：前衛出版，2008 年。

胡為真，《美國對華「一個中國」政策之演變》。台北：台灣商務印書館，2001 年。

唐耐心（Nancy Bernkopf Tucker）著，林添貴譯，《1949 年後的海峽風雲實錄：美中台三邊互動關係大揭秘》。台北：黎明文化，2012 年。

麥禮謙，《從華僑到華人──二十世紀美國華人社會發展史》。香港：三聯書局，1992 年。

張炎憲、陳朝海編，《美麗島事件 30 週年研究論文集》。台北：吳三連台灣史料基金會，2010 年。

張淑雅，《韓戰救臺灣？：解讀美國對臺政策》。新北市：衛城出版，2011 年 10 月。

梁建增主編，《改變世界歷史的七天》。北京：高等教育出版社，2003 年。

陳文賢，《柯林頓及布希政府的中、台政策：決策小組之研究途徑》。台北：一橋出版社，2002 年。

陳隆志，《台灣的獨立與建國》。台北：月旦出版社，1993 年。

陳隆志、許慶雄編，《當代國際法文獻選集》。台北：前衛出版社，1998 年。

陳銘城、施正鋒編，《台灣獨立建國聯盟的故事》。台北：前衛出版社，2000 年。

陳儀深，《認同的代價與力量——戒嚴時期台獨四大案件探微》。台北：中央研究院近代史研究所，2019 年。

陳儀深、李明峻、胡慶山、薛化元合撰，《台灣國家定位的歷史與理論》。台北：玉山社出版公司，2004 年。

傅建中編著，中時報系國際、大陸中心編譯，《季辛吉秘錄》。台北：時報文化公司，1999 年。

程希，《當代中國留學生研究》。香港：香港社會科學出版社，2003 年。

雲程編，Taimocracy 譯，《福爾摩沙・1949》。台北：憬藝公司，2014 年。

黃自進，《「和平憲法」下的日本重建（1945-1960）》。台北：中央研究院人文社會科學研究中心、亞太區域研究專題中心，2009 年。

萬麗鵑編註，潘光哲校閱，《萬山不許一溪奔：胡適雷震來往書信選集》。台北：中研院近史所，2001 年。

葛超智（George H. Kerr）著，陳榮成等譯，《被出賣的台灣》。台北：前衛出版社，1991 年。

葛超智（George H. Kerr）著，詹麗茹、柯翠園譯，《被出賣的台灣（重譯校註）》。台北：台灣教授協會，2014 年。

路易斯・亨金（Louis Henkin）著，張乃根等譯，《國際法：政治與價值》。北京：中國政法大學出版社，2005 年。

劉大任，《我的中國》。台北：皇冠文化出版公司，2000 年。

鄭南榕著，《台灣的獨立與建國》。台北：月旦出版社，1993 年。

鄭純宜主編，《被出賣的台灣：葛超智（George H. Kerr）文物展綜覽：從世

界史的角度反省二二八事件》。台北：台北二二八紀念館，1999 年。

戴天昭著，李明峻譯，《台灣國際政治史》（完整版）。台北：前衛出版社，2002 年。

戴超武，《敵對與危機的年代——1954-1958 年的中美關係》。北京：社會科學文獻出版社，2003 年。

薛化元，《「自由中國」與民主憲政：1950 年代台灣思想史的一個考察》。台北：稻鄉出版社，1996 年。

藍普頓（David M. Lampton）著，計秋楓譯，錢乘旦校，《同床異夢：處理 1989 至 2000 年之中美外交》。香港：中文大學出版社，2003 年。

魏廷昱等編，《顛覆朝廷的魏廷朝》。桃園：朝陽雜誌社，2001 年。

蘇格，《美國對華政策與台灣問題》。北京：世界知識出版社，1998 年。

顧正萍，《從介入境遇到自我解放——郭松棻再探》。台北：秀威資訊科技公司，2012 年。

六、期刊論文、專書論文

George H. Kerr, "Colonial Laboratory," *Far Eastern Survey*, Vol.11, No.4 (Feb.23, 1942).

George H. Kerr, "Formosa's Return to China," *Far Eastern Survey*, Vol.16, No.18 (Oct.15, 1947).

George H. Kerr, "Island Frontier," *Far Eastern Survey*, Vol.14, No.7 (Apr. 11, 1945).

George H. Kerr, "The March Massacres," *Far Eastern Survey*, Vol.16, No.19 (Nov.5, 1947).

George H. Kerr,"Chinese Problem in Taiwan," *Far Eastern Survey*, Vol.14, No.20 (Oct.10, 1945).

牛軍，〈1958 年炮擊金門決策的再探討〉，收入沈志華、唐啟華主編，《金門：內戰與冷戰——美、蘇、中檔案解密與研究》。北京：九州出版社，2010 年。

尤清，〈淺談法治與人權保障〉，《美麗島》，第 1 卷第 4 期（1979 年 11 月）。

水秉和，〈保釣的歷史回顧〉，《當代》，第 2 期（1986 年 6 月 1 日）。

王津平，〈七〇年代保釣運動與《夏潮》雜誌的啟蒙運動〉，收入謝小芩、劉容生、王智明主編，《啟蒙、狂飆、反思——保釣運動四十年》。新竹：

國立清華大學出版社，2010 年。

王景弘，〈「進兩步，退一步」─美國政府及媒體看高雄事件〉，收入張炎憲、陳朝海編，《美麗島事件 30 週年研究論文集》。台北：吳三連台灣史料基金會，2010 年。

王興中，〈書寫台灣人權運動史：普世人權的本土歷程〉，《台灣人權學刊》第 1 卷第 3 期（2012 年 12 月）。

田朝明，〈也談國際特赦組織〉，《美麗島》，第 1 卷第 4 期（1979 年 11 月）。

吳任博，〈再探一九七〇年代初期之保釣運動：中華民國政府之視角〉，《史耘》，第 15 期（2011 年 6 月）。

李明峻，〈台灣的領土紛爭問題──在假設性前提下的探討〉，《台灣國際法季刊》第一卷第二期（2004 年 4 月）。

李明峻，〈從國際法角度看琉球群島主權歸屬〉，《台灣國際研究季刊》，第 1 卷第 2 期（2005 年夏季號）。

林孝信，〈保釣歷史的淵源跟對海峽兩岸的社會意義〉，收入謝小芩、劉容生、王智明主編，《啟蒙、狂飆、反思──保釣運動四十年》。新竹：國立清華大學出版社，2010 年。

林果顯，〈兩次台海危機的戰爭宣傳布置（1954-1958）〉，收入沈志華、唐啟華主編，《金門：內戰與冷戰──美蘇中檔案解密與研究》。北京：九州出版社，2010 年。

林泉忠，〈開羅會議中的琉球問題：從「琉球條款」到「中美共管」之政策過程〉，《亞太研究論壇》，第 64 期（2017 年 6 月）。

林桶法，〈金門的撤守問題──以蔣日記與蔣檔為中心的探討〉，收入沈志華、唐啟華主編，《金門：內戰與冷戰──美、蘇、中檔案解密與研究》。北京：九州出版社，2010 年。

花子虛，〈豈如春夢了無痕？─釣運與統運的另一面〉，《九十年代》，第 304 期（1995 年 5 月）。

侯坤宏，〈1970 年彭明敏逃出台灣之後〉，收入彭明敏文教基金會編，《一中一台─台灣自救宣言 44 周年紀念文集》。台北：玉山社，2008 年。

徐子軒，〈不理性的平衡？─重新審視美國在 1995-96 年間台海危機的軍事干預行為〉，《東吳政治學報》，第 27 卷第 1 期（2009 年 3 月）。

殷昭魯，〈美日奄美群島歸還及台灣當局的因應對策研究〉，《中國邊疆史地研究》，第 25 卷第 4 期（2015 年 12 月）。

涂成吉，〈中華民國在聯合國的最後日子──一九七一年台北接受雙重代表權之始末〉，《傳記文學》，第 89 卷第 4 期（2006 年 10 月號）。

馬前卒，〈論『台獨』與地域觀念問題〉，原載芝加哥之「美中愛盟通訊」，收入著者不詳，《顯微鏡下談台獨》。台北：顯微鏡雜誌社，1980 年。

夏道平，〈本刊的十年回顧〉，收入《我在《自由中國》》。台北：遠流出版公司，1989 年。

許瑞浩，〈《台灣政論》的初步分析──以「自由化」、「民主化」和「本土化」為中心〉，《國史館學術集刊》，第 2 期（2002 年 12 月）。

陳重信，〈台灣門（Taiwangate）：黑名單政策與人權〉，收入張炎憲、曾秋美、陳朝海編，《自覺與認同：1950-1990 年海外台灣人運動專輯》。台北：吳三連台灣史料基金會，2005 年。

陳唐山，〈FAPA 十年有成〉，收入陳榮儒編著，《台美人的民間外交》。台北：前衛出版社，2001 年。

陳翠蓮，〈地方選舉、省籍關係與反對黨：美國政府對 1950-1960 臺灣政治發展的主張〉，收入吳淑鳳等執行編輯，《「臺灣歷史上的選舉」學術討論會論文集》。台北：國史館，2020 年。

陳儀深，〈關鍵的一九九一：論「中華民國在台灣」的誕生〉，《思與言》，第 50 卷第 2 期（2012 年 6 月）。

陳儀深，〈1971 年中華民國政府對「釣魚台列嶼」政策之形成〉，收入許文堂主編，《七〇年代東亞風雲：台灣與琉球、釣魚台、南海諸島的歸屬問題》。台北：台灣教授協會，2015 年。

陳儀深，〈一九四九變局中的台灣──中華民國與美國政府的認知與台灣菁英認知的比較〉，《台灣史學雜誌》，第 20 期（2016 年 6 月）。

陳儀深，〈台獨叛亂的虛擬與真實─1961 年蘇東啟政治案件研究〉，《臺灣史研究》，第 10 卷第 1 期（2003 年 6 月）。

陳儀深，〈從兩屬到歸日：強權政治下的琉球歸屬問題〉，收入李宇平主編，《中國與周邊國家關係》。新北市：稻鄉出版社，2014 年。

隋淑英、陳芳，〈戰後初期日本對琉球的領土政策〉，《近代史研究》，2013 年第 5 期。

馮琳，〈1953 年奄美群島「歸還」日本事件再探〉，《廣東社會科學》，2017 年第 2 期。

楊子震，〈中華民國對琉球群島政策與「奄美返還」問題〉，收入周惠民編，

《全球視野下的中國外交史論》。台北：政治大學出版社，2016 年。

鄒景雯、陳明通，〈國家安全危機處理機制：以 1996 年台海危機個案為
例〉，《東吳政治學報》，第 33 卷第 4 期（2015 年 12 月）。

劉源俊，〈《科學月刊》與保釣運動〉，收入謝小岑、劉容生、王智明主編，
《啟蒙、狂飆、反思——保釣運動四十年》。新竹：國立清華大學出版
社，2010 年。

蔡瑋，〈台海危機的回顧與展望〉，《海峽評論》，第 68 期（1996 年 8 月）。

懷思博，〈蒺藜中的火焰——國際特赦組織〉，《美麗島》，第 1 卷第 4 期
（1979 年 11 月）。

蘇瑤崇，〈沖繩縣公文書館藏葛超智（George H.Kerr）台灣相關資料與其生
平〉，《臺灣史研究》，第 18 卷第 3 期（2011 年 9 月）。

蘇瑤崇，〈託管論與二二八事件—兼論葛超智（George H. Kerr）先生與
二二八事件〉，收入現代學術專刊編輯委員會編輯，《現代學術研究專
刊》，第 6 期。台北：財團法人現代學術研究基金會，2001 年。

七、網路資料

王景弘，〈「台北 5869」號檔案解密、楊西崑曾主張台獨〉，「鯨魚網站」：
http://www.hi-on.org.tw/bulletins.jsp?b_ID=45538（2021/10/18 點閱）。

陳儀深，〈「美國護照」官司平議〉，2009 年 2 月 10 日，「自由時報電子
報」：https://talk.ltn.com.tw/article/paper/278826（2021/10/19 點閱）。

〈1982 年解密電報：對台軍售 & 對台各項保證〉，「美國在台協會」：https://
www.ait.org.tw/zhtw/our-relationship-zh/policy-history-zh/key-u-s-foreign-
policy-documents-region-zh/six-assurances-1982-zh/（2021/10/18 點閱）。

〈台灣教授協會〉，「維基百科」：https://zh.wikipedia.org/wiki/%E5%8F%B
0%E7%81%A3%E6%95%99%E6%8E%88%E5%8D%94%E6%9C%83
（2012/10/12 點閱）。

〈平成 27 年度奄美群島の概況 第 1 章：総説〉，「鹿児島県公式ホームペー
ジ」：http://www.pref.kagoshima.jp/aq01/chiiki/oshima/chiiki/zeniki/gaikyou/
documents/51337_20160407155823-1.pdf（2017/11/7 日點閱）。

〈沖繩島戰役〉，「維基百科」：http://zh.wikipedia.org/wiki/%E6%B2%96%E7%
B9%A9%E5%B3%B6%E6%88%B0%E5%BD%B9（2017/11/13 點閱）。

〈奄美的歷史概要（說明）〉，「鹿兒島縣奄美市公式主頁」：http://www.city.

amami.lg.jp.t.it.hp.transer.com/bunka/kyoiku/bunka/kyodoshi/setsume.html
（2017/11/6 點閱）。

〈奄美群島：8 月 15 日、終戦しなかった 戦後に米軍統治〉（2017 年 8 月
　15 日），「每日新聞」：https://mainichi.jp/articles/20170816/k00/00m/040/
　075000c（2017/11/13 點閱）。

〈扁再出招 在美控告歐巴馬及美國防部〉,「Taiwan Civil Government」：
　https://taiwancivilgovernment.ning.com/forum/topics/bian-zai-chu-zhao-zai-
　mei（2021/10/19 點閱）。

〈美眾院重申／台灣關係法 美台關係的基石〉，2009 年 3 月 26 日,「自由時
　報 電 子 報」：http://www.libertytimes.tw/2009/new/mar/26/today-fo3.htm
　（2021/10/19 點閱）。

〈追思獨立運動的先達 郭榮桔先生〉,「台灣獨立建國聯盟」：https://reurl.cc/
　kZR8zd（2021/10/18 點閱）。

〈黑潮的恩賜～奄美群島〉,「極上旅行社」：http://first-rate.com.tw/index.
　php?option=com_content&view=article&id=560:2010-12-20-02-03-
　02&catid=101:2008-10-30-02-39-29&Itemid=72（2017/11/13 點閱）。

〈賴怡忠〉,「維基百科」：https://zh.wikipedia.org/wiki/%E8%B3%B4%E6%
　80%A1%E5%BF%A0（2012/10/12 點閱）。

〈陽明山國家公園清代暨日治時期產業發展史調查研究〉，2005 年 12 月，
　「內政部營建署陽明山國家公園管理處委託研究」：http://grb.gov.tw/
　search/planDetail?id=1069951（2022/03/10 點閱）

〈執筆社委簡介〉,「中美論壇社」：http://www.us-chinaforum.org/aboutus.html
　（2021/10/18 點閱）。